冷链物流

翁心刚　安久意　胡会琴　编著

中国财富出版社

图书在版编目（CIP）数据

冷链物流/翁心刚，安久意，胡会琴编著．—北京：中国财富出版社，2016.9（2018.7重印）

ISBN 978-7-5047-6280-1

Ⅰ.①冷… Ⅱ.①翁…②安…③胡… Ⅲ.①冷冻食品—物流—物资管理 Ⅳ.①F252.8

中国版本图书馆CIP数据核字（2016）第229648号

策划编辑	颜学静	**责任编辑**	颜学静		
责任印制	尚立业	**责任校对**	梁　凡　张营营	**责任发行**	敬　东

出版发行	中国财富出版社		
社　　址	北京市丰台区南四环西路188号5区20楼	**邮政编码**	100070
电　　话	010-52227588转2048/2028（发行部）		010-52227588转321（总编室）
	010-68589540（读者服务部）		010-52227588转305（质检部）
网　　址	http://www.cfpress.com.cn		
经　　销	新华书店		
印　　刷	中国农业出版社印刷厂		
书　　号	ISBN 978-7-5047-6280-1/F·2663		
开　　本	787mm×1092mm　1/16	**版　　次**	2016年9月第1版
印　　张	14	**印　　次**	2018年7月第3次印刷
字　　数	298千字	**定　　价**	40.00元

前　言

冷链物流是国民经济中的一项重要经济活动。诸如农产品、畜禽肉类、水产品、花卉、加工食品、冷冻或速冻食品、冰激凌和蛋奶制品、快餐原料、药品（疫苗、血液）等需要低温环境生产和流通的商品与我们的生活密切相关，这些产品在生产、仓储或运输、销售、一直到终端消费者的各个环节中需要始终处于产品规定的低温环境下，才能保证质量，减少损耗。

冷链物流发展关系到消费者生命安全和生活水平的改善，广大消费者、商家以及政府对冷链物流发展日益重视。根据行业协会统计数据显示，受宏观政策和市场需求推动，中国冷链物流行业未来将保持年均25%的高速增长，至2017年市场规模将达4700亿元。现阶段，我们除了欣喜地看到冷链物流的快速进步和巨大的市场机遇，更应该清醒地认识到我国冷链物流发展与世界先进水平之间的巨大差距。因此，全面、系统地开展冷链物流研究，探索冷链物流新技术和新方法，研究冷链物流新业态和新模式，有助于完善冷链物流理论，推动冷链物流健康、持续发展。

本书作为一本系统介绍冷链物流理论和方法的书籍，结合国内外冷链物流发展趋势，立足于冷链物流发展的实践，从冷链物流的基本理论、管理方法、技术手段、运营模式等方面进行系统阐述，全书基本结构和主要内容如下：

本书共分九章，第一章绪论，从冷链物流与日常生活和经济发展的关系对冷链物流进行了全面分析，以期让读者对冷链物流有一个感性认识。第二章为冷链物流概述，主要从冷链物流内涵、特征介绍冷链物流基础理论。第三章主要从冷链物流国内外现状分析着手，阐述了冷链物流的现状、需求特点和发展特征。第四章对冷链物流发展的设施、设备和技术进行了介绍。第五章针对不同大类冷链商品的特征，对其运作和服务模型进行了分析。第六章对城市冷链物流概念、体系和共同配送模式等核心问题进行了梳理。第七章针对冷链物流管理中核心要素，如温度、设备和质量管理要点进行了探讨。第八章对当下冷链物流主流认证体系进行了介绍。第九章主要分析我国冷链物流标准化建设思路和建议。此外，本书融入了产学研成果，并将企业先进理念和模式以案例的形式补充进入本书，丰富了本书的内涵。

本书既可作为普通高等院校、高职高专院校的物流及其相关课程的选用教材和教学参考资料，也可作为各层次成人教育、企业培训参考用书和广大冷链物流从业人员的自学读物。

本书编写中参考了大量文献资料，借鉴和吸引了国内外众多学者的研究成果，并得到中国财富出版社的大力支持，在此，对他们的辛勤工作表示真诚的谢意。限于笔者学识水平，书中难免存在不少缺点和错误，敬请各位专家和读者批评指正。

编　者

2016 年 3 月

目　录

第一章　绪　论 …………………………………………………… 1

第一节　冷链物流与生活 …………………………………………… 1

第二节　冷链物流与社会经济 ……………………………………… 3

第三节　中国冷链物流的机遇与挑战 ……………………………… 7

第二章　冷链物流概述 …………………………………………… 13

第一节　冷链物流基本概念 ………………………………………… 13

第二节　冷链物流系统 ……………………………………………… 20

第三章　冷链物流发展现状及特征 ……………………………… 28

第一节　冷链物流发展现状 ………………………………………… 28

第二节　冷链物流需求特点 ………………………………………… 37

第三节　冷链物流发展特征 ………………………………………… 43

第四章　冷链物流设施设备与技术 ……………………………… 52

第一节　冷链物流设施 ……………………………………………… 52

第二节　冷链物流设备 ……………………………………………… 56

第三节　冷链物流技术 ……………………………………………… 67

第五章　冷链物流运作及服务模式 ……………………………… 82

第一节　不同类型产品的冷链运作 ………………………………… 82

第二节　冷链物流服务模式 ………………………………………… 91

第六章　冷链物流城市配送 ……………………………………… 103

第一节　城市冷链配送基本概念 …………………………………… 103

第二节　城市冷链物流配送体系 …………………………………… 107

第三节　城市冷链物流共同配送 …………………………………… 114

第七章 冷链物流运营管理 …… 122
第一节 冷链物流温控管理 …… 122
第二节 冷链物流质量管理 …… 125
第三节 冷链物流设备技术管理 …… 127

第八章 冷链物流认证体系 …… 134
第一节 冷链质量指标标准认证 …… 134
第二节 药品经营质量管理规范 …… 142
第三节 良好操作规范 …… 145
第四节 危害分析和临界控制点 …… 147
第五节 食品质量安全认证 …… 149
第六节 其他相关认证 …… 153

第九章 冷链物流标准化建设 …… 158
第一节 冷链物流标准化建设现状及存在问题 …… 158
第二节 冷链物流标准化体系建设发展思路 …… 166
第三节 冷链物流标准特性分析 …… 168
第四节 冷链物流标准体系表编制 …… 172

参考文献 …… 178

附录一 冷链物流典型案例 …… 181
案例一 麦当劳冷链物流标准化管理 …… 181
案例二 雨润集团全自动化控制冷藏系统 …… 184
案例三 上海可的便利店冷链物流管理创新 …… 186
案例四 中集集团冷链运输装备 …… 187
案例五 伊利冷藏运输模式 …… 189
案例六 林德特巧克力的全球冷链配送 …… 192

附录二 冷链物流重要政策文件 …… 195
政策一 《农产品冷链物流发展规划》 …… 195
政策二 《药品冷链物流运作流程》(GB/T 28842—2012) …… 204
政策三 《食品冷链物流技术与管理规范》(DB31/T 388—2007) …… 209

第一章 绪 论

生鲜初级农产品、肉制品、乳制品、速冻食品、疫苗类、血液制品……这些在人们日常生活中扮演着重要角色的食品和药品，它们都有一个共同的特点，就是从生产到消费整个产品生命周期中都需要全程冷链物流保证食品的新鲜和安全。天南地北的生鲜产品，依靠全程冷链，跨越了时间和地理的鸿沟，开始在全国甚至全世界范围流通，让消费者有了全新的体验，也让农户、企业从中获利。试想，没有冷链物流保障的肉类和水产等食品，会让存在于这些食品或存在于这些食品生产和流通环境中的细菌、病毒在适宜的温度条件下肆意繁衍，对人体健康会造成什么影响？在全程冷链有所欠缺的疫苗、药品用在病人身上，会出现什么后果？[①] 我国人口庞大，生鲜农产品和加工食品消费量大，如果没有健全的冷链物流系统，人们的健康和生命安全难以得到保障，生活品质的改善也就无从谈起。

冷链物流作为一种新兴的物流业态，与人们的生活息息相关，在生鲜产品生产和流通中发挥着极其重要的作用。近年来，国家从食品、药品安全角度出发，不断出台冷链物流利好政策，为冷链物流发展创造了良好的外部政策环境。同时，生鲜电商和生鲜连锁超市等市场的快速成长，也极大地刺激企业关注和投资冷链物流领域，助推了冷链物流市场的快速成长。但是，我们应该清醒地认识到，广大消费者对冷链物流的认知度还有待提高，企业冷链物流的运作水平还有很大提升空间，冷链物流运作模式还需要不断进行创新。因此，准确理解冷链物流的内涵，深入理解冷链与我们的生活和国民经济发展的内在联系，对推动行业发展有重要意义。本章分析冷链物流与生活、社会经济的关系，以加深广大读者对冷链物流的认知。结合冷链物流业态发展现状和特点，阐述冷链物流发展面临的机遇和挑战。

第一节 冷链物流与生活

一、冷链物流让生鲜食品和药品更安全

“民以食为天，食以安为先。”随着人们生活水平的不断提高，人们对食品的安全

① http://www.cnlenglian.com/news/show-htm-itemid-11110.html.

和质量的要求越来越高。政府对食品安全问题亦高度重视，陆续颁布了各种法律、法规和标准来规范食品市场。但是，中国食品质量安全不容乐观，其中由冷链物流服务质量引发的农产品安全事件时有发生。近年来，上海某乳业因冷链不完善而导致的“酸败门”事件、某知名食品企业“裸运”对温度非常敏感的“保鲜肉”事件等冷链物流服务安全新闻屡见报端。2012 年由央视财经频道策划制作的“断裂的冷链”节目对目前国内冷链市场上存在的大量问题进行深入专题报道，更是给我们敲响了冷链物流服务安全的警钟，也使广大消费者和政府对冷链物流服务安全的关注度明显提升。

易腐食品中含有大量的微生物，在常温下极易变质腐烂，是造成食品安全隐患的主要原因。研究表明，流通环节中控制食品安全和质量的关键就是控制微生物生长速度，控制微生物生长速度最关键的因素就是控制温度。冷链物流可以使肉、禽、水产、蔬菜、水果、蛋及其加工食品等从产地采收后，在产品加工、贮藏运输、分销零售等环节始终处于适宜的低温控制环境下，以最大限度保证产品品质和质量安全、减少损耗、防止污染。简而言之，通过冷链物流，瓜果、蔬菜、禽肉可以从产地快速、新鲜、安全地输送到消费者手中。

二、冷链物流让食品更多样化

随着人们生活水平的提高，人们的消费观念向多样化、快捷化的方向发展，对于新鲜果蔬、牛奶等生鲜产品的需求逐年增加，冷链物流正是这种需求的保障。自 2013 年以来，冷链物流行业因电商巨头的介入而变得热闹非凡——天猫、京东、苏宁易购、顺丰优选等企业宣布或者已经斥巨资建设冷链物流。冷链物流的发展也让广大消费者受益，轻轻点击鼠标，全国各地的新鲜食品便可以宅配入户。随着冷链物流网络逐步完善，冷链物流技术不断创新，直接带动了我国鲜活农产品和加工食品的跨区域流通和反季节销售，让消费者的餐桌上食品的种类日益多样化。

三、冷链物流让食品品质得以保持和改善

蔬菜、水果、肉类、水产品等鲜活农产品、加工食品等需要通过低温流通才能使其最大限度地保持天然食品原有的新鲜程度、色泽、风味及营养，冷链物流正是保持食品品质的“幕后英雄”。根据冷链物流从业者介绍，“国外曾做过实验，果蔬在同样储存五天的情况下，常温储存的叶绿素、糖分、β-胡萝卜素、维生素等营养成分只有冷链状况下的25%左右”。实践也证明，冷链物流是易腐食品质量保持的有效、经济手段。冷链物流为易腐食品的生产和流通创造适宜的温度条件，可以维持易腐品更高的感官品质，也能更好、更久地保持其营养成分，有效控制流通环节中影响食品品质的微生物生长速度。

四、冷链物流改变人们生活方式

“冷链物流”作为一个在中国兴起的新的物流业态，正伴随着生鲜超市、生鲜电商等新兴商业企业的拓展逐渐深入人们的生活，也改变着越来越多消费群体的生活方式。例如，现在的年轻人更愿去超市买菜，越来越多的消费者放弃市场上一般冷冻肉——“热鲜肉”，而是选择超市中更贵的“冷鲜肉”。越来越多的上班族热衷于通过生鲜电商渠道购买有冷链保障的生鲜食品，这种消费趋势便捷是原因之一，最关键的原因是在冷链物流的加工、配送、冷冻、保鲜等系列环节保障下，这些食物的安全系数非常高。在一些发达国家，人们对于食品冷链体系已非常熟悉，而我国广大消费者对冷链食品的认知还需要一个过程。因此，随着冷链物流体系的逐步完善和消费者对冷链物流认知的深入，消费者一定会有一种新的生活方式，将更多的“冰冻食品”摆上餐桌，冷链物流将更深刻地改变人们的生活方式。

第二节 冷链物流与社会经济

一、社会经济对冷链物流的推动

经济发展水平的进一步提高、城市化进程的加快、消费者自我安全保护意识和健康意识的提升、国家食品药品安全法规的实施等，都是冷链行业发展的主要推动力。

1. 经济增长是冷链物流发展的基础

美日冷链物流发展经验表明，冷链物流发展和人均可支配收入具有很强的正相关性，当人均可支配收入超过 4000 美元时，冷冻冷藏食品消费和冷链物流建设将进入快速发展期。我国城镇居民家庭人均可支配收入于 2012 年首次超越 4000 美元大关，奠定了我国冷链物流建设快速发展的经济基础。① 伴随着消费水平的不断提高和现代生活节奏的加快，我国消费者的食品安全意识也逐步提高，超过 80%的消费者愿意为新鲜安全的食品支付更高的溢价，进一步推动冷链物流升级和发展。

2. 城市化进程是冷链物流发展的重要动力

2014 年 3 月出台的《国家新型城镇化规划 2014—2020 年》，成为了指导全国城镇化健康有序发展的宏观性、战略性、基础性规划。在今后一段时期，新型城镇化战略不断推进，城镇消费群体将不断扩大、消费结构将不断升级、消费潜力也将不断被释放，消费拉动内需增长，同时也带动商品流通在数量和范围上的增长。有关统计数据显示，到 2015 年，中国的城镇化率将达 58%，以 13.9 亿人口的预测数据计算，城镇

① http://www.chyxx.com/industry/201402/229541.html.

人口将超过 8 亿，比 2011 年增加 1 亿。① 研究表明，从需求角度看，由于城镇人口食品消费结构中生鲜食品比例高于农村人口，因此，生鲜食品的需求将随着城镇化率的提高大幅上升，这对冷链物流提出更高要求，也将给冷链物流创造更为广阔的市场空间。

3. 国家政策为冷链物流发展提供契机

根据国际经验，冷链发展初期需要政策法规的引导。近年来，随着冷链物流升温，国家相继颁布了许多支持冷链物流行业的政策法规，2010 年中华人民共和国国家发展和改革委员会（以下简称发改委）颁布的《农产品冷链物流发展规划》，2012 年农业部、商务部相继出台多项政策推动农产品冷链物流发展。其中影响较大的《农产品冷链物流发展规划》提出未来几年建成一批运转高效、规模化、现代化的跨区域冷链物流配送中心，我国果蔬、肉类、水产品冷链流通率分别达到 20%、30%、36%以上，冷藏运输率分别提高到 30%、50%、65%左右，流通环节产品腐损率分别降至 15%、8%、10%以下。2013 年国务院在《关于 2013 年深化经济体制改革重点工作意见》中首次将冷库用电价格由商业电价调整为工业电价，极大地缓解了当前冷链物流企业的成本压力，再加上各地不断出台的农产品冷链扶持政策，有力地推动了冷链物流行业的快速发展。

4. 新兴产业为冷链物流发展提供新机遇

电商的爆发或为冷链物流提供又一增长动力。按照生鲜电商未来达到中国电子商务预期渗透率 10%来估算，生鲜电商的潜在市场空间将达到 2500 亿元。理想情况下，冷链宅配的成本约占销售额的 15%，因此，可以测算出，仅生鲜宅配这一块的冷链物流（包括仓储和运输）市场规模，将达到 375 亿元。“电商＋冷链宅配”将开启家庭零售市场的二次成长，中小型冷库井喷在即。“电商＋冷链宅配”将打破冷链食品家庭市场的“渗透率”天花板，使冷链物流从 B2B（企业对企业之间的营销关系）升级为 B2C（商对客电子商务模式），家庭终端需求有望呈现几何级数增长。2013—2015 年，冷链宅配年复合增速 80%～120%，带来的冷库、冷藏车市场规模超 360 亿元。

二、冷链物流的经济效益

1. 冷链物流提升农产品反季销售的巨大增值空间

农产品反季节销售使消费者菜篮子变得丰富多样，让消费者的饮食生活锦上添花，更让农民获得可观收益。冷链是农产品实现反季节销售的重要途径之一，农产品旺季生产后进行冷藏，淡季时供应市场，如最常见的蒜薹、胡萝卜、苹果等。

我国农产品地区集中趋势显著，但由于保鲜技术不过硬，产业化经营程度低，各

① http：//www.lenglian.org.cn/news/zixun/1/18351.shtml.

个农产品主产区陷入了产品储不进、运不出的两难境地，为了避免收获的农产品无谓损耗，农民无奈之下只能地产地销、季产季销，严重影响了产地农民的增收和种植积极性。以新疆库尔勒的香梨为例，产收季节一般为每年的9—10月，常温下的可储存时间为40～50天，由于相当缺乏冷链建设，当地果农只能以低价贱卖，即使这样，每年仍有大量销不掉的香梨被埋到地里当肥料。从2000年起，国家开始扶持特产农产品，加大了对当地冷链建设的投入，到目前为止库尔勒的冷库保有总量约30万吨，主要用于对本土水果的保鲜冷藏。现在库尔勒一年四季都能供应香梨，还出口到美国、加拿大、澳大利亚等多个国家，当地香梨目前的收购价为5元/千克，相较于过去翻了10余倍。① 又如，胡萝卜产后短期内如果不能卖掉就会质量下降，种植者在没有冷库的情况下往往急于出售，这时收购商就会压价，而有了冷库和冷链加工中心之后，原本1400元/吨的胡萝卜，错过收购旺季后可以卖到2000元/吨，甚至更高。

2. 冷链物流能延长农产品货架期，提高其经济价值

当前，受到农产品集中上市后保鲜储运能力弱的制约，"卖难"和价格季节性波动问题突出，农民增产不增收。如果产地有完善的产地预冷、冷库以及加工设施，就可以有效延长产品货架周期，拓展农产品销售区域，增加农产品的附加值，实现农民增收。

3. 冷链物流使得农产品深加工蕴含无限商机

有资料显示，我国居民食物中工业生产的食品仅占20%左右，而发达国家已达70%以上。我国农产品产后加工能力为25%左右，一些发达国家在70%以上。农产品深加工包括加工成罐头、蜜饯、果脯，果汁提取加工，果蔬功能提取，果蔬MP（轻度）加工，冷干果蔬，果蔬粉加工六个方面。而我国却存在着这样的矛盾，农产品生产出来后没有市场，而具有广大市场的食品工业，却无法得到必需的农产品。农产品深加工，农产品的附加值可增加50%以上，有些甚至超过农产品的原值。例如，1斤青梅0.7元，加工成凉果可卖数元一斤，产值增加几倍。在我国绝大多数果菜是一摘下就直接进入市场，上市销售的都是初始和半初始农产品，没有任何预冷、保鲜处理的措施，果菜失去巨大的增值机会和空间。

4. 冷链物流提升农业国际竞争力

从出口来看，我国生鲜农产品具有较强的比较优势，但由于冷链发展滞后，蔬菜、水果出口量仅占总产量的1%～2%，其中80%是初级产品，在国际市场上缺乏竞争力。特别是随着近年来发达国家不断提高进口农产品准入标准，相关质量、技术和绿色壁垒已经成为制约我国农产品品牌打造和出口的重要障碍。我国农产品产量虽然逐年增长，但我国农产品冷链物流体系不完善带来的高成本和高损耗导致我国主要农产

① http://cold.chinaiol.com/k/0104/3149667.html.

品质量差、成本高、销售价格远高于国际市场价格，失去了商业竞争优势。加快发展农产品冷链物流，有助于提高出口农产品质量，突破贸易壁垒，增强国际竞争力。①

5. 冷链物流是食品产业的重要支撑

食品加工业和生鲜电商等食品生产和流通产业要开拓新市场，扩大市场区域范围，需要冷链作为基础支撑。随着人们生活水平的提高，加工食品和生鲜电商等新兴市场冷链物流需求潜力巨大。很多社会资本已经纷纷布局冷链物流，但冷链高成本始终是企业头疼的问题。顺丰优选是生鲜冷链物流的先行者，其非常看好巨大的冷链市场，但冷链物流成本居高不下，直接导致很多生鲜电商不赚钱，市场拓展受阻。

三、冷链物流的社会效益

1. 冷链物流可以保证农产品安全，降低农产品损耗，推动农业产业化

近年来，农产品供应量越来越充足，但农产品安全问题却越来越受到人们的重视，如农产品腐烂和霉烂、化肥过量、流通过程二次污染、使用化学增鲜剂等。冷链物流可以有效控制有害微生物和细菌的繁殖，使农产品品质在货架期得到有效保障。实验显示温度每升高 6℃，细菌就会繁殖一倍。因此，降低农产品损耗、保证农产品质量安全、提高农产品附加价值，必须有农产品冷链体系建设作为基础保障。行业调查数据显示，我国整个冷链环节不配套，80%以上的农产品仍旧是在常温或“土冷链”的状态下流通，直接导致我国农产品流通损耗率远高于发达国家。行业调研数据显示，我国果蔬冷链流通率仅为10%左右，造成果蔬损耗率高达 30%。如果将果蔬损耗率降低到 5%，每年可减损 1000 多亿元，或者可节省 1 亿亩耕地，提供 1.8 亿人一年的口粮。

2. 冷链物流是城市化的一个后勤保障

只有冷链可以为城市人口的食品安全提供保障。随着城市规模的增加，城市周围土地的商业化、住宅化和工业化，易腐食品和蔬菜生产基地越来越远离城市、人口居住中心，也就是说这个供应链的距离会越来越长，因此，易腐食品对现代物流的依赖程度会越来越高。

3. 冷链物流可以提高农产品品质和附加价值，增加农民收入

农民富则国家富，建设新农村最关键的切入点就是增加农民收入。冷链物流可从以下三个方面提高农民收入：一是减少农产品损耗。“鲜活”是农产品的生命或价值所在，但鲜活农产品含水量高，保鲜期短，极易腐烂变质。通过第三方物流的专业配送和运输可加快农产品流动速度，有效缩短农产品产出与消费的时间距离，使农产品尽早进入消费环节，大大减少农产品因腐烂变质而造成的损失。二是促进农产品加工增值。在西欧，农民根据自己的产品入股加入不同的消费合作社，消费合作社给农民的

① http://szb.farmer.com.cn/nmrb/html/2014-08/02/nw.D110000nmrb_20140802_1-05.htm? div=-1.

不仅仅是农产品价格承诺，还有经过消费合作社物流增值服务后应得的报酬。因此，专家认为，要创造一种机制，创造一种组织形式，让农民获得一部分增值利润。我国农产品绝大多数以原始自然产品的形式销售，或者仅仅经过简单初级加工后就进行销售，这种销售方式极大地限制了农产品增值。物流外包服务提供商强调服务观念，以电子网络为平台，及时、准确地获取供需双方信息，调整配送方案，很好地调节季节性、地域性问题，整合农产品加工业资源，创造加工附加价值，大大扩展了农民的增收空间。三是增加农民就业。农村存在大量剩余劳动力，特别是2008年金融危机以来，失业及隐性失业现象严重。发展物流外包有利于农村新的社会分工的形成，将促使更多的人参与到农产品加工、包装、运输、储存等物流环节中来，有利于开辟新的就业门路，如维修、市场调研等。另外，第三方物流的专业化程度也会间接促进就业农民文化素质的提高。农村剩余劳动力问题的解决不仅可有效促进农民增收，更有利于农村社会的稳定。

第三节 中国冷链物流的机遇与挑战

一、中国冷链物流的机遇

近年来，从中央到各地方政府都非常重视食品安全，冷链物流的产业地位进一步提升，为行业发展带来了诸多机遇。

1. 冷链物流基础设施不断完善

冷链物流基础设施建设再创新高。无论是中央还是各地方政府，均不同程度投入大量资金支持冷库、冷链园区等基础设施的建设和冷藏车等冷链设备的购买。截至2013年年底，全国冷库储存能力总计约为2411万吨，同比增长约13.6%。据中物联冷链物流专业委员会调研结果显示，2013年全国建成投入运行的冷库储存能力总计达到287.8万吨，其中公共型冷库总储存能力约262万吨，占建成投运冷库总储存能力的比重超过91%。

冷链运输方面，公路运输占我国冷藏运输量的90%，2013年冷藏车市场保有量新增13000台左右，同比增长14%左右。铁路冷藏货物运输主要由中铁特货公司和中铁集装箱公司下属的铁龙物流公司负责经营，目前中铁特货机械保温车保有量1910辆，其中900多辆已改为代棚车或不能制冷，只有1000辆左右的B22型机械保温车正常使用。2013年，中铁特货公司完成铁路鲜活运量42.6万吨。铁路冷藏箱保有量为200只，其中100只为2009年投入，其余100只于2013年6—12月陆续投入。2013年铁路冷藏箱发运量为1196箱（折合2691标准箱TEU），按保有量计算，年周转次数为9.34次。

2. 政策环境不断改善，地方性冷链政策相继出台

冷链政策环境进一步加强和改善。2013 年中央一号文件推出一系列强农惠农新政策，其中有 7 项涉及冷链物流。2013 年政府两会工作报告中也指出，要提升食品安全水平，健全农产品质量安全和食品安全追溯体系。此外，交通运输部《关于加强和改进城市配送管理工作的意见》、商务部《关于促进仓储业转型升级的指导意见》、国务院《关于加快发展现代农业进一步增强农村发展活力的若干意见》等均包含冷链物流利好政策。

地方性冷链政策出台“接地气”。相比国家层面宏观的冷链政策，地方性冷链政策的相继出台对于企业发展才是有“实实在在”的好处。2013 年海南省出台政策支持企业建设果蔬菜配送预冷冷库和终端门店周转小冷库，对库容达到 30 吨以上的冷链系统，验收合格的予以不超过企业投资额 40%的财政补助，最高不超过 60 万元，支持企业购置小型冷藏运输车，按企业投资额的 40%给予财政补助，最高不超过 25 万元。此外，像哈尔滨、天津、重庆、甘肃、四川等地冷链补贴均已细化出台。

3. 标准制定工作有序，标准化进程加快

冷链物流标准化工作积极推进。2013 年《药品物流服务规范》国家标准正式出台并于 2014 年 7 月 1 日正式实施；《物流企业冷链服务能力与评估》《水产品冷链物流服务规范》《餐饮冷链物流服务规范》三项国标和行标进入审查阶段；《冷链物流从业人员职业资质》《航空货物冷链运输服务规范》等行标获得审批立项。

我国冷链物流标准化体系的建设工作，经过这几年相关政府协会的不断推动，在冷链基础、冷链管理、冷链设施、冷链技术等层面不同程度地对冷链标准进行了制定、补充和完善，企业对于标准认知越来越深入和全面，我国冷链物流市场规范化程度进一步提高。

4. 连锁餐饮冷链发展持续走高

连锁大众餐饮的迅速发展，带动冷链物流逆势走高。连锁餐饮企业寻找第三方冷链物流合作的情况越来越普遍，这说明我国餐饮冷链物流体系正在逐步完善；为保证食品安全，很多餐饮企业在冷链物流基础设施建设方面投入加大，比如海底捞 2013 年在中国达到 100 家门店，分别在内蒙古、东莞、北京、上海等地相继规划建设冷链配送中心，完善供应链管理。么豆捞、西贝餐饮、呷哺呷哺、汉拿山等餐饮企业也都在建设或完善自身的中央厨房。此外，随着人们工作节奏的加快，冷链快餐在 2013 年开始大规模进入便利店，像 7-11、罗森、全家等便利店都出现了多种多样营养丰富、快捷食用的“冷便当”。这些都对冷链物流带来新的商机。

5. 药品冷链突破迎转机

整个生物药品的市场规模约 1000 亿元，由于生物药品附加值比较高，冷链物流市场规模约 5 亿元。新版 GSP（《药品经营质量管理规范》）在 2013 年 6 月 1 日正式实

施，全文一共 187 条，涉及冷链管理的就有 40 条，这是我国药品在流通监管政策上的一大提升。新版 GSP 确认的药品供应链管理的全新思路在满足新规范标准的前提下，对药品的储存、装卸、运输等环节的要求越来越高，预计将带来 70 亿元的冷链技术装备的市场，同时专业化的药品物流将大有可为。可以肯定，新版 GSP 将成为专业化药品第三方物流发展的突破口和里程碑，尤其对药品冷链物流发展。

6. 生鲜电商冷链物流市场崛起

近年来，生鲜电商异军突起带动冷链宅配发展。生鲜类食品平均毛利在 40%左右，且用户重复购买率高，未来 3～5 年极可能是下一个热门的电商品类。鉴于此，2013 年，天猫、京东、本来生活、1 号店、顺丰优选、沱沱工社等一线电商全面进军生鲜市场。2013—2025 年，预计中国冷链食品需求将从 2 亿吨增长到 4.5 亿吨，年复合增速 18.8%。电商冷链宅配模式将开启家庭零售市场的二次成长，随着家庭终端需求的几何级数增长。受到区域限制比较大、品类单一、采购渠道不稳定、冷链物流成本高等因素影响，目前规模比较小，销售模式以预售为主，从产品来看以速冻海产品、进口食品以及高档的水果为主。

生鲜电商的快速发展带动区域内冷链物流合作得到加强，资源优势互补，有效提升了冷链运输效率，降低了冷链物流成本。比如北京顾客在天猫下单，由上海众萃物流完成到北京的冷链长途运输，再由北京快行线物流市内冷链配送到落地配站点，最后由小红帽送到顾客手中。

7. 进口食品需求加快，临港冷链物流迎发展契机

2013 年，冷链商品进口金额合计为 151.9 亿美元，同比增长 21.1%，较 2012 年上升了 10.5 个百分点，国内对冷链进口食品需求总体上呈快速增长态势。从美国的车厘子，到日本的三文鱼，再到智利的西梅以及法国的红酒，越来越多的国外新鲜食品随着国际贸易和冷链物流的快速发展，进入到中国的餐桌上，仅北京市每年的进口红酒销量就达到 10 亿元，同时中国特色的果蔬产品和禽肉制品也正在通过高效、安全的冷链方式送往世界各地，这其中蕴藏着数以百亿元的冷链物流商机。

受此影响，2013 年变化较为明显的就是临港冷链的发展。中外运普菲斯冷库继上海外高桥和临港投入使用后，天津港项目也投入使用。由天津滨海泰达物流集团股份有限公司和日本丰田通商株式会社及株式会社上祖公司合作的泰达行（天津）冷链物流有限公司主要涉及天津港口岸出入境检验检疫核心业务。太古集团继广州项目后先后在廊坊、上海、宁波、南京港口附近投资建设冷库项目。天津东疆保税港区东疆大洋冻品物流配送中心，大连大窑湾保税港区毅都、獐子岛冷库，深圳机场红酒物流中心，宁波港金枪鱼保税冷库，烟台港保税水产物流园等众多过亿资金冷链大项目的开工建设，表明我国临港冷链物流即将迎来发展契机。

二、中国冷链的挑战

冷链物流企业不断涌现，并呈现出网络化、标准化、规模化、集团化发展态势。但是，从总体上看，我国冷链物流发展仍处于起步阶段，规模化、系统化的冷链物流体系尚未形成，与发展现代农业、居民消费和扩大农产品出口的需求相比仍有差距。只有充分了解我国冷链物流行业仍存在的下列缺失，才能有效应对世界舞台的严苛挑战。

1. 冷链设施与冷链装备不足

目前中国保温车辆约5万辆，大部分为改装且冷冻机质量相对较低，而易腐物品装卸亦非在规范性的冷链环节中操作，即水果、蔬菜、禽肉、水产品都是用普通卡车运输。至于铁路冷链运输在全国总运行车辆总计约35万辆，其中冷藏车占2%，只有7000辆左右，且多是陈旧的机械式速冻车皮，冷藏运量仅占易腐货物运量的25%，不到铁路货运总量的1%。冷库容量方面，我国目前的冷库总容量约为880万立方米，很多冷库只限于肉类与鱼类的冷冻贮藏，且设备陈旧、功能不足。换言之，我国冷链设施和冷链装备的不足，加上原有设施设备陈旧，以及发展分布并不均衡，目前还无法为农业流通系统提供全程冷链物流的基本保障。

2. 冷链运输与装卸过程损耗大

我国农产品产后损失严重，果蔬、肉类、水产品流通腐损率分别达到20%～30%、12%、15%，在城镇居民食品消费支出中，易腐食品消费占51%，但大约90%的肉类、80%的水产品、大量的牛奶和豆制品等，基本上是在没有冷链的保证下进行运销。而在美国，70%的蔬菜都要经过冷链专业的处理才能上市，我国却不到5%。由于运输与装卸过程中损耗高，整个物流费用占到易腐食品成本的70%，远远高于50%的国际标准。

3. 冷链物流管理与运营技术有待加强

冷链保温技术、温度控制设施、冷链物流管理和操作人员、全程冷链运行管理制度等与国际冷链作业标准尚有不小差距，导致冷链环节信息不对称，造成易腐物品在运输或储存阶段无谓耽搁，易腐货物耗损风险急剧增多。

4. 厂商冷链物流专业服务不足

由于专业人员缺乏及基础设施的严重滞后，相对于国际市场的发展趋势，我国冷链物流产业尚处于起始阶段，绝大多数的冷链物流供货商，只能提供冷藏运输等简易服务，并非全程的冷链物流服务。与普通物流相比较，冷链物流体系在服务价格、分销管道与产品质量控制的力度更大。目前，较少冷链物流供货商能全程绝对保证供应链环节的温度控制，使多数生产厂家无法将冷链物流业务外包协力厂商物流业者，绝大部分以自行经营为主，即使外包，也仅限于区域性部分配送和短途冷链运送，这种现象一定程度上阻碍了冷链物流的良性发展。

5. 冷链物流市场有待细分

冷链物流适用的产品范围分为三类：一是初级农产品，包括蔬菜、水果、肉、禽、蛋、水产品和花卉产品。二是加工食品，包括速冻食品；禽、肉、水产等包装熟食、冷饮和乳制品；快餐原料。三是医疗用品等特殊商品。不同种类商品对物流环境中的温度、湿度要求也各不相同。而我国冷库库温一般设置为0℃～4℃和－22℃～－18℃两种，有少数冷库定为－28℃以下。这种库温设计满足了大多数商品储存的温度要求，但不同商品的最适宜的储存温度并非一致，从确保商品储存质量与延长保质期间的角度而言，不同商品应设定其最适宜的储存温度。即冷链物流企业对现有的冷链市场必须进行细分，同时也要同步考虑产品储存的季节性与温度差异性。

6. 全程冷链体系尚未形成

一条完整的冷链包括产地、加工、贮藏、运输与配送、销售等环节。为充分保证产品质量与减少损耗，冷链物流要求产品在生产、贮藏运输、销售到消费前的各个环节必须处于产品所必需的适温环境之中。目前，我国能独立开展预冷、流通加工、仓储、运输、配送等一条龙冷链综合物流服务的企业比较少，各地虽有一定数量的冷库和冷藏运输车队，但服务功能单一、规模不大，服务范围小，跨区域服务网络没有形成，无法提供市场需求的全程综合物流服务。

7. 缺乏冷链物流相应的法规和技术规范

冷链物流是一项非常复杂的系统工程，为确保每个环节不出现产品质量和市场安全问题，完善的法律法规体系、统一的标准和技术规范是保证冷链物流运转的基础。但我国冷链物流法律法规不健全，冷链物流各环节设施、设备以及操作规程、温度控制等均没有统一的标准和技术规范，发达国家普遍推行的HACCP（危害分析与关键控制点）管理体系亦尚处于待完善执行的启蒙阶段。

三、中国冷链的发展前瞻

伴随着新一轮国家政策的调整，经济环境的变化，以及市场改革的不断深入，我国冷链物流业发展面临新的机遇和挑战。

1. 政府引导加快冷链设施和体系建设

2014年，政府出台多项政策促进产地和销地冷链物流发展，各地方政府也细化出台地方冷链物流扶持政策，同时鼓励和扶持龙头冷链企业设施建设，完善地方冷链体系建设，冷链物流企业一方面要抓住政策利好时机，争取政策和资金支持，完善冷链服务体系，另一方面要加强前期市场调研和客户需求分析，减少盲目性投资。

2. 专注细分领域，提升企业核心服务能力

冷链物流企业应当把消费者的终端市场需求作为自身发展的核心动力，苦练内功、

夯实基础、完善不足，不断加强在餐饮、零售、药品、生鲜宅配、零担等细分领域的服务能力。区域性企业不要盲目跨区域发展，应当在自己的区域延伸服务链条，打造区域的竞争力。

3. 食品产业龙头继续加大冷链投入

为保证食品安全和品牌影响力，会有更多食品龙头涉足冷链物流业，包括冷冻仓储、冷链运输、农贸批发、电子商务等多项业务。

4. 互联网将引领行业变革

随着4G时代的到来，我们要更关注移动互联网。依托物联网、云计算、智慧物流等新的技术信息手段，为冷链物流行业发展“提速”。传统物流依托互联网已经在变革，涌现出了卡行天下、安能等新型物流企业。

5. 生鲜电商推动特色农产品发展

越来越多的原产地优质农产品通过电子商务走进千家万户，生鲜电商的发展将为冷链物流企业带来新的机遇和挑战。

6. 行业整合成为常态

业内企业开始认识到单一作战的压力越来越大，行业整合已经开始。

7. 部分冷链物流企业向供应链企业转型

2013年众品通过整合内部和外部资源成立“河南鲜易温控供应链股份有限公司”。联想控股旗下增益供应链计划在未来3～5年，以冷库和批发市场为切入点，在全国范围内建设8～10个物流基地。2014年年初招商局集团成立招商食品供应链。冷链供应链转型速度加快。

第二章 冷链物流概述

冷链物流作为物流产业一个特殊和重要的组成部分，开始引起人们的重视。这一切源于冷链食品的大量增长、食品流通过程越来越复杂和人们对产品质量安全的认识逐步提高。本章将围绕什么是冷链物流，如何全面、正确理解冷链物流的内涵，以及冷链物流具有什么特征等基本问题展开分析和论述。

第一节 冷链物流基本概念

一、冷链物流的定义

目前，对于冷链或者冷链物流概念的认识和表述尚不统一，常被引用的几种定义是：

国家标准《物流术语》（GB/T 18354—2006）中，对“冷链”的定义是：“根据物品特性，为保持其品质而采用的从生产到消费的过程中始终处于低温状态的物流网络。”

日本明镜国大辞典给出的冷链定义是：“通过采用冷冻、冷藏、低温贮藏等方法，使鲜活食品、原料保持新鲜状态由生产者流通至消费者的系统。”

美国食品药物管理局针对果蔬产品给出的冷链定义是：“为阻止细菌的生长，保证产品的品质，在产品从农田到餐桌的连续移动过程中，始终维持正确温度的物流过程。”

全球冷链联盟给出的冷链定义是：“从牲畜被屠宰或果蔬被采摘开始一直到供给最终消费者的过程中，对易腐食品的冷藏温度进行监控，以保证其品质的优良性和食用的安全性。”

上述几种典型定义，尽管表述方式和侧重点不尽相同，但归纳起来有以下几个关键点：

第一，冷链物流的对象主要是指易腐食品。易腐食品需要在低温下保管和运输，以防止细菌的生长给产品的品质带来的负面影响，保持食品的鲜度是低温物流的根本。

第二，冷链物流是一个连续不可逆过程，中间不能发生中断，需要稳定的温度环境，温度控制是低温物流的关键。冷链物流需要冷藏运输和保管设施设备以及专门的冷藏技术。

第三，冷链物流是一个系统，在这个低温流通系统动力的驱动下，易腐食品完成从生产地到消费者的空间转移。

为了对冷链物流作更加全面地研究，在此，对物流概念做一点深入分析。“物流”概念本身包含多重含义，一般来说，可以从三个角度观察物流：

一是从具有作业性质的生产活动的角度观察物流。物流是一种生产活动，物流生产活动的输出是“服务”，物流服务的效用体现在缩小商品实体在空间、时间和品种、规模，以及使用上的适应性等方面存在的差距，相对应的物流活动是运输、保管、集散、拣选、流通加工等。

二是从支撑对象产品物理性流动的系统的角度观察物流。物流是一个系统，物流系统就如同一个管道输送系统一样，将对象产品送达到目的地。

三是从对物流生产活动进行科学管理的角度观察物流。物流体现的是运用系统的观点、科学的管理方法，对物流生产活动和物流系统进行规划、组织、协调，使之更富有效率和效益的物流管理活动。

结合上述定义，为使冷链概念进一步清晰，本书将冷链物流细分为三个概念，即冷链物流活动、冷链物流系统、冷链物流管理，分别对其进行描述。

1. 冷链物流活动

在规定的低温环境下（含温度、湿度、通风、卫生环境等）所完成的易腐食品（生鲜食品和冷冻食品）和医药等产品，从生产加工到分销、零售环节的包装、装卸搬运、储存、运输、流通加工等系列活动（见图 2-1）。

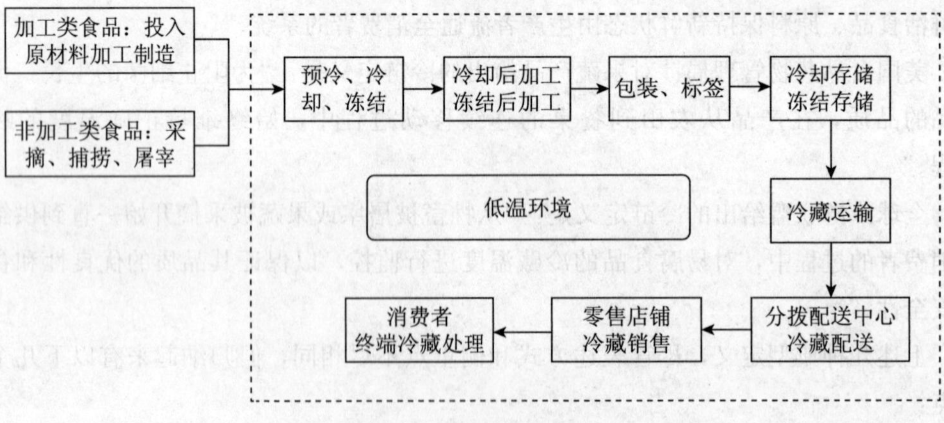

图 2-1　冷链物流过程示意

2. 冷链物流系统

为实现冷链物流的目的，由低温贮藏和运输设备与低温贮藏和运输技术方法以及管理手段相互结合，上下游各个环节有机衔接，有效完成易腐食品、医药等冷链物流商品储存、运输等物流活动的供应保障系统。

3. 冷链物流管理

规划设计层面的冷链物流管理：按照物流一体化的要求，规划设计和优化冷链物流系统的一系列活动。

组织协调层面的冷链物流管理：对冷链物流过程中的低温环境、物流作业以及上下游环节的衔接等进行监测、控制和协调的过程。

二、冷链物流对象

冷链物流对象主要包括以下几类：

（1）初级农产品：蔬菜、水果、肉、禽、蛋、水产品、花卉产品。

（2）加工食品：速冻食品；禽、肉、水产等包装熟食；冰激凌和奶制品；巧克力；快餐原料。

（3）其他产品：药品、生物制品等。

不同的对象商品，依其自身的品质、投放市场的层次、流通区域等的不同，对于冷链物流的要求也各不相同。例如，在品质要求方面，国际市场或高档市场一般比国内市场或低档市场要求更为严格；远地市场由于距离长，运输、温度等因素使产品品质容易受到影响，所以对作业要求较高；延迟消费的产品要做好保鲜加工、冷藏，以便这些产品可以适时供应消费市场或加工原料市场。

不同的对象商品所要求的温度各不相同，冻畜禽肉、一般水产品、速冻食品、冰激凌要求的温度在－18℃以下；有个别产品（例如，多脂鱼类）要求的温度为－30℃以下。多数的根茎、叶菜类蔬菜都适宜贮藏于接近冰点的温度，原产于温带、寒带的多数蔬菜水果要求的贮藏温度为0℃左右，例如，苹果、梨、桃、菜花、芹菜等；原产于热带和亚热带的蔬菜水果多数温度要求高于0℃，例如，香蕉为13℃，芒果为10℃，黄瓜为12℃～13℃，青椒为9℃～12℃等；即使是同一品种由于成熟度不同，所要求的温度也不同，比如青西红柿要求的运输温度是13℃～21℃，红色西红柿要求的运输温度是7℃～10℃。各种花卉的贮藏温度不同。一般来说，起源于温带的花卉适合的温度为0℃～1℃，起源于热带及亚热带的花卉适合的冷藏温度分别为7℃～15℃和4℃～7℃。药品要求的温度在0℃～10℃。

三、冷链物流分类

1. 按温度适用范围划分

按照温度从低到高，冷链物流通常划分为超低温物流、冷冻物流、冰温物流、冷藏物流、恒温物流五种类型（见图2-2）。

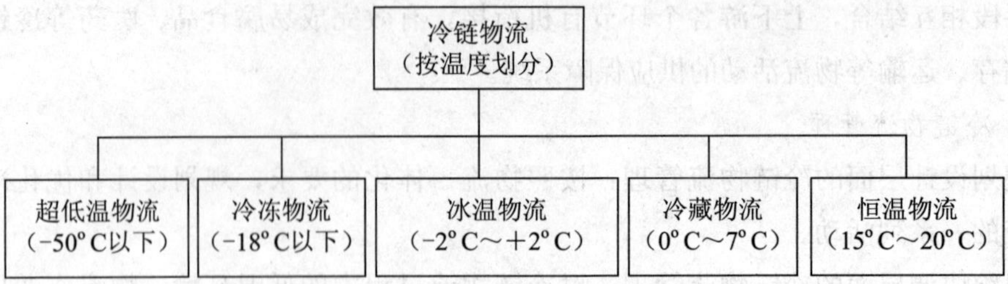

图 2－2　冷链物流温度分类示意

（1）超低温物流适用温度范围一般要求在－50℃以下。

（2）冷冻物流适用温度范围一般要求在－18℃以下。

（3）冰温物流适用温度范围一般要求在－2℃～＋2℃。

（4）冷藏物流适用温度范围一般要求在 0℃～7℃。

（5）恒温物流适用温度范围一般要求在 15℃～20℃。

2. 按对象产品品类划分

根据对象产品类别，通常可划分为：

（1）肉及肉制品冷链物流；

（2）水产品及其制品冷链物流；

（3）禽蛋及其制品冷链物流；

（4）果蔬产品冷链物流；

（5）乳及乳制品冷链物流；

（6）糕点、糖果类食品冷链物流；

（7）油脂品冷链物流；

（8）速冻食品冷链物流；

（9）冷冻饮品冷链物流；

（10）药品冷链物流。

冷链食品的分布温度带如表 2－1 所示。

表 2－1　冷链食品的分布温度带

温度带	对象品目
5℃～10℃	蔬菜、果类、奶类加工食品、火腿、香肠
－2℃～5℃	生食用鱼贝类、牛奶、生鲜肉、鸡蛋、鲜花
－15℃以下	冷冻肉、冷冻鱼、冷冻食品、冰激凌、浓缩果汁

数据来源：中国物流年鉴。

3. 按冷链物流环节或领域划分

(1) 生产加工冷链物流；

(2) 批发（市场）冷链销售物流；

(3) 零售（店铺）冷链销售物流；

(4) 冷链运输、配送（干线、末端）；

(5) 冷链储存（冷库）。

四、冷链物流运作流程

冷链商品从产出到消费，要经过较多环节，冷链物流的效率取决于冷链物流各个环节的有效衔接。不同产品由于生产、流通等过程存在差异，导致其冷链物流涉及不同的环节。以果蔬类食品为例，一般经过采后预冷、冷藏运输与配送、冷藏和冷藏销售等冷链物流过程；而肉禽类产品一般经过冷冻加工、冷藏运输与配送、冷藏和冷藏销售等冷链物流过程。一般冷链物流主要包括以下几个环节。

（一）采后预冷环节

果蔬采后预冷是指利用一定的设备和技术将产品的田间热迅速除去，冷却到果蔬适宜运输或贮藏的温度，减缓呼吸作用和蒸腾作用，最大限度地保持其鲜度等品质指标，延长贮藏期，同时减少入贮后制冷机械的能耗。采后预冷是果蔬类产品冷链物流的第一个环节，其质量的高低在很大程度上决定了整个冷链的质量。因此在果蔬采摘后应根据果实采后的用途、与消费地的距离、贮藏和销售时间及产品的生理特点来进行有效的预冷。

（二）冷冻加工环节

该环节包括肉类、禽类、鱼类、蛋类的冷却与冻结，以及在低温状态下的加工作业过程；也包括挑选分级、包装等处理作业过程。在加工过程中对温度进行有效控制是不容易的，通常在这个过程中会涉及各类冷藏库、冷藏柜和最终消费者所使用的冰箱等。

（三）冷藏环节

冷藏指冷链商品保持在冷却或冻结温度的条件下，将冷链商品贮藏一定时间。根据食品冷却或冻结加工温度的不同，冷藏又可以分为冷却物冷藏和冻结物冷藏。冷却冷藏是指食品贮藏的温度低于环境温度但不低于食品汁液的冻结点，即食品内的水分不会结冰，这种冷藏叫作食品的冷却冷藏。冻结冷藏是指食品贮藏在其温度远低于食品汁液的冻结点的环境里，一般贮藏温度规定为-18℃，即食品内的大部分水分都结成了冰，这种冷藏叫作食品的冻结冷藏。例如肉制品冷却、冷冻后可以马上入库贮藏，冷却贮藏温度和湿度条件（0℃～1℃，相对湿度85%～90%）、冷冻贮藏温度和湿度条件（－21℃～－18℃，相对湿度95%～98%）。冷藏环节主要涉及冷库及制冷等配套设备、冷却、冻结和速冻设备。

（四）冷藏运输与配送环节

冷藏运输有多种形式，如公路冷藏运输、铁路冷藏运输、水路冷藏运输和航空冷藏运输等，用到的运输工具主要有冷藏车、冷藏集装箱以及其他保温运输工具。在冷藏运输环节中，任何一点温度的波动都极易造成产品质量的下降。因此，一条完整高效的冷链需要专业运输工具作为保证。以果蔬为例，国际制冷学会大部分果蔬的推荐温度为1～2天的运输温度是0℃～4℃，2～3天的储运温度大致是0℃～2℃，相对湿度为95%～100%。

（五）冷藏销售环节

产品从配送中心出来之后就进入了批发零售环节，一般在各零售柜台上进行销售，这是由生产商、批发商和零售商共同来完成的。在这种冷链的销售终端，冷藏库、冷冻陈列柜以及贮藏库开始成为整个冷链中越来越重要的环节。以肉类为例，在冷藏销售环节需要解冻作业，使肉中的冰晶融化成水，肉恢复到冻前状态的新鲜状态，以便于加工。解冻方法有自然解冻、流动空气解冻、水解冻法、微波解冻、蒸汽解冻。其中空气解冻一般14℃～15℃，风速2米/秒，相对湿度95%～98%，水解冻水的温度在10℃左右。

五、冷链物流操作原则

冷链物流的核心即为保持低温环境，以确保生鲜食品的安全与品质。与常规的物流系统相比，冷链物流有其自身的特点，在操作过程中需要遵从以下原则。

第一，3P原则。原料品质（Product）、处理工艺（Process）和货物包装（Package），要求原料品质好、处理工艺质量高、包装符合货物特性，这是货物进入冷链时早期质量控制的根本。

第二，3C原则。在整个加工和流通过程中，对产品的保护爱护（Care）、保持清洁卫生的条件（Clean）以及低温的环境（Cool），这是保证产品"流通质量"的基本条件。

第三，3T原则。即物流的最终质量取决于冷链的贮藏温度（Temperature）、流通时间（Time）和产品本身的耐贮藏性（Tolerance）。冷藏物品在流通过程中质量随着温度和时间的变化而变化，不同的产品都必须要有对应的温度控制和贮藏时间。

第四，3Q原则。即冷链中设备的数量协调（Quantity）、设备的质量标准一致性（Quality）和快速的作业组织（Quick）。冷链设备数量和质量标准的协调能力能够保证货物总是处在适应的环境中，并能提高各项设备的利用率。快速的作业组织是指加工部门的生产过程、经营者的货物组织、运输部门的车辆准备与途中服务、换装作业的衔接等。

第五，3M原则。即保鲜工具与手段（Means）、保鲜方法（Methods）和管理措施（Management），在冷链中所用的储运工具及保鲜方法要适合食品的特性，并能保证既经济，又取得最佳的保鲜效果。

六、冷链物流影响因素

（一）冷链物流需求因素

对冷链物流的需求主要来自于生产、流通和生活消费三个方面。如前所述，随着对食品特别是生鲜食品“鲜度”要求程度的提高，对于食品口感和营养价值的重视以及对食品食用方便性的追求，使在生产和流通环节利用低温环境完成食品的运输、保管、加工等冷链物流需求不断增长。低温食品的消费规模与消费者的购买力密切相关。一般来说，采用冷链物流的生鲜食品由于物流及加工成本高，相应价格也比较高，在高收入人群中消费量较大。例如，北京人均GDP是全国人均的2.5倍，因而，对冷链物流的需求也远远大于全国平均水平。

目前，食品超市中普遍使用冷气货架和冰柜存放果蔬、乳制品、饮料以及冷冻加工食品、肉类产品等，批发流通环节使用冷库贮藏低温食品，运输环节使用冷藏车辆运输低温食品。

除了低温食品运输、保管和加工过程中对冷链物流有需求外，一些非低温食品在生产加工过程中对于原材料和半成品的运输和保管也需要低温环境。例如，汉堡包在送到消费者手中时不属于低温食品，但在生产加工过程中对汉堡包的原料和半成品的保管和运送需要在冷链环境下进行。

在生活消费领域，新鲜食品包裹的冷链递送也会随着对服务需求的升级而日益增加。在欧美、日本等国家，生鲜食品的冷链速递服务已相当普遍。

（二）冷链物流能力因素

冷链物流需要冷库、冷柜、冷藏车辆等硬件设施和设备，以及涵盖上下游完整的冷链物流网络或者说冷链物流系统。冷链物流的连续性特点，对网络节点间的有序连接显得尤其重要，冷链物流网络的能力决定冷链物流的质量。

（三）冷链物流技术因素

冷藏技术、保鲜技术、冷藏运输、保管设施设备技术，在很大程度上决定或影响着冷链物流运作的效率和服务质量。节能高效的冷藏运输和保管设施设备技术的开发和运用、现代信息技术在冷链物流领域的运用是提高物流技术水平，进而提升冷链物流运作和服务水平的重要因素。

（四）政策环境因素

目前，发展冷链物流得到政府层面的高度重视，2013 年中央一号文件提出："要发展农产品冷冻贮藏、分级包装、电子结算，健全覆盖农产品收集、加工、运输、销售各环节的冷链物流体系。"

冷链物流设施建设、新技术的采用、冷链物流运营方面的绿色通道等政策层面的因素，也会直接影响到冷链物流的发展速度和运营质量。

第二节　冷链物流系统

研究冷链物流管理体系，首先对研究的对象——食品冷链物流系统进行研究，对冷链物流系统构成要素全面分析是研究其管理体系的基础。冷链物流系统由具有不同功能但有着共同目标的子系统构成，各子系统之间相互协调发展，并需要不断完善升级。冷链物流系统是一个体系，由技术、政策、组织、运营等构成，运营体系和支撑体系不断地完善配套。依据系统论思想，本部分分析冷链物流系统构成要素和系统特性，在此基础上进一步提出冷链物流管理体系构成以及运行机理。

一、冷链物流系统构成要素

系统是由若干个相互作用、相互依赖的元素组成的一个具有特定功能的有机整体。冷链物流系统是一个复杂的社会经济系统，它由许多要素组成。本部分将冷链物流系统的构成要素分为环境要素、主体要素、客体要素和技术要素四大类进行分析（见表 2－2）。环境要素主要包括社会环境、政策环境、经济环境和技术环境；主体要素一般包括服务供应主体（例如，冷链物流服务商、冷库企业、加工配送企业等）、服务需求主体（例如，原材料供应商、加工制造商、批发及零售商、消费者）、监管主体（例如，冷链物流行政管理部门、行业协会等）等主要主体。客体要素主要包括蔬菜、水果；肉、禽、蛋；水产品等鲜活农产品。技术要素主要包括软技术（例如，信息技术、管理技术等）和硬技术（例如，冷链运输设备、储存设施等）。

表 2-2 冷链物流系统构成主要要素

要素名称	子类别	主要要素
环境要素	社会环境	人口规模、年龄结构、收入分布、消费结构和水平、人口流动性等
	政策环境	法律、法规、标准
	经济环境	GDP 的变化发展趋势、居民可支配收入水平、食品市场需求状况等
	技术环境	制冷、节能灯新技术、新工艺、新材料的出现和发展趋势以及应用前景
主体要素	服务供应主体	冷链物流服务商、冷库企业、加工配送企业
	服务需求主体	原料供应商、加工制造商、批发及零售商、消费者
	监管主体	食品冷链物流行政管理部门、行业协会
客体要素	鲜活农产品	蔬菜、水果；肉、禽、蛋；水产品等
技术要素	软技术	管理技术、信息技术
	硬技术	冷藏运输设备、冷库

（一）环境要素

（1）社会环境要素包括人口规模、年龄结构、种族结构、收入分布、消费结构和水平、人口流动性等。其中人口规模直接影响着一个国家或地区冷链物流市场的容量，消费结构和水平直接影响着食品供需结构，年龄结构则决定冷链食品的种类及推广方式。

（2）政策环境要素包括政府或行业协会制定的对企业经营具有约束力的法律、法规和标准等，这些相关的法律和政策能够影响到各个行业的运作和利润。

（3）经济环境要素包括 GDP 的变化发展趋势、居民可支配收入水平、市场机制的完善程度、市场需求状况等。由于冷链物流主体企业是处于宏观大环境中的微观个体，经济环境决定和影响其自身经营环境和战略。

（4）技术环境要素包括与冷链物流主体企业生产有关的新技术、新工艺、新材料的出现和发展趋势以及应用前景。

（二）主体要素

1. 服务供给主体

冷链物流企业作为专业化的第三方物流公司，可以承担所有或部分冷链物流活动，运用先进的低温冷藏技术在从原材料供应商、加工商、批发零售商一直到最终消费者整个物流流程中，通过提供专业的冷链物流服务，保证生鲜食品始终处于适宜的温度和湿度环境下，确保食品的质量。

2. 服务需求主体

(1) 原材料供应商。原材料供应商是冷链物流的源头，蔬菜、水果；肉、禽、蛋；水产品等鲜活农产品主要由农林牧渔业的种植养殖企业或个体农民等来提供，供应商构成上具有特殊性。个体农民作为食品原材料的供应商，生产规模小而且非常分散。部分以企业形式存在的果蔬、禽畜生产基地同样是食品原材料供应主体的重要组成部分。企业化的组织形式易于制定标准化的生产流程和操作标准，保证食品品质的一致性，信息收集的规范化也方便实现食品的可追溯。

(2) 冷链加工制造商。肉禽等食品需要加工制造才能食用，在相应的温度和湿度环境中进行加工制造才能保持食品的品质。食品的加工制造是保障食品安全非常重要的一环，为保证食品质量，多数食品加工制造商自营物流业务。加工制造商的正向物流业务主要包括供应物流、生产物流和销售物流。在冷链物流系统中，供应物流和销售物流是和其他企业相关联的，而多数大型食品加工制造商处于核心位置，为确保食品安全，供应物流和销售物流业务多数也是自营的。

(3) 冷链批发与零售商。批发商以少品种大批量食品，物流简单量大为特征，连接制造商与零售商。零售商以多品种小批量，物流复杂量小为特征，连接批发商与最终消费者。随着经济的发展，越来越多的连锁食品零售商与制造商直接交易，而一些食品批发商也直接销售给最终消费者。食品批发零售商是食品物流过程中的重要一环，是连接食品加工制造商和消费者的桥梁和纽带，主要包括连锁超市和农贸市场等。大型连锁零售商一般情况下自营食品冷链物流，农贸市场的物流以供应商提供物流服务为主。

(4) 冷链食品消费者。处于整个食品冷链末端的消费者是冷链物流系统不可或缺的组成部分。消费者的饮食结构、食品需求等方面的变化，对于食品冷链物流的运作也将产生决定性的影响，例如，随着人们对健康饮食的逐渐重视，绿色食品、有机农业等悄然兴起；同样人们生活节奏的加快以及对食品安全的关注，对于冷冻冷藏食品需求量的增加，带动了冷链物流业的发展，这一切都来源消费者食品需求特点的变化，消费者是食品冷链物流的重要驱动力量。

3. 监管主体

现代食品冷链物流不仅是一种企业行为，也是关系到食品卫生和人民健康的大事，加强对冷链物流的质量监管，是全社会共同的责任，需要企业与政府相关部门共同努力。

(三) 客体要素

鲜活农产品是人类生活的主要来源，如蔬菜、水果、肉类、鱼类，也是加工食品的主要工业原料，如可加工成为肉制品、奶制品等。鲜活农产品具有易腐属性，随着采摘后的时间和温度的变化，品质会急剧变化，失去食用价值。这样的食品经冷却后，可适当延长它的贮藏期，并能保持新鲜状态，以增加其经济价值，一般将食品的温度下降到食品冻结点以上的某一合适温度，通常其物流过程的温度上限是7℃，下限为0℃～4℃。经过预冷的蔬菜、水果、水产品、乳制品等都可以采用这种方式。但是在这种温度下，细菌等微生物还能继续生长，因此这种方式只能用于食品的短期储存。

（四）技术要素

冷链物流功能的实现也需要多种软硬件资源的支撑。但食品的特殊性决定了食品冷链物流所需的资源有不同于其他物流活动之处，实现食品冷链物流全程无缝衔接除了设施设备和物流信息设备外等硬技术外，还需要食品冷链物流企业具备一定的信息技术和管理技术等软技术。

1. 硬技术

所谓的硬技术是指食品冷链物流活动中使用的各种设施、设备、工具等物质手段，主要包括运输设备、冷库等。

（1）运输设备。运输设备主要是实现冷冻冷藏食品的位置转移。由于整个冷链物流活动中要始终保持食品处于合适的温度，因此相应的运输设备需要具有制冷、保温的功能。冷链中冷藏运输是非常重要的环节，运输设备的选择和使用是冷藏运输顺利运作的关键。冷链物流中使用的主要运输设备有：冷藏汽车、铁路冷藏车、冷藏船、冷藏集装箱、冷藏飞机等。

冷链食品运输设备应具备一定的制冷能力以及良好的隔热保温性能，确保运输期间厢体达到规定的温度要求。运输设备应无毒、无害、无异味、无污染，并符合相关食品卫生要求。运输设备厢体应配备温度自动记录装置，以记录厢体内部温度；该装置应安装在厢体外部容易看见的位置，设定的记录点时间间隔不应超过30分钟。厢体内不宜放置具有尖角、棱角或突状物等设施或物品，以免损伤食品，造成污染。如果运输设备制冷系统使用对人体健康有危害的冷媒，必须设置警告标志或安全规程。

（2）储存设施。在食品冷链物流中，储存设施是延长食品保质期、保证食品质量等工作的主要承担者。储存资源的主要基础设施是冷库。冷库内应设温度自动记录仪或温度湿度计；根据需要可设温度湿度自动控制装置。仓储作业工具应根据冷链食品的种类作以区分，防止交叉污染。冷库应符合食品卫生场所要求，应有足够的容量和适当的制冷设备，保证冷库温度达到规定要求，冷库温度波动控制在±2℃以内。冷库设计符合相关规定，宜建有能控制温度在15℃以下的封闭式站台，并配有与运输车辆对接的密封装置。冷库门应配有电动空气幕、塑料门帘或回笼间等隔热隔湿装置。

2. 软技术

软技术即自然科学与社会科学方面的理论、方法应用于食品冷链物流领域形成的各种方法、支撑技术、作业技能和程序等，主要包括管理技术、信息技术等。如表2-3所示。

表2-3　食品冷链物流系统软技术统计

核心技术	对象与环节	关键技术
冷链标准、认证技术	基础、管理、技术、服务	术语、设备的图像符号、安全、环保、设备优化、统计信息等
冷链冷藏技术	贮藏、流通设备、加工设备、特殊设备	贮藏技术、制冷技术、隔热层技术、空气幕设计技术、加工工艺、冰温技术、蓄冷技术、解冻技术、空气调节、气调贮藏、制冷、发泡剂替代技术等
冷链保鲜、包装技术	初级农产品、加工食品、医药化学品	保鲜工艺、包装工艺、材料技术、密封技术、气调技术、预冷技术、灭菌技术、加工技术等
冷链的节能技术	制冷、温控、气调、回收	冷凝技术、压缩技术、除霜技术、变领技术、蓄冷技术、制冷剂、环保技术等
冷链的自动化技术及信息技术	进货、搬运传输、储存、运输、出货、包装、销售	自动搬运传输、自动控制、红外线识别、传感技术、无线射频识别技术（RFID）、定位跟踪、供应链与物流信息系统、条码、视频技术、电子商务等

资料来源：俞玮．我国冷链物流系统技术的革新与展望［J］．信息电脑，2008（9）．

二、冷链物流系统特性

消费品位的提高要求生产者和商业经营者不断提高和保持食品的品质。冷链物流过程不会改变食品的品质，但可以保持食品的品质。目前消费者不仅关心食品生产出来时的品质状态，更关心到达消费者手中时的品质状态，保质期、货架期的严格区分，对新鲜度的苛刻要求，成为生鲜食品实施低温运输和储存销售的推动力。

在冷链物流系统下流通的生鲜食品，保持了良好的品质，提高了食品的档次，延长了销售期，对于生产者和流通者来说，可以获得由于采用冷链物流服务产生的“附加价值”带来的超额利润，提高流通领域满足消费者需求的程度。

在农产品流通过程中，由于没有较好的运输和保管条件，浪费现象十分严重。减少农产品流通过程浪费的一种有效方式是采用冷链物流。从这个意义上讲，减少流通领域的损耗是冷链物流的重要作用之一。当然，采用低温运输和贮藏本身也是需要资源的投入，也要发生费用，无论作为生产者还是经销者都要考虑投入与产出的关系。冷链的采用由收益与成本的关系决定，当冷链投入成本能通过市场价格合理得到补偿时，会考虑采取冷链。

冷链物流系统的本质是一个面向市场、面向消费者的低温食品及药品的供应保障系统，担负着低温（生鲜）食品及药品从生产地到达消费者的空间转移和时间调整。低温食品的物流活动，在技术要求、作业组织、环节衔接等方面有别于一般常温食品，表现出以下特点。

（一）温度控制严格

冷链物流对象产品包括鲜活农产品、生鲜加工食品以及药品等，这些产品均属于在常温下容易腐蚀和变质的易腐性产品，“温度”是影响其品质最重要的因素。冷链物流也称为低温物流，就是要在低温环境下完成易腐产品的物流和销售全过程。

冷链物流是一个低温物流过程，必须遵循“3T”原则，即产品最终质量取决于冷链的贮藏与流通的时间（Time）、温度（Temperature）和产品耐藏性（Tolerance）。①冻结食品在低温流通过程中所发生的质量下降与运输时间存在很大的关系，可以说，时间就是冷链食品的生命；②在整个流通过程中，由于温度变化引起的质量下降是不可避免的，也是逐渐性的和积累性的，当达到一定的程度就失去了商品的价值。因而冷链物流中的商品温度需要进行控制；③冻结食品的温度越低，其质量下降相对越慢，保质期也就会相应地延长。

（二）时效性要求高

鲜活农产品和生鲜食品即便在低温环境下保质期也较短，在物流和销售过程中，由于温度变化容易发生腐蚀和变质，需要在规定的时间内进行贮藏和送达销售场所，销售环节的货架期也需要严格掌控。因此，在贮藏、流通加工、运输以及销售等各个环节必须考虑鲜活农产品和生鲜食品在品质保障下的时效性要求。

（三）专用性强

为保持食品的品质，在整个冷链物流过程中，需要使用冷库和冷藏保温车进行预冷、冷却冷冻贮藏和运输，在低温环境下完成分拣、流通加工等物流作业活动，进入到零售环节的冷链食品也需要低温冷藏设备保管。使用低温贮藏和运输物流特殊设备是冷链物流的一个重要特性，这个特性导致冷链物流技术含量较高，设备专用性强，作业难度较大。

(四) 物流成本高

由于冷链物流要使用特殊的低温物流设施设备，设备投资大，而且在贮藏和运输过程中要消耗较多的能源，因此运营成本较高，物流费用占食品成本或销售额的比重相对较高。

(五) 冷链上下游各环节协调性要求高

冷链物流需要各环节之间无缝衔接，以保证冷链商品在适宜的温度、适度、卫生的通道中顺畅的流通。冷链物流的特殊性使其过程组织具有较高的协调性，需要完善冷链信息系统功能，充分发挥有效的信息导向作用，保证冷链产品流向的顺畅。

冷链物流的上述特点，决定了冷链物流系统除了要具备一般物流系统的特征之外，还要在设施装备、组织协调、标准化运作等方面优于一般物流系统。

第一，在设备设施方面，需要冷藏车、冷库、低温理货场以及销售场所的冷藏柜、保鲜货架等冷链设施设备支撑冷链系统运营。

第二，在组织协调方面，为保证冷链的完整性，上下游相关节点之间需要密切配合，实现时间上的顺畅对接。

第三，在标准化方面，需要有严格的标准规范冷链物流的运作，既包括设施标准，也包括作业标准和服务标准。

(六) 食品冷链物流空间分散性

食品冷链物流的空间特性主要体现在供给与需求之间的空间差。食品供给与食品冷链物流系统分析需求之间的空间差是由社会分工和地理条件决定的。食品冷链物流通过其运输等功能要素改变食品空间位置，创造“空间价值”。

首先，作为多数食品原材料的农产品生产地的分散与消费地相对集中的空间差异。在我国，农产品的生产地分散在广大农村，而城市才是这些农产品的主要消费地。这些农产品或是由商业机构直接收购，或是由合作经济组织代为收购，或是由产业化经营的龙头企业收购，然后再经过加工、冷冻、冷藏储运、批发等环节到零售商。

其次，食品由一个地区向另一个地区的大规模转移。农业生产的一切活动都是在一定区域内进行的，而各地的自然条件、社会经济条件和技术条件都各不相同，致使农业生产在地理分布上呈现出明显的地域差异。珠江三角洲有“水果之乡”之称，尤以荔枝、柑橘、香蕉、菠萝品质最佳，数量最多。每年采收季节，大量南方的水果通过各种运输方式向北方地区不断输入；而东部沿海的大量鱼虾蟹等水产品也不断地流入中西部等内陆地区。正是这种空间差异为食品冷链物流创造了利润的来源。

最后，从食品的集中地向分散需求场所流入创造价值。食品经集结运送至食品配送中心后，经流通加工，然后通过冷藏车等配送到城市各个位置的超市、便利店等零售商，最终达到千家万户的消费者的厨房里，整个过程具有强发散性。

第三章 冷链物流发展现状及特征

伴随着经济的快速发展和居民生活质量的提高，居民对鲜活农产品和加工食品的“鲜度”和“安全度”也越来越关注。从需求与市场的关系看，当人们的消费需求从温饱型过渡到营养型，再进入到健康型后，对营养结构和鲜度的追求以及对安全的重视，会转化为一种高层次的市场需求。随着城市居民生活水平的提高以及冷链物流需求的多样化，推动了冷链物流的现代化发展，冷链物流的需求和发展呈现出新的特点。

第一节 冷链物流发展现状

一、国外冷链物流发展现状

(一) 美国冷链物流发展现状

美国注重对食品的监督和管理，基本形成政府监管、企业自律、全民教育及舆论监督的综合食品质量安全控制体系，除此之外，发达的冷链物流系统也为食品质量安全提供了保障。政府监管由食品药品管理局负责，其保护策略是从预防开始就采取安全措施，落实企业责任，在冷链中确定风险后，由专门部门检查预防措施，并进行干预。在检查中出现问题后，通过有效的反应机制做出快速响应。

由于美国农业生产区域化程度较高，且绝大部分农产品由企业化经营的少数大农场生产，供应给全国各地及海外市场，使农产品的产地市场比较集中。销地批发市场的批发商数量不多，一般在50～60家，但是经营规模化、实力雄厚的批发商组织大规模的蔬菜水果贸易，能够为数量众多的超市、连锁店、中小零售商以及食品企业提供品种齐全、大批量的商品。美国果蔬大生产、大流通格局的形成，对果蔬的生产、流通和市场都产生了深远的影响，目前已形成完整的冷链物流体系，田间采后预冷—冷库冷藏—冷藏车运输—批发站冷库冷藏—超市冷柜销售—消费者冰箱储存，整个物流环节的耗损率仅为1%～2%。

在整个冷链物流中采取先进的技术装备，设施充足，如使用气调贮藏苹果已占冷藏总数的80%，并且冷链系统运作稳定。在农业领域的总投入中，用于生产部分投资占 30%，用于产后加工保鲜投资占 70%；产后产值与采收时自然产值比为 3.7∶1。完善的冷链不仅保证了全社会的食品安全，而且提高了农业产业化水平。

美国根据各地的气候、土壤条件，建立了蔬菜基地，专门生产少数几种最适宜的蔬菜供应全国，形成了比较完善的全国性蔬菜生产分工体系，西南部、中南部、南部、北方地区四大产区的蔬菜产量约占美国蔬菜总产量的 90%，蔬菜生产地区呈现专业化，既有利于发挥各地区自然环境优势，又有利于提高劳动生产率。蔬菜农场也实现了专业化，蔬菜农场分工越来越细，很多农场甚至只生产某种蔬菜的某一品种。农业部还建立了家畜追溯体系，要求零售商、加工厂商和农民认真做好家畜跟踪记录，以便建立家畜标识，帮助消费者了解家畜的出生、养殖和屠宰加工过程。

（二）德国冷链物流发展现状

在德国，联邦政府负责食品安全管理的部门是联邦食品、农业与消费者保护部，具体执行机构是联邦消费者保护与食品安全局和联邦风险评估所。在食品安全和质检方面，通过完善的立法、严格的监督、严厉的惩罚等措施在农产品市场履行监管职能。其中，联邦消费者保护与食品安全局负责对各联邦州开展食品安全监测，协助联邦州实施国家食品安全法规、建立统一的工作体系；农业合作社、食品工业协会、零售商协会等，担当农产品流通中“监督员”的角色；有关机构还对冷链物流系统中的运输工具制定例行的检查，对冷链中的各种设备作了具体的技术要求，包括容器和托盘的卫生标准等。

德国还成立了冷库和冷藏物流企业协会。这是一个由冷库和冷藏物流企业组织的经济协会，其成员包括保鲜物流服务公司、制冷工业厂商和与之有关的商业公司和供应商。除了提供一般性的服务，它还代表会员与政府机构在国家和欧盟层面上沟通，积极为会员争取利益，以及为会员提供能源服务。德国还建立了多种标准，包括种蔬菜的土质，从而保证整个食品冷链系统在国家的监督和管理之下，保证食品安全。进入流通领域的肉类、鱼类、蔬菜、瓜果，从产地或加工厂到销售网点，始终处在一个符合产品保质要求的冷藏环境中运行。在冷藏保鲜库中，全部采用风冷，风机在电脑的控制下调节库温。生鲜果蔬采用分级包装，贴上标签。在批发市场，无论是蔬菜还是鲜鱼、肉类均在良好的冷藏环境中存放。

同时，德国每年从财政中拨款，对改善农产品运输、储存、加工和销售的项目进行补贴，包括修建公路、码头、仓库（包括冷库）和市场等基础设施；不断加大农产品物流技术的开发力度，特别是保鲜技术、冷藏运输技术、包装技术和流通加工技术，为农产品的顺畅流通提供了技术上的保障。

（三）加拿大冷链物流发展现状

加拿大食品检验署（CFIA）负责全国蔬菜的卫生安全和质量等级管理。由于加拿大地处高纬度，气温较低，为了保证人们一年四季吃上新鲜的蔬菜，温室种植十分普遍。为此，生产者对蔬菜的分级、包装尤其严格。加拿大的冷链特点是全程低温保持新鲜，使蔬菜的贮存、运输必须通过冷链物流，以减少污染和损失。蔬菜从田间到餐桌始终保持在低温环境下，有效地控制了有害微生物的滋生与蔓延，保障了食品安全。相关数据显示，通过低温保存、运输蔬菜，加拿大的蔬菜损耗仅为5%，物流成本不足30%。早在19世纪末，加拿大就开始蔬菜冷藏运输，经过100多年的发展，社会化、专业化、规范化的蔬菜冷链储运已取代了菜园和菜市间的点对点“运输”，使蔬菜贮存、运输的成本更低、效率更高，也更便于检测和监管。为了更好地保障蔬菜安全，食品检验署还建立了6个有关蔬菜等植物性食品质量检验的通用模型，在全国范围内推广。为保证食品安全，加拿大还采用了基地化养殖和种植模式，有农场24.7万个，国内销售占总产量的一半。

（四）日本冷链物流发展现状

日本是一个十分重视食品鲜度和食品安全的国家，在鲜果低温流通保鲜技术方面处于领先位置。20世纪70年代以前，日本鲜果的流通保鲜状况和我国差不多。60年代末以来，日本农林水产省组织开展了生鲜农产品的低温流通体系及技术的改进建设，日本鲜果的低温流通保鲜研究及技术改进受益于这一行动，迅速在学术界及流通业界得到了长足的发展。

早期通过对鲜果流通中腐烂发生的调查分析，在明确了腐烂主要与粗放采收、滥装滥卸、包装挤压及运输道路颠簸严重等有关后，除实行无伤采收、抗压瓦楞纸箱轻量包装（5～10千克）等改进外，还结合全国道路建设加强了农村道路整顿建设。这些改进有效地改善了当时日本鲜果流通中的腐烂严重问题，使流通中的腐烂率从常规的20%～30%降到了5%～10%。之后，研究即迅速转入对流通中品质劣变的影响因素及控制方法的探讨上。在明确了运输过程中鲜果包装箱内会迅速升温至40℃左右是造成流通中产品品质劣变及加重腐烂的主要因素，而采后运输前的预冷可有效降低运输中的呼吸强度和呼吸热释放，与低温运输结合可有效控制运输热害的产生而获得较好的流通保鲜效果后，日本即在全国进行了低温冷链流通保鲜体系的整体建设。日本鲜果的低温流通体系建设是与蔬菜、花卉等结合在一起进行的。至20世纪90年代，日本在全国实现了“产地预冷—冷藏车运输—低温冷柜或卖店销售”的冷链流通保鲜体系的建设。这些同步的学术研究及技术要点推荐活动，使日本的低温流通得以在科学合理的理论和技术指导下正常发展。

在冷链流通中，预冷是保持鲜果高品质流通上市的关键环节之一，而冷库是预冷所必需的设施条件。鲜果采后进入低温状态的早晚直接影响采后的呼吸强度及呼吸高峰到来的早晚，采后预冷可有效降低运输中的呼吸强度和呼吸热释放。流通中呼吸强度大、呼吸高峰来得早时，鲜果品质劣变快、运输中升温快，升温快又会加重腐烂和品质劣变。为实现鲜果的高效保鲜，日本在全国主产地建设冷库。这些冷库主要用于流通保鲜的预冷和部分短期贮藏，而且是水果、蔬菜、花卉等多种生鲜农产品共用，周年利用率较高。早期修建的主要是强制通风式冷库，这种冷库完成一次预冷需 12～20 小时，采收当天不能起运而影响上市速度，且库房周转利用率低，采收高峰期时难以实现大批量尽早预冷。后期随着制冷技术的进步，发展修建了制冷效果好、制冷速度快的压差式通风冷库（一次预冷 2～6 小时可完成）和真空式冷库（一次预冷 20～40 分钟可完成）。

近年还发展了附有乙烯去除装置的冷库。日本蔬菜进行预冷较多，鲜果则较少，对鲜果的预冷一般采用压差式或强制通风式冷库，在夏秋高温季节成熟上市的草莓、梨、桃、葡萄等鲜果上有应用。日本的鲜果主要由日本全国农协组织调运，产地冷库主要由日本全国农协管理。日本全国各地的农协、全国经营生鲜农产品的批发市场和商店均有冷库。农民生产出的鲜果在农协冷库进行预冷后运往各批发市场和商店出售。产地冷库一般按处理果蔬种类调整设定温度。在综合性的低温批发市场和低温商店，温度一般设定在全体经营果蔬中最高的冷害临界温度值之上，如大田批发市场的设定温度为 15℃。

近年，日本还推出了一种可移动的小型冷库（约 10 立方米），它兼用于鲜果采后的临时就地冷藏和较长时期的就地低温贮藏保鲜和运输。使用这种小型冷库可实现贮藏和运输的一体化，贮藏果出售和调运时可连冷库一起装车运走。

这些高效制冷设施的建设和"产地预冷低温运输低温销售"的冷链流通的实施，是日本鲜果在无农药或低农药处理条件下能以品质优、鲜度好、腐烂少上市的基本保证。

运输车性能及装卸技术的改进。日本的鲜果主要采用货运汽车运输，也有的用火车和海船运输。日本早期使用的货运汽车与我国现用普通货运汽车相似，现在则主要使用可调控温度的低温保温车进行中长途运输，在普通的短途运输和气温适宜的低温季节和地区，也常使用非冷藏车。

在低温流通发展的同时，受惠于运输装卸业机械化的发展，日本全国产地和普通集市、批发市场和商店的鲜果装卸与搬运，也从过去的人力一箱箱装卸发展到人力集约搬运及人力集约装卸或机械集约装卸。目前流通中主要采用金属架整架（每架装鲜果约 42 箱）装卸和搬运。装卸车时或用人力通过高台整架装卸，或通过专用装卸车和运输车的自动装卸附件整架装卸。为适应这种整架集约装卸的发展，日本的一些货运汽车加设了一种能将整货架鲜果平稳上升到车厢上的自动整架装卸附件，司机一个人即可完成整车货的平稳快速装卸。这些装卸搬运技术的改进有效地缩短了冷库、批发市场低温贮藏、低温销售店之间装卸车时鲜果脱离低温环境的时间，同时既减少了装卸和搬运过程中鲜果的损伤性腐烂，又提高了作业的省力化程度和工作效率。

流通保鲜中包装箱的改进。早期日本也曾用竹筐、木箱等包装鲜果，20 世纪 70—80 年代改为用瓦楞纸箱包装，但当时主要采用在箱壁两侧打小孔的全封闭式包装箱（与我国现行用瓦楞纸包装箱类同），不利于箱内热量散出及冷热气交换。后经不断改进，近年来日本普遍采用一种敞口不封盖的包装箱，这种改进后的敞口包装箱既利于预冷和运输中的冷热空气交换，又利于销售，是贯穿“预冷—运输—销售”的连贯式包装箱。

日本鲜果低温流通保鲜的总体特点：一是在重视腐烂控制的同时重视品质和外观的保鲜；二是追求无公害保鲜，在保鲜过程中尽可能实施无农药或低毒药剂处理，通过对人体健康安全及环境污染少的低温、装运、包装等技术的改进来提高保鲜效果；三是重视流通保鲜中的基础设施及机械化、省力化建设，通过高水平高技术的整体设施及机械化作业的改进，实现流通保鲜的高水平和省力化。

零售店销售方式的改进。早期日本的鲜果是在自然温状态下销售的，20 世纪 70 年代前后改进为低温销售。现在，蔬菜、水果、花卉（切花）等生鲜农产品和粮油产品、畜牧产品、水产品等共同置于综合性的低温卖店销售已成为销售主流。在这些综合性商店，对低温条件要求较高的果蔬和肉类等采用了吹送冷气式的低温开放货架销售。在销售方式上，为便于购后携带和保持一段时间的鲜度，还推出了定量定价的小包装式出售。这些小包装多为具有一定硬度的透明薄塑料盒，或盒底和周边较硬、上部贴盖透明薄膜的组合包装，既方便顾客购买挑选，又能保护鲜果不致受压，并能减少在销售和售后期间鲜果的失水。菠萝、西瓜、甜瓜等的分切出售也得益于这种包装和低温销售而得到较好的发展。

二、国内冷链物流发展现状

（一）冷链物流基本能力现状

进入 21 世纪以来，我国农产品贮藏保鲜技术迅速发展，农产品冷链物流发展环境和条件不断改善，农产品冷链物流得到较快发展。目前，我国每年约有 4 亿吨生鲜农产品进入流通领域，冷链物流比例逐步提高，果蔬、肉类、水产品冷链流通率分别达到 5%、15%、23%，冷藏运输率分别达到 15%、30%、40%。

1. 冷库资源现状

在冷链物流基础设施方面，近年来冷库进入一个爆发式增长阶段，自 2009—2011 年，全国冷库年平均增速为 7.94%。据《中国冷链物流发展报告 2012》统计数据显示，到 2011 年年底，冷库总容量为 7111 万立方米（存储量为 1742.85 万吨）。其中，冻结物冷库（含冰库）为 4493 万立方米（储存量为 1347.9 万吨）；冷却物冷库（含气调库）为2604万立方米（储存量390.6万吨）；超低温冷库为14.5万立方米（储存量4.35万吨）。如表3-1所示。

表3-1　　2011年我国冷库统计容量

类型	统计容积（万立方米）	参考容量（万吨）
冻结物冷库（含冰库）	4493	1347.9
冷却物冷库（含气调库）	2604	390.6
超低温冷库	14.5	4.35

数据来源：《中国冷链物流发展报告2012》。

从冷库功能属性来看，共用冷库占全部统计冷库的52.29%，其中，储存冷库占75.16%，市场配套冷库占16.3%，物流配送型冷库占7.47%，其他冷库占1.07%；自用冷库占47.71%，其中，生产储存型占97.43%，物流配送型占1.79%，其他冷库占0.78%。

在储存物品上，冷库用于综合性存储占了46.93%，在具体品类上，果蔬是最大份额的贮藏品类，占据了27.42%的市场份额。在冷库类型上，冷冻库占比超过一半，超低温库占比极小。在区域分布上，冷库主要分布在东部地区，超过了冷库总量的60%；冷库建设较快的省市主要为：一是作为市场重点城市，如北京、上海以及一些省会城市；二是作为农产品主产地，如新疆、海南、山东等省。

目前大部分冷库是在原有的储备型冷库基础上改造而来的，20世纪七八十年代建造的比例高，没有配备温控分拣区和封闭式月台。为了满足低温配送需要，近年来建造的冷库多以流通中转型冷库为主。新建的冷库多采用绿色制冷剂——氟制冷系统，但是传统大型冷库制冷系统大多采用氨制冷系统。根据中国仓库协会统计资料显示，2010—2011年新建的大型冷库中，多层土建冷库占72.4%，单层装配式冷库占27.96%。

在冷库投资方面，2012年投资者对于冷库的投资热情已经开始减退，相比较前几年市场情况，2012年受房地产调控、宏观经济增速放缓等影响，其投资热情已经开始减退。此外，随着冷链物流配套设施的进一步完善，冷库投资在区域表现上，将会和当地的冷链需求同步。

2. 冷藏车资源现状

受国家产业政策拉动和市场需求影响，国内冷藏车需求量呈逐年上升趋势，从20世纪90年代初期开始，我国冷藏车每年以50%左右的速度增长。2005年开始冷藏车的增长数量放缓到10%。据《物流统计年鉴2011》统计数据显示，2010年全国拥有机械冷藏列车1910辆、机械冷藏汽车2万辆、冷藏船吨位10万吨，年集装箱生产能力

100万标准箱。而据《中国冷链物流发展报告2012》统计数据显示，2012年我国冷藏车保有量约为55000台。如表3-2所示。

表3-2　　2007—2012年我国冷藏车市场保有量统计　　单位：辆

年份	2007	2008	2009	2010	2011	2012
保有量	35000	40000	45000	50000	55000	65000

数据来源：《中国冷链物流发展报告2012》。

由于各省市不同的交通管制措施，导致冷藏车运载能力尚未充分发挥。例如，北京市规定，只有拥有通行证的货车才能日间进入市区配送，而在北京的冷藏车中超过40%的车辆没有市内通行证。

目前，公路运输是冷藏干线运输的主要力量，冷藏汽车的需求相对较大；而与公路冷藏竞争较激烈的是铁路冷藏运输。城市末端的配送主要由冷藏汽车来完成，市内配送业务中每辆冷藏车平均每日配送点较多。食品冷链物流企业每辆冷藏车平均每日配送26个网点，网点以大型零售连锁企业和餐饮企业为主。物流企业冷藏车每次配送网点多、每个网点配送食品数量少、停车开门次数多、冷量损耗大，配送效率较低。

3. 物流园区发展现状

近年来，我国冷链物流园区的投资建设步伐明显加快，主要集中在沿海地区以及中部经济较为发达的地区，分布格局不均衡。冷链物流园区建设起步晚，目前已经运营的园区数量较小，接近80%的园区处于在建状态或规划中。实际上，从2010年下半年开始，随着国家政策的引导和冷链市场的需求，冷链物流基础设施建设持续升温，我国冷链物流园区建设投资热情高，特别是2012年以来，不少地方纷纷投资兴建冷链物流园区。

我国冷链物流园区具有明显的地域性特点，主要还是依托于果蔬类、肉禽类以及水产品等的主产地，如水产品富产区，包括山东、天津、大连等环渤海地区，福建、广东等东南沿海地区等；黑龙江、湖北、湖南、云贵地区等农产品生产大省都建有冷链物流中心；畜牧业发达的地区，如新疆、内蒙古等地也正在加快冷链物流园区的建设。

随着冷链物流市场需求的多元化发展，不仅是生鲜农副产品、肉类、水产品等冷链物流园区快速发展，以花卉为主要产品的新兴的物流冷链园区也开始兴起。专业的医药冷链物流园区尚未出现，但是随着国家和地方不断加大对药品冷链物流发展的扶持力度，国家、地方政府和大型医药企业积极投身冷链物流中心等基础设施建设，随着医药冷链物流基础设施的投入，以专业的医药冷链物流中心为节点的药品服务网络已初具规模。

目前，我国冷链物流园区的开放式主要依赖政府规划、企业主导开发的模式，多数在建、运营的冷链物流园区仍由政府或国有企业作为投资主体建设，利用优惠政策吸引多家物流企业联合投资等。同时，冷链物流园区的增值服务发展呈现品种多元化的特点。从园区主要业务功能来看，虽然农畜产品、鲜蔬等冷冻冷藏、冷藏运输配送等传统业务功能仍然占主导地位，但是冷冻加工、电子商务等服务也快速发展。从园区流转产品来看，呈现出商品品种多、服务区域广、综合性强的特点。

随着冷链物流园区的投资建设步伐加快，虽然全国性的冷链物流服务网络尚未形成，但是我国部分区域已经形成布局合理、产业集聚、功能集成的网络化物流服务体系，整合区域网络资源，带动区域经济协调发展。

（二）冷链高端服务能力分析

高端服务主要包括技术服务、供应链战略服务、市场预测和响应服务、项目管理服务、供应链设计服务、管理创新服务、流程再造服务、信息化平台服务等。就冷链物流服务体系而言，能提供综合性、全过程、集成化、一体化的现代冷链物流服务的专业企业不多，目前服务主要以货物代理、仓储、库存管理、搬运和定向性运输为主。为了提高冷链效率和满足不同用户的需求，冷链服务由单一的仓储、运输等服务向跨行业、跨区域的一体化服务等高端服务转变。

第三方冷链物流发展以食品生产企业为母体的第三方物流企业和独立第三方物流企业共存并进。目前主要的冷链物流企业有山东荣庆、天津康新、河南双汇物流、河南众品冷链物流、永贵冷藏、重庆雪峰、中外运上海冷链物流有限公司、北京华日飞天、北京市快行线食品物流有限公司、东方友谊食品配送公司，以及与麦当劳长期合作的冷链物流体系相对完善的夏晖物流。

专业冷链物流企业多以区域性服务为主，企业规模以中小型居多。特别是在奶业，专业冷链物流服务的发展比较缓慢，利用专业冷链物流的乳品企业为数不多。专业冷链物流企业建立“服务至上”的准则，将企业之间的竞争转化为服务上的竞争。只有提高了服务水平，才能够获得更多客户。在冷链物流服务中，诸如“断链”之类的情况应严格杜绝，从各方面着手来保证产品质量。另外，专业冷链物流企业根据客户的产品特征、业务流程、顾客特征、竞争需求等方面的不同要求提供针对性强的个性化服务，帮助客户将产品按时、保质送达，帮助客户的同时也有利于物流企业自身的发展。

几乎所有的冷链物流企业均意识到，不断提升服务质量和水平，提高客户满意度，才能促进企业的健康发展。在实际操作过程中，一些冷链物流企业通过内部考核指标，对配送及时率和损失率进行统计和考核，并努力通过提高及时率，降低损失率，不断加强品牌建设，提升服务质量和水平。

（三）冷链管理体制分析

1. 食品安全监管机构

根据2004年9月印发的《国务院关于进一步加强食品安全工作的决定》（国发〔2004〕23号），以及中央编办《关于进一步明确食品安全监管部门职责分工有关问题的通知》（中央编办发〔2004〕35号）两个文件，确定食品安全行政监管职能主要由5个部门承担。农业部门负责初级农产品生产环节的监管；质检部门负责食品生产加工环节的监管，将由卫生部门承担的食品生产加工环节的卫生监管职责划归质检部门；工商部门负责食品流通环节的监管；卫生部门负责餐饮业和食堂等消费环节的监管。从横向职能配置看，中央一级食品安全监管职责涉及环保、农业、质检、商务、工商、卫生、药监、科技、公安等部门。在纵向配置上，有垂直管理、半垂直管理和分级管理，造成职能交叉分散，相关设施不配套，阻碍监管作用发挥。

2. 冷链物流管理机构

冷链物流管理主要是按照物流的各个环节和流程进行管理，如国家食品药品监督管理局的食品安全监管司、国家质量监督检验检疫总局的食品生产监督司、国家工商行政管理总局的食品流通监督管理司、国家发改委经济运行调节局、商务部的流通发展司和市价秩序司及市场建设司等国家机构，以及各省市发改委、商务委员会、市规划委等市属机构都对冷链负有职责。虽然有相应的工作协调机制，在一定程度上能够弥补管理分割的缺陷，但仍然难以做到日常管理高度协调一致和有效避免由此导致的冷链物流发展资金、项目和资源分散等问题。在制定食品冷链物流发展相关政策时，很难做到系统性、集成性和创新性。

3. 冷链标准化管理组织

2009年不仅是中国冷链的发展年，更是冷链标准的起航年，其中，一个重要标志便是于当年11月30日成立的全国物流标准化技术委员会冷链物流分技术委员会（冷标委），据悉，2009年获批的冷链国家标准就有8项，《冷链物流企业服务条件评估》等六项标准都会作为“冷标委”2010年的工作重点相继启动，此外，冷标委还将进行关于冷链物流信息化示范工程及“十二五”冷链产业政策的调查及讨论。

同时，中国物流与采购联合会历经数月调研，在充分听取了中外运集团、中农发集团、山东鲁商集团、中集集团、烟台冰轮等冷链行业企业建议后，决定组织设立具有行业特色、跨部门、跨行业、跨区域的冷链物流专业组织——中国物流与采购联合会冷链物流专业委员会（冷专委），以充分整合分散的冷链市场，优化社会冷链资源，推动中国冷链物流健康持续发展。

由于我国按照产品属性进行部门纵向管理的特色，冷链物流服务资源被分散在食品、初级农产品、生物医药等各个领域。在中国物流与采购联合会的统一领导下，“冷专委”筹备秘书处与“冷标委”的合署办公，将有利于突破产品行业和政府部门分离的界限，整合行业力量，规范市场秩序，推动冷链物流产业长期可持续发展。

第二节　冷链物流需求特点

一、冷链物流需求多样化

随着社会的进步和经济的发展，人们不再单纯满足于解决温饱问题，开始追求更高层次的生活质量，更加关注饮食的营养、卫生，追求精神上的享受。随着生活水平的提高，居民食品消费理念和行为发生显著变化，居民食品消费更加注重新鲜度、安全性、便利性、营养性，由此产生了对冷链物流的多样化需求。

（一）更加重视食品的新鲜度

冷链的作用由延长产品的保质期为主，转变成以保持产品的鲜度、提高产品的品质为主。以前冷链主要用于冷冻冷藏食品的生产加工以及储存等，是保证产品质量的重要手段；另外，还用于肉禽类和果蔬类食品的国家战略储备和商业储备，以延长产品的保质期和销售期。随着消费者质量意识的改变和提高，居民不但要求产品的种类丰富、配送及时，还对食品质量、安全和新鲜度提出更高的要求。为了满足消费者对鲜度的要求、保持产品的鲜度、提高产品的附加价值，对鲜度更加重视的冷链物流快速发展。

生鲜水果蔬菜并非都需要采用冷藏运输和低温贮藏，在农贸市场和超市出售的生鲜水果和蔬菜绝大部分并未采用冷藏运输和低温贮藏，采用冷藏运输的一般是远距离运输的对温度极为敏感的蔬菜果品，如樱桃、香蕉、蒜苗等，以及进口的蔬菜果品。十年来，随着进口水果和高档蔬菜不断推向市场，利用冷藏运输、在店铺采用冷气货柜销售的蔬菜果品数量不断增加，特别是高收入人群比重较大的一线城市。这类采用低温运储和上架销售的蔬菜果品，属于蔬菜果品里的高档奢侈品，在价格上也远远高于一般蔬菜果品。例如，欧尚冷藏有机果蔬价格是常温普通果蔬价格的 2～10 倍。2009 年我国城市中等收入阶层规模已达 2.3 亿人，占城市人口的 37%左右①。中高收入阶层对于高档蔬菜果品的需求形成了一个巨大的市场，对冷链物流也提出了更高的要求。

---

① 数据来源于中国社会科学院城市发展与环境研究所和社会科学文献出版社联合发布的《2011 中国城市发展报告》。

（二）更加重视食品的安全性

食品放心工程的推进以及全程温控和可追溯系统的运行，实现了肉类食品从生产到销售的全程冷链，提高了冷链的安全性，使全程监控冷链物流服务需求进一步增加。食品冷链信息追溯系统，不是对单一节点的监控，而是对整个产品从生产地到运输、销售，最后到消费者手中的全程监控。

例如，为全面推进食品放心工程，北京市工商局于2005年制定《北京市鲜肉批发市场管理规范》，要求批发鲜肉需使用冷藏车运输；肉类生产企业积极改造生产流水线及温控设施、加强产品排酸和预冷等低温加工设施建设；超市、专卖店等零售环节实现冷柜销售；形成了肉类食品全程冷链物流体系。同时借助于龙头企业的市场交易信息平台建立便捷、高效的食品冷链物流追溯系统，如已运行的肉牛全程质量安全追溯管理系统等为冷链物流服务的安全性提供了有效监管。

生鲜食品加工企业发展对高品质冷链物流服务产生极大的需求。第一，首都农业集团、东升方圆种植农业开发有限公司、锦绣大地农产品有限责任公司等企业在扩大企业规模的同时，也在不断提高自身产品质量，开发自有生鲜食品品牌，全程冷链产品增加。目前北京市农业局蔬菜质量安全追溯系统，已在东升方圆农业种植开发有限公司等40家蔬菜加工配送企业内进行了推广应用。第二，各地利用自身市场的优势及工业集中地为载体，不断引进知名企业入驻，品牌产品不断增加。如蒙牛乳业北京有限责任公司、北京汇源饮料食品有限公司等大型加工企业纷纷在北京郊区投资建厂，这些企业具有较高的知名度，品牌影响力大，一旦产品出现质量问题会对企业造成严重影响，因此对冷链物流服务提出了高标准，促使一体化冷链物流服务需求增加。

（三）速食品和快餐业拉动冷链需求

随着工作节奏和生活方式的变化，人们逐渐倾向于节省“厨房时间”、给生活带来省时和便利的速食品，速食蔬菜等常温速食品，受到广大消费者欢迎，销售量持续增加。家庭规模的进一步缩小、生活节奏的加快、休闲时间的增加及娱乐方式的丰富，居民多数情况下选择在外就餐，特别青睐于吉野家、肯德基、麦当劳等经济快捷的快餐。

速食品和快餐均是工厂化生产的食品，这些产品的原材料在生产加工过程中以及产成品的保管、从工厂到销售店铺的运输配送过程等都需要在低温环境下进行。如速食品，消费者购买后只需简单加热即可食用；而快餐，销售店铺简单加热后即可出售。速食品和快餐等产品的流通、生产、保管等对冷链物流提出新的要求，支撑速食品和快餐业的冷链物流快速发展。

（四）食品消费结构变化推动冷链物流

随着消费水平的提高，居民食品消费从注重量的满足到追求质的提高，消费质量和消费结构都发生了明显变化，特别是农村居民食品消费结构中生鲜食品占比显著增加。对蔬菜、肉禽类、水产品、瓜果类及乳制品等冷链对象食品需求增加，必然带动食品冷链物流行业的发展。

全国农村居民改变了传统的以粮食为主的食品消费格局，粮食消费占比逐渐降低，由 1990 年的 63.82%下降至 2011 年的 55.49%；蔬菜、肉禽类、水产品、瓜果类等生鲜食品消费占比稳步增长，2011 年分别达到 29.06%、6.76%、1.76%和 6.92%。城镇居民食品消费结构中，粮食和蔬菜消费占比分别由 1995 年的 34.69%和 41.66%下降至 2011 年的 27.06%和 39.17%；瓜果类和肉禽类消费占比呈直线上升，到 2011 年分别达到 17.79%和 12.02%。如图 3-1 所示。

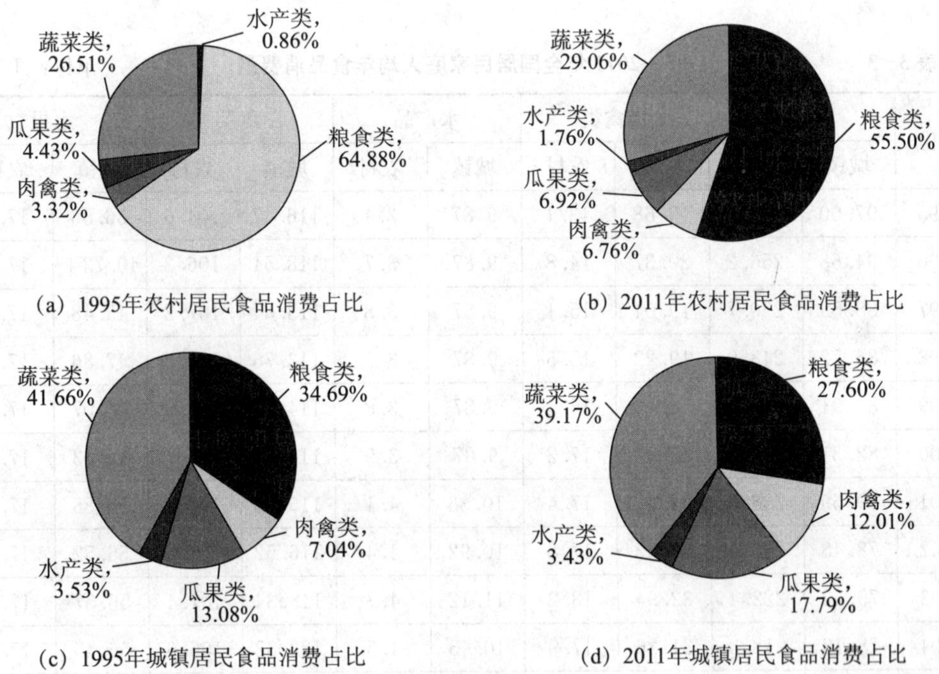

图 3-1　全国居民家庭人均年食品消费量占比变化趋势

二、冷链物流需求量持续增加

食品冷链物流需求总量是城乡居民人均食品消费量、人口规模、各类食品的冷链流通率以及冷链环节等变量共同作用的结果，任意一个变量的变化均会带动食品冷链物流需求总量的变化。居民收入水平的提高，直接推动了食品消费升级，对生鲜食品人均消费需求增加，与不断扩大的城市人口总规模共同作用，使冷链物流需求总量持续增加。

（一）生鲜食品人均消费量不断增加

十年来，中国经济持续高速增长，中国人均生产总值从 2001 年的 1042 美元增长到 2011 年的 5432 美元，平均增幅为 42.13%。城镇居民人均消费水平由 2001 年的 7160.8 元增加到 2011 年的 18749.6 元，农村居民人均消费水平由 1969.0 元增加到 5633.0 元①。随着经济发展水平和居民消费水平的提高，居民生鲜食品人均年消费量呈稳步增长趋势。

从 1995—2011 年 16 年间的统计数据来看，城市居民和农村居民生鲜食品人均年消费量呈稳步增长趋势，肉禽类、水产类、水果类均呈直线上升趋势；农村居民蔬菜消费量有所下降，城镇居民蔬菜消费量基本稳定。如表 3－3 所示。

表 3－3　1995—2011 年全国居民家庭人均年食品消费量　　单位：千克

年份	粮食		肉禽类		水产品		蔬菜		水果	
	城镇	农村	城镇	农村	城镇	农村	城镇	农村	城镇	农村
1995	97.00	256.1	19.68	13.1	9.87	3.4	116.47	104.6	36.56	17.5
1996	94.68	256.2	20.37	14.8	9.87	3.7	118.51	106.3	40.72	17.5
1997	88.59	250.7	19.04	15.1	9.87	3.8	113.34	107.2	45.48	17.5
1998	86.72	248.9	19.22	15.5	9.87	3.7	113.76	109.0	47.86	17.5
1999	84.91	247.4	20	16.4	9.87	3.8	114.94	108.9	46.07	17.5
2000	82.31	250.2	25.5	17.2	9.87	3.9	114.74	106.7	49.13	17.5
2001	79.69	238.6	24.42	17.4	10.33	4.1	115.86	109.3	50.88	17.5
2002	78.48	236.5	32.52	17.8	10.92	4.4	116.52	110.6	56.52	17.5
2003	79.52	222.4	32.94	18.2	11.12	4.7	118.34	107.4	56.57	17.5
2004	78.18	218.3	31.26	17.9	10.45	4.5	122.32	106.6	56.45	17.0
2005	76.98	208.8	32.83	20.8	10.58	4.9	118.58	102.3	56.69	17.2
2006	75.92	205.6	32.12	20.5	10.9	5.0	117.56	100.5	60.17	19.1
2007	77.6	199.5	31.8	18.8	10.24	5.4	117.8	99.0	59.54	19.4
2008	77.0	199.1	22.7	18.3	10.44	5.2	123.15	99.7	54.48	19.4

① 数据来源于《中国统计年鉴》。

续 表

年份	粮食		肉禽类		水产品		蔬菜		水果	
	城镇	农村	城镇	农村	城镇	农村	城镇	农村	城镇	农村
2009	81.33	189.3	34.67	19.7	10.58	5.3	120.45	98.4	56.55	20.5
2010	81.53	181.4	34.72	20.0	10.21	5.2	116.11	93.3	54.23	19.6
2011	80.71	170.7	35.17	20.8	10.02	5.4	114.56	89.4	52.02	21.3

数据来源：根据《中国统计年鉴》计算所得。

(二) 生鲜食品消费总量持续增加

根据第六次人口普查报告显示，居住在城镇的人口由2000年的45906万人增长到2010年的66557万人；居住在乡村的人口由2000年的80837万人下降至2010年的67415万人。2010年城镇人口比重占49.68%，同2000年相比，上升13.46个百分点。

根据城镇居民人口数和表3-3全国居民人均年食品消费量测算，全国城镇居民生鲜食品年消费量从1995年的6422.07万吨增加到2011年的14628.86万吨（增加127.79%），其中蔬菜类7913.69万吨、瓜果类3593.49万吨、水产类692.17万吨、肉禽类2429.51万吨。如表3-4所示。

表3-4　　1995—2011年全国城镇居民年生鲜食品消费量　　单位：万吨

年份	肉禽类	水产类	蔬菜类	瓜果类	合计
1995	692.22	347.17	4096.72	1285.96	6422.07
1996	759.88	368.19	4420.90	1519.02	7067.99
1997	751.11	389.36	4471.15	1794.14	7405.76
1998	799.71	410.67	4733.33	1991.36	7935.07
1999	874.96	431.79	5028.40	2015.47	8350.62
2000	1170.60	453.09	5267.25	2255.36	9146.30
2001	1173.72	496.50	5568.70	2445.50	9684.42
2002	1632.89	548.32	5850.70	2837.98	10869.89
2003	1725.27	582.42	6198.18	2962.91	11468.78
2004	1696.89	567.26	6639.90	3064.28	11968.33
2005	1845.44	594.72	6665.62	3186.66	12292.44
2006	1853.52	629.00	6783.92	3472.17	12738.61
2007	1888.25	608.04	6994.85	3535.43	13026.57

续 表

年份	肉禽类	水产类	蔬菜类	瓜果类	合计
2008	1377.14	633.36	7471.14	3305.14	12786.78
2009	2155.99	657.93	7490.30	3516.62	13820.84
2010	2310.86	679.55	7727.93	3609.39	14327.73
2011	2429.51	692.17	7913.69	3593.49	14628.86

数据来源：课题组对居民人均食品消费量以及人口数计算所得。

（三）速冻食品消费量迅速增长

十年来，我国沿海大中城市各种冷藏食品（0℃～10℃）市场越来越大。熟食、鲜奶、豆制品、生面制品、半成品切配菜、预制品等传统食品逐渐进入冷链物流保障下流通。冷冻食品的品种不断增加，米面主食品种由原来的 20 种增加到 30 余种；畜、禽肉制品、水产品也有较大发展。国内贸易局商业信息中心对 1200 家连锁店的监测结果表明，速冻食品已拥有 205 个品牌，产品品质比过去有了较大提高，增加了市场信誉度，一些大中型骨干企业的产品有了较高的品牌知名度，消费者开始认准品牌选购产品。五大类冷冻食品中，调制食品发展较快，以每年近 10%的速度增长。目前，速冻调制食品主要有八大类（见表 3－5）。

表 3－5　　速冻调制食品种类

花色米面制品	饭类、面类、饼类、粥类、米粉类等
裹面食品	裹面鱼虾、肉类、禽块、果蔬等
鱼糜食品	鱼、虾、蟹等丸类、糕类、肠类和模拟蟹、贝类等水产动物产品
乳化肉制品	禽肉制成的丸类、饼类、肠类等
菜肴制品	各式生制、熟制菜肴（含泥状）产品
烧烤（烟熏）制品	烤鳗、烤（熏）肉、烤（熏）禽。熏蛋、熏肠类产品
火锅汤料制品	各种海鲜、麻辣、酸辣口味等火锅汤料（底）产品
汤羹制品	畜禽汤、海鲜汤、蔬菜汤、杂烩汤等中西式汤羹类产品

资料来源：中华人民共和国国内贸易行业标准《速冻调制食品》。

中国速冻食品近年来发展迅速，每年以 35%的高速度递增，食品种类涵盖了粮油、水果、蔬菜、畜禽和水产五大行业。冷链商品消费近几年一直在稳步增长，特别是在城市，年增长率基本在 5%以上。据统计，全国速冻食品人均年占有量约 10 千克，其中速冻米面食品为速冻食品的第一消费大类，占所有速冻食品总消费量的 36.8%①。2010 年，全国速冻米面食品产量为 297.85 万吨，人均占有量约 2.3 千克。

第三节　冷链物流发展特征

一、冷链物流规模持续扩大

2011 年我国蔬菜产量 6.77 亿吨，产量位居全球第一；水果产量 22768.2 万吨；肉类产量 7957.8 万吨；水产品 5603 万吨。2010 年我国果蔬、肉类、水产品冷链流通率分别达到 5%、15%、23%，冷藏运输率分别达到 15%、30%、40%。根据国家发展改革委编制的《农产品冷链物流发展规划》，到 2015 年我国果蔬、肉类、水产品冷链流通率分别达到 20%、30%、36%以上，冷藏运输率分别提高到 30%、50%、65%左右。

由于冷链物流不仅仅是物流领域的事情，它涉及生产、流通和消费多个领域，站在什么样的角度，如何提出冷链物流发展目标是一个值得深入研究的问题，但是，就目前国家提出的食品冷链物流发展目标来看，其中有以下几个动向将影响未来冷链物流的发展。

第一，消费品位的提高要求生产者和商业经营者不断提高和保持食品的品质。冷链物流过程不会改变食品的品质，但可以保持食品的品质。随着消费者质量意识的改变和提高，消费者不仅关心食品生产完成时点的品质状态，更关心到达消费者消费时点的品质状态，保质期、货架期的严格区分，对新鲜度的苛刻要求，成为生鲜食品实施低温运输和储存销售的推动力。

第二，在冷链物流系统下流通的生鲜食品，由于保持了良好品质，提高了食品档次，延长了销售期，对于生产者和流通者来说，可以获得由于采用冷链物流服务产生的“附加价值”带来的超额利润，提高流通领域满足消费者需求的程度。

以草莓为例：同一个农户生产草莓，在低温下完成流通全过程与在常温下流通，相比其结果是完全不一样的。尽管生产出来的草莓在品质上是一致的，但在流通过程中处于不同温度下，其产品的品质是有显著区别的，由此在流通过程中可以将不同温度下的草莓分为不同的品质，对于全程采用了低温运输和储存销售的视为高端产品。

依据日本农产品流通技术研究会相关研究资料，假设草莓采摘后鲜度为 100，当鲜度降到 25 时，即达到腐败临界点。在 20℃环境下，草莓销售周期不足 5 天；在 6℃环境下，其销售周期可达 1 周左右，如果在此期间采取预冷措施将温度降到 1℃，销售周

① 数据来源于凤凰网财经数据中心。

期可延长至 2 周左右；如果采摘后立即预冷至 1℃，草莓销售周期可以达到 20 天以上。如图 3－2 所示。

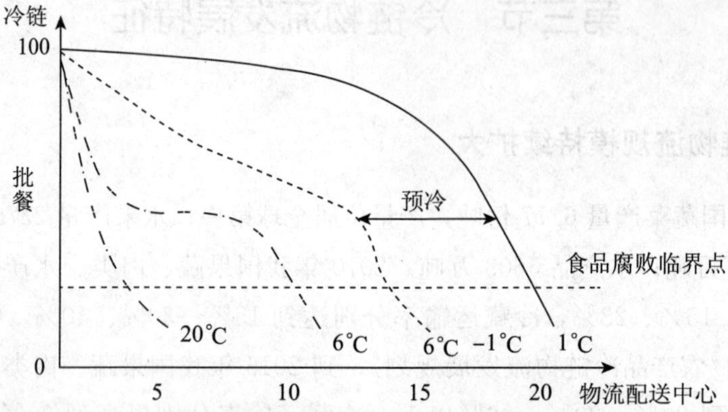

图 3－2　鲜度-销售周期曲线模型（草莓）

第三，我国人口多耕地少，食品供应保障任务艰巨。在农产品流通过程中，由于没有较好的运输和保管条件，浪费现象十分严重。减少农产品流通过程浪费的一种有效方式是采用冷链物流。从这个意义上讲，减少流通领域的浪费也会成为推动冷链物流发展的动力。当然，采用低温运输和贮藏需要资源投入，也要发生费用，对于物流无论作为生产者还是经销者都要考虑投入与产出的关系。

在实际中，根据产品品质定位不同，可以使用相对成本支出较小的方式保持生鲜食品鲜度，例如，进口、有机、绿色、无公害等高档产品采用冷藏车运输、冷库储存、冷藏货柜销售，实现全程冷链和追溯；中档产品使用低成本的冷藏手段来延长货架期，如采用加冰运输、冰柜储存等；大众化的低档产品，除长期保管外，在什么环节采用冷链是由经营成本决定的，当冷链投入成本可以弥补损失成本时，考虑使用冷链；运销量小、稀缺的果蔬类食品，由于资源的稀缺性以及产品的价值高，为了减少损失，会采用冷链。冷链的采用由收益与成本的关系决定，当冷链投入成本能通过市场价格得到合理补偿时，才会采取冷链。如第三方物流企业采用更多先进技术的动力是生产厂家对食品质量的要求，而生产企业需要给出较高的价格，物流企业才能够采用良好的温控系统。

二、冷链物流服务稳步发展

为了适应低能耗、低成本的冷链处理技术的广泛推广，以水产品和反季节果蔬为代表的高价值量农产品产业链迅速兴起，进一步促进冷链物流企业的不断涌现。中外运、安得等企业通过强化与上下游企业的战略合作与资源整合，积极拓展冷链物流业务；光明乳业、双汇等食品生产企业，均加快物流业务与资产重组，组建独立核算的冷链物流公司，积极完善冷链网络，逐步向成熟的第三方冷链物流企业转变，成为冷链行业的主力军；大型连锁商业企业完善终端销售环节的冷链管理，加快发展生鲜食品配送，在做好企业内部配送的基础上逐步发展为社会提供公共服务的第三方冷链物流中心。

冷链物流企业呈现出网络化、标准化、规模化、集团化发展态势。根据冷链食品生产、流通、消费格局，为了提高冷链效率和满足不同用户的需求，冷链物流企业由传统的仓储型企业向流通型企业转变。如东方友谊集团冷链配送公司通过对原二商集团仓储型冷库进行改造，主要为北京市的250多家商超门店进行0℃～4℃冷藏食品的配送。

随着社会和企业对冷链物流认识的增强，对冷链物流服务质量的要求越来越高，冷链行业竞争压力不断加强，冷链物流企业为保持其竞争优势，通过不断创新物流服务模式、整合资源等全面提升自身服务质量和水平，冷链服务由单一的仓储、运输等向跨行业、跨区域的一体化服务转变，专业化的冷链服务稳步发展。

三、冷链城市共同配送取得进展

高水平的商贸流通产业体系以及居民多元化消费方式，为城市冷链物流配送带来巨大潜力。完善的冷链物流配送节点设施和配送网络，使城市冷链物流配送快速发展，冷链配送能力得以提升。物流行业是一个存在显著规模经济效应的行业，只有通过不断地整合各种资源，实现高度集约化才能降低企业和社会的成本。共同配送是实现高度集约化的首选，也是城市冷链物流配送发展的最高阶段。

目前，政府积极推进城市冷链配送，鼓励企业以多种形式搭建共同配送平台，整合商贸企业物流需求和社会物流资源，优化共同配送管理运行模式，提高冷链食品配送的社会化、集约化水平。如北京市依托新发地，建设占地面积约300亩的北京城市鲜活农产品物流共同配送示范园区，建设场内智能配货系统，购置500辆小型绿色环保电动运输车，实现市场内货物的调配，规范场内运输秩序。

冷链物流共同配送是指在当前冷链物流基础薄弱，在较长一段时期内难以缩小与发达国家差距的情况下，一方面，充分整合现有冷链资源，建立以区域为核心的统一物流配送中心；另一方面，共同配送模式既包括一家第三方物流公司为多个客户提供服务，也包括多个配送企业联合一起进行配送，还包括多家工商企业联合投资兴建冷链物流设施，即物流配送共同化、物流资源利用共同化、物流设施设备利用共同化以及物流管理共同化。

从微观角度看，实现冷链物流的多温共配，能够提高冷链物流运作的效率，降低企业运营成本，可以节省大量资金、设备、土地、人力等。企业可以集中精力经营核心业务，促进企业的成长与扩散，扩大市场范围，消除有封闭性的销售网络，共建共存共享的环境。

从整个社会角度来讲，实现冷链物流的多温共配可以减少社会冷藏车的总量，减少因卸货妨碍城市交通的现象，改善交通运输状况；通过冷链物流集中化处理，有效提高冷链车辆的装载率，节省冷链物流处理空间和人力资源，提升冷链商业物流环境进而改善整个社会生活品质。

四、冷链物流运营网络化

近年来，我国各级政府对农产品物流业的发展给予充分的重视与支持，重点加强了我国农产品物流网络的建设。我国已基本建成全国农产品流通“五纵二横绿色通道”网络，贯穿全国的“绿色通道”框架，为农产品运输提供了快速便捷的通道以及低成本的运输网络，加快了冷链物流在我国的发展。

以蔬菜为例，从全国范围看，我国已基本形成了华南冬春蔬菜、黄淮海与环渤海等八大蔬菜重点生产区域。季节性蔬菜运销基本可以概括为“五圈”“两基地”，其中“五圈”是以“天津—北京”为中心的山东、河北、辽宁、内蒙古蔬菜供应圈；以“沈阳—大连”为中心的辽宁、河北、内蒙古、山东蔬菜供应圈；以“上海—杭州—南京”为中心的河南、安徽、山东、江苏、浙江蔬菜供应圈；以“中国香港—广东—深圳”为中心的湖南、湖北、广东、广西蔬菜供应圈；西安、成都在内陆的运销圈中处于中心地位，围绕这两大中心形成了内陆蔬菜供应圈。“两基地”是山东蔬菜集散基地和“河北—北京”蔬菜集散基地。这两大基地依靠强大的吞吐能力，对其他运销圈发挥调剂作用。

生鲜食品供应的地域性、远距离运销、反季节性的特点，对冷链物流服务规模和效率提出了更高的要求，特别是跨地区冷链干线运输和网络化的城市冷链配送服务。冷链物流区域性网络化运作体系已逐渐成熟，一是实现全程冷链的高价值特色果蔬跨区域、跨国家长途调运的一体化冷链物流体系；二是实现苹果、香梨、热带水果等特色水果产区冷藏，有计划地冷藏运输至销地的区域性冷链物流体系；三是实现蒜薹、芦笋等反季节蔬菜和特色蔬菜的南菜北运、东菜西输的网络化冷链物流体系。

五、冷链物流设备技术转向高效节能

1. 冷链物流设备技术不断升级

由于冷链物流发展前景良好，一些零售企业和大型农业企业积极投资建设低温供应链配送系统及生鲜食品配送中心；一些大型连锁企业着手建立技术难度较高的生鲜食品、果蔬等配送中心；同时，政府也在积极筹备战略储备冷库的建设，这些大力推进了冷链物流基础设施的发展，初步构建了生鲜食品供应链及物流体系，为实现农产品冷链物流体系的运作创造了重要的物质条件。据《中国冷链物流发展报告2012》统计数据显示，2011年年底，我国冷库统计总容量为7111万立方米（存储量为1742.85万吨）；2011年我国冷藏车保有量约为55000台。

鲜活农产品冷链物流涉及原材料采购、加工、运输、贮藏直至销售等多个环节。当前，各个环节均形成较为完善的技术体系，为冷链物流发展提供保障。采购环节的绿色养殖、栽培技术和有害物质检测技术，从源头上保证冷链物流质量；信息控制环节的GPS（全球定位系统）、GIS（地理信息系统）、EDI（电子数据交换）、条码、MIS（管理信息系统）、温湿度红外遥感技术、实现全程控制；产地加工环节的真空预冷技术、冰温预冷技术、提高产品质量、延长保鲜期；贮藏环节的自动化冷库、气调库、多温冷库等技术，有效延长储存保鲜期；运输环节的冷藏集装箱、"三段式"冷藏运输车等技术，实现"门对门"服务。

2. 冷链技术设备注重节能环保

在鲜活农产品冷链物流基础设施不断升级、日趋完善的同时，冷链技术设备逐渐转向高效、节能、环保。目前，适应现代都市节能环保要求的低能耗、低成本的冷链处理技术被广泛推广，生鲜食品加工配送企业、龙头生产企业、专业冷链物流企业以及批发市场和连锁超市等，在技术改造和充分利用现有低温贮藏设施的基础上，加大了先进、节能环保、高效适用的冷藏设施设备的投资力度。另外，国内外各种新型传导材料和冷链物流技术的研发成果得到有效转化，促使经济适用的预冷设施、移动式冷却装置、节能环保的冷链运输工具、先进的陈列销售货柜等冷链设施设备不断推陈出新。例如，为了实现低碳环保的绿色经济，以节电、节水为主要特点的蒸发式冷凝器正在逐步推广应用；同时，随着食品结构和包装形式的变革，尤其是小包装冷冻食品业的快速发展，食品冻结技术有了快速的进步，其主要采用快速、连续式冻结装置，加快了冻结速度，并提高了冻品的质量；另外，供液方式和制冷系统逐步趋于多样化发展。

3. 农产品冷链物流园区建设力度加大

随着《农产品冷链物流发展规划》将建设冷链物流园区工程列入九大"重点工程"后，我国各级政府均加大了对农产品物流园区的支持力度，近年来各地已经建成了不少大型的农产品冷链物流园区，其中主要有配套八大功能区、拥有2万吨的大型冷库的深圳国际农产品物流园；配套六大功能区的中国寿光农产品物流园以及以果蔬深加工及仓储物流为主的福建永安农产品物流园。

农产品冷链物流园区建设呈现以下特点：一是冷链物流园区数量明显增长，主要集中在沿海地区以及中部经济较为发达的地区；二是目前在建农产品冷链物流园区占比较高，各地纷纷规划和投资兴建农产品冷链物流园区；三是农产品冷链物流园区地域性特点明显，主要依托于果蔬类、肉禽类以及水产品等农产品主产地；四是目前农产品冷链物流园区主要依赖于政府规划、企业主导开发的模式，其服务呈现多元化特点；五是区域性冷链物流园区网络已形成，初步实现区域经济规模效应，如以山东—天津—大连为节点的水产品冷链物流园区形成的一体化冷链物流服务网络，已经覆盖了整个环渤海地区，辐射京津冀地区以及东北地区。

六、冷链物流运作模式多元化

鲜活农产品冷链物流运作模式如图 3-3 所示，鲜活农产品由生产企业产出后，经批发企业和零售企业最终到达消费者，各环节均可能有冷链物流企业或生鲜加工配送企业参与。鲜活农产品的不同流通模式决定冷链环节数量，而不同运作主体主导的流通模式其冷链发展水平存在很大的差异，需要视产品的品质定位决定是否采取冷链措施。

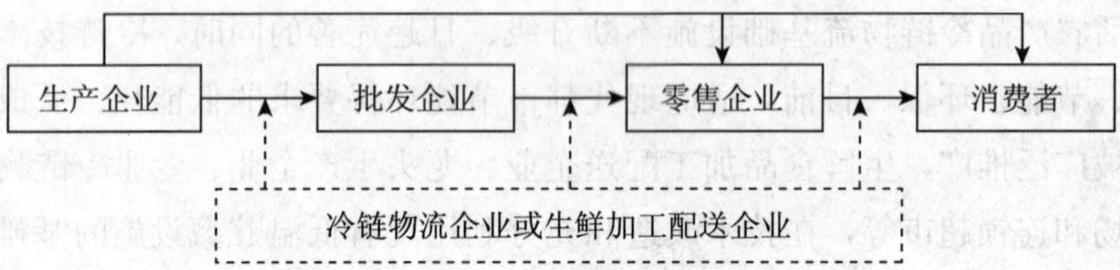

图 3-3　鲜活农产品流通模式示意

冷链在批发环节主要通过批发市场建设配送冷库发挥作用，服务进驻商家的临时产品存储；在零售环节主要以冷藏货柜和超市生鲜配送中心发挥作用，保证产品质量和品质，减少损耗；在流通加工环节主要以蔬菜、水果等加工配送中心发挥作用；在城市末端配送环节主要通过冷链物流城市配送企业冷藏储存和冷藏配送进行，冷链是企业实现专业化服务的必备手段。

鲜活农产品冷链物流的运作模式大体可分为以下四类：一是以农副产品批发市场为主导的冷链物流模式；二是以大型连锁超市为主导的冷链物流模式；三是以生鲜加工配送企业为主导的冷链物流模式；四是以第三方冷链物流企业为主导的冷链物流模式。目前，以农副产品批发市场为主导的冷链物流模式所占比重较大，并且在未来的一定时间内，该模式仍占主导地位。但随着农业产业化的不断发展，国家对农超对接政策支持，以大型连锁超市为主导的冷链物流模式的比重将不断增加。

1. 批发市场主导的冷链需求

截至 2011 年年底，全国农产品批发市场数量达到 1722 个，农产品批发市场仍是鲜活农产品流通的重要节点。以北京市为例，北京市鲜活农产品对外埠省市依赖程度高，外埠省市生鲜食品进京的主要渠道是北京市内的各大批发市场，目前北京市已形成以批发市场为主导的生鲜食品流通模式，以满足生鲜食品跨区域流通需求。北京市批发市场发展迅速，截至2011年拥有食品综合批发市场241个，农产品专业市场79个，食品饮料市场23个①。

大型生鲜食品批发市场通过建设冷库发挥作用，服务进驻商家的临时产品存储；使生鲜食品的储存保鲜更加专业化、规模化，有利于控制批发零售环节，为消费者提供新鲜、安全的食品。根据对北京市主要批发市场的调查，各大批发市场都自建一定的冷库，并围绕冷库资源向食品冷链上下游延伸，提供冷链加工和冷藏运输及冷储服务。批发企业对在批发市场内冷库控制力较强，但对两端控制力较弱，常出现上下游不协调现象。

从2006年以来有关支持农产品批发市场的政策文件来看，都涉及完善冷链系统的内容，具体包括：加强冷链物流加工配送中心建设，配置农产品预选、分级、包装、配送等设施设备，建设改造冷库等仓储设施；加强对交易厅、棚的温控改造，配置电动拖车或叉车等设备。

2. 连锁超市主导的冷链需求

随着市场格局变化，零售企业特别是大型连锁超市逐渐成为市场主导力量，地位日渐上升。连锁零售集团和大型超市拥有先进的冷藏设备，使冷链产品质量和卫生能够得到有效保障；冷链产品在这里可以发挥品牌效应，得到全程质量监控。超市冷柜的出现将果蔬、禽、蛋等销售从农贸市场带进了干净卫生的冷藏柜，实现生鲜食品、速冻食品和冷冻食品等产品在终端的冷藏销售，课题组调研数据显示，72%的消费者选择在超市购买上述产品②，使连锁超市主要的冷链需求增加。

连锁超市对冷链的需求不仅仅通过冷藏销售体现，还通过超市生鲜食品配送中心得以体现。连锁经营企业向生鲜食品冷链物流上游延伸，同生鲜食品经销商、批发商、生产基地及加工企业联合，或与规模大、货源充足的生鲜食品供应商进行长期合作，或者企业自己投资建立生鲜食品生产基地，通过建设生鲜配送中心向连锁超市及其他业态的店铺进行小批量、多批次、多品种配送新鲜安全的生鲜食品。如易初莲花、京客隆等超市自建生鲜食品配送中心，通过产地合作、食品检测、全程冷链化管理和统一配送，保证食品在冷链环境下流通。

超市生鲜食品配送中心有利于保障生鲜食品质量，统一加工和管理标准，有助于实现店铺"零库存"及减少生鲜食品的损耗，提高了生鲜食品物流效率，确保生鲜食品在整个供应链上始终处在低温状态，形成连锁经营企业自创品牌，并树立良好的企业形象。

相对于常温运输、简单存储的供应链过程，经由超市生鲜物流配送中心的食品冷

① 数据来源于《北京市统计年鉴2012》。
② 数据来源于课题组关于消费者对冷链物流认识的调查分析。

链水平相对较好，保证生鲜食品品质的同时降低了生鲜食品的损耗。现代化的连锁超市配送中心的功能，不仅包括商品的储存、配送，还包括对初级生鲜产品的再加工。超市生鲜物流配送中心对于冷链物流的需求主要体现在冷藏库、冷冻库以及低温加工车间、封闭式低温分拣区和装卸月台以及冷藏车等设施设备。

3. 生鲜加工配送企业主导的冷链需求

为促进蔬菜等生鲜食品现代流通体系建设、带动农民增收、保障市场供应安全，近年来各地从政策、项目、技术、资金等方面加大了对生鲜食品加工配送企业支持力度，使生鲜加工配送企业以及社区便民菜店有了较快发展，促进了蔬菜等生鲜食品流通体系建设，带动了订单生鲜食品、品牌生鲜食品的生产。

生鲜加工配送企业主要以市内直销业务为主，主要客户包括企业和事业单位的公共食堂、连锁超市等零售企业、各种社区零售小店等团体消费者。其中，北京市生鲜加工配送企业大体上可分为三种类型：

第一，由农业推广部门、示范农场或科技示范园区发展起来的集技术推广、生产和销售于一体的配送企业。如北京市农业技术推广站小汤山基地北京天安农业发展有限公司，以配送超市为主，目前配送超市 71 家，日配送量逾 20 吨，年配送营业额 3000 万元。

第二，依托于批发市场由流通企业发展起来的配送合作经济组织，其有一定的市场基础，并且市场开发能力较强，企业效益较好。如位于新发地批发市场内的北京市路路通生鲜加工配送中心，与广东、海南、东北、河北、山东、内蒙古等地长年合作并建有基地，发展蔬菜配送业务，在大兴区建有养殖基地，在通州西集建立蔬菜种植基地并建设产量稳定的日光温室和食用菌棚种植 500 余亩。

第三，在各区、乡政府的支持下成立的配送企业，一般都与各村农民专业经济合作组织建立紧密的或松散的合作，此类企业数量较大，正逐步发展壮大，其特点是与菜农联系比较紧密，如通州大运河农产品配送中心，年配送蔬菜达 3000 万吨，配送营业额 6500 万元。

为落实《北京市商业服务业迎奥运三年行动计划》，进一步解决社区居民买菜难问题，完成到 2008 年全市新增 300 家以上社区便民配送菜店的工作目标，北京市建立了几百个社区便民配送菜店。在国家相关部门和北京市政府及各区政府的指导与支持下，新发地农产品批发市场依托产品和信息优势，增加物流配送功能，与各社区街道合作，在全市六区成立 120 家社区菜店，其采取“统一采购、统一配送（配货、运输）、统一标准、统一品牌、统一销售”形式。

4. 第三方冷链物流企业主导的冷链需求

所谓第三方冷链物流是指独立于生鲜食品的生产商、加工商、批发商及零售商以外，为冷链物流需求方提供高效和完备的冷链解决方案，实现冷链物流的全程监控，具有整合冷链产品供应链能力的服务模式。生鲜食品的生产商、加工商、批发商及零售商将一部分或全部的生鲜食品物流活动委托给专业的第三方冷链物流企业来完成，并与之签订契约，建立利益共享、风险共担的长期合作伙伴关系。在整个生鲜食品供应链中，第三方冷链物流企业是连接生鲜食品供销的桥梁纽带，将生产者、加工企业、批发市场、零售商和最终消费者紧密地衔接起来。

东方友谊集团冷链配送系统通过对原二商集团冷库进行改造，现有配送终端主要为北京市的250多家商超门店进行0℃～4℃冷藏食品的配送，包括华普全部门店，京客隆、家乐福、物美、沃尔玛、欧尚等企业的部分门店。

第三方冷链物流专业化和规模化冷链运作，能够降低冷链物流系统成本，提高冷链运作效率，有效保证生鲜食品的新鲜度，更好地满足消费者的需求。目前北京第三方冷链物流企业以传统的单一的仓储和运输服务为主，对冷链的需求体现在冷藏运输车辆和仓储型冷库两方面。而专业的第三方冷链物流城市配送企业，业务范围还较窄，主要针对冷冻冷藏食品城市配送等，再加工能力较弱，对冷链的需求体现在带低温理货区和封闭式月台的流通型冷库以及冷藏运输车辆。

第四章　冷链物流设施设备与技术

最近几年，随着冷链物流的快速发展，冷链核心技术设备市场需求大幅增长。冷链物流的主要设施设备与技术包括冷库或低温物流中心、生鲜食品加工中心（包括中央厨房)、冷藏运输车、超市陈列柜等。在冷链物流所有环节中，冷库是最核心的设施，其投资占了整个冷链建设的大部分。

第一节　冷链物流设施

冷库是利用降温设施创造适宜的温度和低温条件的仓库。冷库应有合理的结构和良好的隔热条件，以保证食品储存的条件及质量；冷库隔热结构的防潮及地坪防冻，可以保证冷库长期可靠的使用；冷库内的清洁、杀菌及通风换气，保证了食品储存的卫生品质。

一、冷库设施

(一) 冷库的分类

冷库可根据各种特性分成不同的类型。

1. 按照冷库的用途分类

冷库按用途分为生产性冷库、分配性冷库、中转性冷库、原料冷库、综合性冷库和与商品销售环节结合的各类商业用冷库。

(1) 生产性冷库主要建在食品产地附近、货源集中的地区和渔业基地，通常是食品加工企业的重要组成部分。生产性冷库的特点是有较大的生产加工间、整理间，有较大的冷却、冻结能力和一定的冷藏容量。食品在此进行冷加工后经过短期储存即运往销售地区或运至分配型冷库进行长期贮藏。

(2) 分配性冷库主要建在大中城市和水陆交通枢纽，专门贮藏经过冷加工的食品，以供调节淡旺季节、保证市场供应，提供外贸出口和长期储备之用。分配性冷库的特点是冷藏容量大并考虑多品种食品的贮藏，其冻结能力较小，冷库进出货比较集中(整进零出和整进整出)。

2. 按冷库容量规模进行分类

目前，冷库容量划分尚未统一，一般分为大、中、小型。

（1）大型冷库的冷藏容量在1万吨以上，生产性冷库的冻结能力每天在120～160吨，分配性冷库的冻结能力每天在40～80吨。

（2）中型冷库的冷藏容量在1000吨至1万吨，生产性冷库的冻结能力每天在40～120吨，分配性冷库的冻结能力每天在40～80吨。

（3）小型冷库的冷藏容量在1000吨以下，生产性冷库的冻结能力每天在20～40吨，分配性冷库的冻结能力每天在20吨以下。

3. 按冷藏设计温度进行分类

可分为高温、低温、超低温和变温冷库四大类冷库。一般高温冷库的冷藏设计温度在－2℃～＋8℃；低温冷库温度一般在－30℃～－23℃；超低温速冻冷库温度一般为－80℃～－30℃。

我国室内装配式冷库专业标准ZBX 99003—1986中按库温对冷库进行分级，如表4-1所示。

表4-1　　我国冷库分级

冷库类型	L级冷库	D级冷库	J级冷库
冷库代号	L	D	J
库内温度（℃）	－5～＋5	－18～－10	－23

4. 按库体结构类别进行分类

一是土建冷库。这是目前建造较多的一种冷库，可建成单层或多层。建筑物的主体一般为钢筋混凝土框架结构或者砖混结构。土建冷库的围护结构属重体性结构，热惰性较大，室外空气温度的昼夜波动和围护结构外表面受太阳辐射引起的昼夜温度波动，在围护结构中衰减较大，故围护结构内表面温度波动就较小，库温也就易于稳定。

二是装配式冷库。这种冷库为单层形式，库板为钢框架轻质预制隔热板装配结构，其承重构件多采用薄壁型钢材制作。库板的内、外面板均用彩色钢板，库板的芯材为发泡硬质聚氨酯或黏贴聚苯乙烯泡沫板。由于除地面外，所有构件均是按统一标准在专业工厂成套预制，在工地现场组装，所以施工进度快，建设周期短。如表4-2所示。

表 4-2　　冷库基本类型

分类方式	类型
按冷库的用途	原料冷库、生产性冷库、分配性冷库、中转性冷库、综合性冷库、与商品销售环节结合的各类商业用冷库
按冷库的建筑结构	土建性冷库、装配式冷库
按库温范围和要求	高温库（冷却物冷藏库） 低温库（冻结物冷藏间） 超低温冷库（库温≤-45℃） 变温冷库
按冷加工能力	冷却库、冷却物冷藏库、冻结库、冻结物冷藏库、再冻库、解冻库、制冰间、贮冰库、气调库
按冷库容量	大型冷库：≥10000 吨 大中型冷库：5000～10000 吨 中小型冷库：1000～5000 吨 小型冷库：＜1000 吨
按贮藏的商品	畜肉类冷库、蛋品冷库、水产冷库、果蔬冷库、茶叶、药物或生物制品冷库、冷饮品库、粮食、皮革和花卉等冷库

（二）冷库特点和要求

冷库不仅受生产工艺的制约，更主要的是受冷库内外温度差和水蒸气分压力差的制约，以及由此引发的温度应力、水蒸气渗透和热量传递的制约。它要为易腐食品在低温条件下“冷却、保鲜、冻结、冷藏”，为保持食品的色泽、味道和营养价值提供必要的冷环境。按照冷库使用性质的不同，库房温度一般相对稳定在-40℃～0℃的某一温度，冷库内部经常处于低温条件下，而冷库外部则随着室外环境温度的变化经常处于周期性波动之中，加之冷库生产作业所需经常开门导致冷库内外的热湿交换等，促使冷库建筑必须采取相应的技术措施，以适应冷库的特点。冷库的特点及要求如下：

第一，为了使冷库内保持一定的低温，冷库的墙壁、地板及平顶都敷设有一定厚度的隔热材料，以减少外界传入的热量。为了减少吸收太阳的辐射能，冷库外墙表面一般涂成白色或浅颜色。因而冷库建筑与一般工业和民用建筑不同，有它独特的结构。

第二，冷库建筑要防止水蒸气的扩散和空气的渗透。室外空气侵入时不但增加冷库的耗冷量，而且还向库房内带入水分，水分的凝结引起建筑结构特别是隔热结构受潮冻结损坏，所以要设置防潮隔热层，使冷库建筑具有良好的密封性和防潮隔气性能。

第三，冷库的地基受低温的影响，土壤中的水分易被冻结。因土壤冻结后体积膨胀，会引起地面破裂及整个建筑结构变形，严重的会使冷库不能使用。为此，低温冷库地坪除要有有效的隔热层外，隔热层下还必须进行处理，以防土壤冻结。

第四，冷库的底板要堆放大量的货物，又要通行各种装卸运输机械设备，因此它的结构应坚固并具有较大的承载力。低温环境中，特别是在周期性冻结和融解循环过程中，建筑结构易受破坏。因此，冷库的建筑材料和冷库的各部分构造要有足够的抗冻性能。

总的来说，冷库建筑是以其严格的隔热性、密封性、坚固性和抗冻性来保证建筑物的质量。选择合适的冷库应根据自己存放货物的吨位、每天的进货出货量和建筑物的大小确定冷库的大小，确定库门的规格尺寸以及门的开启方向。

(三) 冷库的维护

1. 冷库的除霉杀菌与消毒

冷库冷藏的烹饪原料和食品都含有一定的脂肪、蛋白质和淀粉。这些营养成分的存在，会使霉菌和细菌大量繁殖生长。

为做好冷库卫生管理工作，保证食品和烹饪原料的冷藏质量，就要定期地进行冷库卫生消毒工作。

冷库的除霉、杀菌与消毒，可选用酸类消毒剂。酸类消毒剂的杀菌作用，主要是凝固菌体中的蛋白。常用的消毒剂有乳酸、过氧乙酸、漂白粉、福尔马林等。

2. 冷库中排除异味的方法

(1) 冷库中产生异味的原因。

所谓异味，即冷库中的烹饪原料及食物在外界因素的影响下，通过物理化学的变化，产生一种不正常的气味，天长日久，这种气味就黏附于冷库的墙壁、顶棚以及设备和工具上。冷库中产生异味，一般来说有以下几个方面的原因：

①冷库在未进食品前就有一种异味存在；②入冷库前食品就有腐败变质现象，如变质的蛋、肉、鱼等；③存放过鱼的冷库，未经清洗即存放肉、蛋或水果蔬菜等食品，致使气味感染而变质；④冷库通风不畅，温、湿度过大，致使霉菌大量繁殖，产生霉气味；⑤冷库制冷管道的泄漏，制冷剂（氨）侵蚀到食品中导致异味产生；⑥冷库中温度不下降，致使肉品变质腐坏产生腐败味。这种情况多发生在鲜肉未冻结、冻透即转库贮藏；⑦不同气味的食品存在一个冷库库房内，导致食品串味互相感染。

(2) 防止冷库异味产生的方法。

①入冷库冷藏的食品，必须经过检验，没有变质的方可入库存放；②冷库库房在进货前不得有异味存在。若有异味，必须经过技术处理，排除异味后方可使用；③平常要加强冷藏设备的维护，严禁倒堆卸货，防止因此砸坏管路，造成制冷剂外泄；

④食品在冷加工过程中，必须使冷库库房保持一定的温度，不得将冻制食品进行转库或存放。若冷库库房温度降不下来，应查找原因，待排除后再行食品加工；⑤冷库内不得混合存放互相感染的食品。

(3) 冷库排除异味的方法。

臭氧法。臭氧具有强烈的氧化作用，不但能消除冷库库房异味，还能制止微生物的生长。采用臭氧发生器，可实现对库房异味的排除。若冷库内存放含脂肪较多的食品时，则不宜采用臭氧处理，以免脂肪氧化而产生酸败现象。

甲醛法。将冷库库房内的货物搬出，用2%的甲醛水溶液（即福尔马林溶液）进行消毒和排除异味。

食醋法。装过鱼的冷库库房，鱼腥味很重。不宜装其他食品，必须经彻底清洗排除鱼腥味后方可装入其他食品。一般清除鱼腥味的方法是采用食醋的方法。具体方法为：鱼出冷库后，将蒸发管组上的冰霜层清除干净，并保持库房温度50℃以下，然后按冷库库房每一立方米容积用食醋量50～100克配制，用喷雾器向库内喷射，先将库房门关闭严密，断断续续地开动鼓风机，让食醋挥发并在库内流动，使食醋大量吸收鱼腥味。一般约经4～24小时后打开冷库库门，连续鼓风数小时可将醋味吹出库外。

第二节　冷链物流设备

一、冷藏汽车

冷藏汽车广义上泛指运输易腐货物的专用汽车，是公路冷藏运输的主要工具。可以将专用汽车细分为保温车、冷藏汽车和保鲜汽车。保温汽车是只有隔热车体而无制冷机组；冷藏汽车是有隔热车体和制冷机组且厢内温度可调控范围的下限低于0℃，用来运输冻结货物；保鲜汽车是有隔热车体和制冷机组（兼有加热功能），厢内温度可调范围均高于0℃，用来运输新鲜货物。

冷藏车由专用汽车底盘的行走部分、隔热保温厢体（一般由聚氨酯材料、玻璃钢组成，彩钢板，不锈钢等）、制冷机组、车厢内温度记录仪等部件组成，对于特殊要求的车辆，如肉钩车，可加装肉钩、拦腰、铝合金导轨、通风槽等选装件。

（一）冷藏汽车分类

按制冷装置的制冷方式分类：机械冷藏汽车、冷冻板冷藏汽车、液氮冷藏汽车、干冰冷藏汽车、冰冷冷藏汽车。其中机械冷藏汽车的使用最广泛。

按专用设备的功能分类：机械冷藏汽车按外温（tw）为30℃时，车内温度（tn）可持续保持的温度范围分A～F级；非机械式冷藏汽车按外温（tw）为30℃时，车内温度（tn）可持续保持的温度范围为 A 级、B 级、C 级；装有加热装置的冷藏汽车，按车内温度可升至 12℃以上，维持某一温度 12 小时，其允许的外温条件分 A 级、B 级。

按底盘生产厂家分类：东风冷藏车、长安之星冷藏车、庆铃冷藏车、江铃冷藏车、江淮冷藏车、北汽福田冷藏车。

按底盘承载能力分类：微型冷藏车、小型冷藏车、中型冷藏车、大型冷藏车。

按车厢形式分类：面包式冷藏车、厢式冷藏车、半挂冷藏车。

按冷藏机组类型分类：冷藏车制冷机组是为冷藏车货柜提供源源不断的"冷"的重要设备，一般都加装在货柜的前面顶部，有空调般的外形，但比同体积的空调具有更强的制冷能力。冷藏机组分为非独立制冷机组和独立制冷机组，国产机组与进口机组等。一般车型都采用外置式冷机，少数微型冷藏车采用内置式冷机。对于温度要求较低的冷藏车，可采取厢体内置冷板（功能相当于蒸发器）。如表 4－3 所示。

表 4－3　冷藏汽车基本类型

分类方式	类　型
按制冷装置的制冷方式	机械冷藏汽车、冷冻板冷藏汽车、液氮冷藏汽车、干冰冷藏汽车、冰冷冷藏汽车
按专用设备的功能	机械冷藏汽车 A～F 级； 非机械式冷藏汽车 A 级、B 级、C 级； 装有加热装置的冷藏汽车 A 级、B 级
按底盘生产厂家	东风冷藏车、长安之星冷藏车、庆铃冷藏车、江铃冷藏车、江淮冷藏车、北汽福田冷藏车
按底盘承载能力	微型冷藏车、小型冷藏车、中型冷藏车、大型冷藏车
按冷藏机组类型	非独立制冷机组和独立制冷机组； 外置式冷机和内置式冷机

（二）冷藏汽车的特点

冷藏汽车具有使用灵活，建造投资少，操作管理与调度方便的特点。既可以单独进行易腐食品的短途运输，也可以配合铁路冷藏车、水路冷藏船进行短途转运。冷藏汽车具体特点如下：

（1）密封性，冷藏车的货柜需要保证严格的密封来减少与外界的热量交换，以保证冷藏柜内保持较低温度。

（2）制冷性，加装的制冷设备与货柜连通并提供源源不断的制冷，保证货柜的温度在货物允许的范围内。

（3）轻便性，冷藏车运输的货物通常为不能长时间保存的物品，虽然有制冷设备，但仍需较快送达目的地。

（4）隔热性，冷藏车的货柜类似集装箱，但由隔热效果较好的材料制成，减少了热量交换。

（三）冷藏车厢体制作技术

冷藏车厢体制作技术主要有四种类型：分片拼装的“三明治”板黏结式、分片拼装的注入发泡式、整体骨架注入发泡式、真空吸附式黏贴。目前国内较大的冷藏车生产企业都采用这种技术，利用分片拼装的“三明治”板黏结式技术生产的冷藏车隔热性能较高。

冷藏车厢体制作技术发展阶段如下：

第一阶段，整体注入发泡金属蒙皮结构。第一代冷藏车制造企业均采用这一工艺。一是这种产品因为厢体上有大量金属材料存在，易形成大量冷桥；二是注入发泡隔热层内的缺陷不易发现，内在质量不易保证；三是由于发泡材料既作保温材料又作黏结剂，易产生黏结不牢等缺陷，保温效果不理想，漏热率（导第二阶段热系数）偏高。

第二阶段，整体注入发泡玻璃钢结构。在第二代和第三代冷藏车制造企业均有使用。这种产品在第一阶段产品的基础上又改进了一步，重量轻，漏热率（导热系数）降低，保温效果较好，但存在黏结不牢、车厢外蒙皮易鼓包等缺陷。

第三阶段，全封闭聚氨酯板块粘结玻璃钢结构。在第二代和第三代冷藏车制造企业均有使用。这种产品重量轻，漏热率（导热系数）低，保温效果好。用不饱和聚酯树脂作黏结剂，另加垫层，保温材料用硬质聚氨酯泡沫，导热系数低，强度高。板块黏结用高强度、高密封性胶合剂，形成一个整体。唯一缺陷是聚氨酯切割后损耗比较大，因此材料成本较高。尤其在当前化工原材料涨价严重的情况下，车厢的生产成本越来越高。这种结构的冷藏车在国内外市场占主导地位，也是我国目前具有代表性的冷藏车制造企业所使用的工艺。

二、铁路冷藏车

（一）铁路冷藏车分类

铁路冷藏车可以分为加冰冷藏车、冷板冷藏车、机械冷藏车和特殊冷藏车几种类型。

1. 加冰冷藏车

加冰冷藏车具有一般铁路棚车相似的车体结构，但设有车壁、车顶和地板隔热、防潮结构，装有气密性好的车门，它以冰或冰盐作为冷源，一般在车顶装有6～7台马鞍形储冰箱，2～3台为一组。加冰冷藏车温度只能保持在－8℃以上，再加上冰盐对轨道的腐蚀等原因，加冰冷藏车逐渐被取代。

2. 机械冷藏车

铁路机械冷藏车是以机械式制冷装置为冷源的冷藏车，它是目前铁路冷藏运输中的主要工具之一。机械冷藏车有两种结构形式，一种是每一节车厢都备有自己的制冷设备，用自备的柴油发电机组来驱动制冷压缩机，冷藏车可以单节与一般货物车厢编列运行；另一种铁路冷藏车的车厢内只装有制冷机组，没有柴油发电机，这种机械冷藏车不能单节与一般货物车厢编列运行，只能组成单一机械列运行，由专用车厢中柴油发电机统一供电，驱动压缩机。

机械冷藏车具有制冷速度快、温度调节范围大、车内温度分布均匀、适应性强、制冷自动化、融霜自动化等优点，新型机械冷藏车还设有温度自动检测、记录和安全报警装置。

3. 冷板冷藏车

冷板冷藏车分两种，一种是无制冷机组的冷板冷藏车，利用地面上制冷机给车上冷板充电；另一种是机械冷板冷藏车，利用车上制冷剂给车上冷板充电。

冷板冷藏车优点是结构简单，制冷费用低，节约能源，无盐水腐蚀，造价和运营成本低，能保持车内温度均匀，波动范围小，且操作简单，维修方便，克服了机械冷藏车和加冰冷藏车的缺点。

4. 特殊冷藏车

特殊冷藏车主要包括：牛奶带绝热容器的运输车（货物运输容量31吨）、葡萄酒和啤酒带绝热容器的运输车（货物运输容量55.4吨）、葡萄运输冷藏车（货物运输容量32吨）、新鲜鱼类运输冷藏车（总共8吨鱼、24吨水）。在运输过程中，特殊冷藏车由于有良好的绝热效果的保温层可保持低温状态。

（二）铁路冷藏车特点及要求

（1）具有良好的隔热车体。车体隔热、气密性较好，可以减少车内与外界的热交换，保证车辆货物空间内所需空气温度的稳定。

（2）具有运行可靠而又简单的制冷和加热设备，并独立供应电力，可以建立车内外的热平衡，防止温度波动，保持易腐食品处于良好品质的温度条件下。

（3）具有可靠的检温仪表，可以正确反映车内的温度状况，便于调节控制，操作自动化。

（4）便于货物的装卸和管理，提高了效率，降低了成本。

（5）带有装货设备和通风循环设备，可以保证货物合理装载，保护车内温度分布均匀，并在必要时进行换气。

(6) 其他。包括维修方便，大修期长，并带有备用机组等。

三、冷藏船

冷藏船是指专运要求保鲜的鱼、肉、水果、蔬菜等时鲜易腐货物的货船。冷藏船主要用于渔业，尤其是远洋渔业。远洋渔业的作业时间很长，有时长达半年以上，必须用冷藏船将捕捞的水产品及时冷冻加工和冷藏，此外，水路运输易腐食品必须使用冷藏船。

冷藏船分为两种类型：渔业冷藏船和运输冷藏船。

渔业冷藏船服务于渔业生产，用于接收捕获的水产品，进行冻结和运送到港口冷库。这种船分为拖网渔船和渔业运输船，其中拖网渔船适合于捕捞、加工和运输，配备冷却、冻结装置，船上可进行冷冻前的预处理加工，也可进行冻结加工及贮藏；而渔业运输船，从捕捞船上收购水产品进行冻结加工和运输，或者只是专门运输冷加工好的水产品和其他易腐食品。

运输冷藏船，包括冷藏集装箱船，主要用于运输易腐食品。其隔热保温要求很严格，温度波动不超过±0.5℃。其货舱为冷藏舱，常隔成若干个舱室。每个舱室是一个独立的封闭的装货空间。舱壁、舱门均为气密，并覆盖有泡沫塑料、铝板聚合物等隔热材料，使相邻舱室互不导热，以满足不同货种对温度的不同要求。冷藏舱的上下层甲板之间或甲板和舱底之间的高度较其他货船的小，以防货物堆积过高而压坏下层货物。

在许多航线上，常规的冷藏货物运输舱已逐渐被冷藏集装箱船所取代。近年来，为提高冷藏船的利用率，出现一种能兼运汽车、集装箱和其他杂货的多用途冷藏船，吨位可达 2 万吨左右。冷藏船航速高于一般货船，万吨级多用途冷藏船的航速每小时超过 20 海里。

冷藏船上都安装制冷设备，船舱具有隔热保温性能，用冷藏货舱装运货物。制冷机组一般由制冷压缩机、驱动电动机和冷凝器组成。如果采用二级制冷剂，还包括盐水冷却器。制冷机组安装在专门的舱室内，要求在船舶发生纵倾、横倾、摇摆、振动时和在高温高湿条件下仍能正常工作。制冷剂常用的有氨、二氯二氟甲烷、一氯二氟甲烷、一氯二氟甲烷和一氯亚氟乙烷的混合物。二级制冷剂一般为盐水。三级制冷剂即是风扇供给的空气。根据货物所需温度，制冷装置一般可控制冷藏舱温度为－25℃～15℃。

四、冷藏集装箱

冷藏集装箱是一种具有良好隔热、气密，且能维持一定低温要求，适用于各类易腐食品的运送、贮存的特殊集装箱。适用装载肉类、水果等货物。冷藏集装箱造价较高，营运费用较高，使用中应注意冷冻装置的技术状态及箱内货物所需的温度。冷藏集装箱的制冷装置必须满足以下要求：①加热、冷却和除霜实现全自动；②既可独立驱动，又可接外部电源；③根据装载食品的要求，可以在一定的范围内调节温度，温度偏差小；④耐冲压强度高，抗震性能好；⑤换气系统可为每平方米冷藏集装箱容积提供 50 立方米/时的新鲜空气；⑥空气相对湿度为 85%～95%，以防干燥。

冷藏集装箱是易腐货物的理想运输工具，也是冷链运输的最佳运输方式，在世界冷藏运输中得到了广泛应用。冷藏集装箱以其特殊结构和优点，已对陆路及水上冷藏运输工具等产生了巨大的冲击，并促使传统的运输工具向冷藏集装箱运输的方式转变。

冷藏集装箱可做到“门到门”运输，能减少装卸车作业时间、减少不同运输工具间货物的换装，从而避免货物在换装过程中的温升和被污染的可能性。由于这些优越性，冷藏集装箱在国外易腐食品的运输中运用十分普遍。

（一）冷藏集装箱分类

目前，冷藏运输中所使用的集装箱种类比较多，按不同的方法分类，有不同的类型。

1. 按照制冷方式分类

保温集装箱：此种集装箱箱体具有良好的隔热性能，但不带任何制冷装置，也不能临时进行添挂。

外置式保温集装箱：这种集装箱箱内无任何制冷装置，隔热性能很强，箱的一端有软管连接器，可与船上或陆上供冷站的制冷装置连接，使冷气在集装箱内循环，达到制冷效果，一般能保持－25℃的冷藏温度。该集装箱集中供冷，箱体容积利用率高，自重轻，使用时机器故障少。但是它必须由设有专门制冷装置的船舶装运，使用时箱内的温度不能单独调节。

内藏式冷藏集装箱：这种集装箱是一种配带制冷装置的保温箱，可自己供冷。制冷剂组安装在箱体的一端，冷风通过风机从一端送入箱内。如果箱体过长，则采用两端同时送风的方式，以保证箱内温度均匀。为了加强换热，可采用下送上回的冷风循环方式。

液氮和干冰冷藏集装箱：此种集装箱利用液氮或干冰制冷，以维持箱体内的低温。

2. 按照集装箱的温度分类

冷冻集装箱：一般在箱的前端设有内藏式冷冻装置，为提高冷却效果，整个冷冻集装箱的箱壁、箱顶和箱底内部，都铺有绝缘材料。

保温集装箱：主要用于装载水果、蔬菜等鲜货，一般是用干冰等冷却剂，防止箱内温度过度上升，通常的保温时间在 72 小时左右。

3. 按照运输方式分类

海运集装箱：其制冷机组用电是由船上统一供给的，不需要自备发电机组，因此机组构造比较简单、体积较小、造价也较低。但海运集装箱卸船后，因失去电源就得依靠码头上供电才能继续制冷。

陆运集装箱：其自备柴油或汽车发电机组，有些集装箱采用制冷机与汽车发电机组合一的机组。其优点是体积小、质量轻、价格低；缺点是柴油机必须始终保持运转，耗电量大。

（二）冷藏集装箱特点

（1）装卸效率高，人工费用低：采用冷藏集装箱，简化了装卸作业，缩短了装卸时间，提高了装卸负荷，因此人工和费用都减少了，降低了运输成本。

（2）调度灵便，周转速度快，运输能力大，对小批量冷货也适合。

（3）大大减少甚至避免了运输货损和货差。冷藏集装箱运输在更换运输工具时，不需要重新装卸食品，简化了理货手续，为消灭货损、货差创造了十分有利的条件。

（4）提高货物质量：箱体内温度可以在一定的范围内调节，箱体上还设有换气孔，因此能适应各种易腐食品的冷藏运输要求，保证易腐食品的冷链不中断，而且温差控制在±1℃内，避免了温度波动对食品质量的影响。

五、冷藏运输工具

目前采用的冷藏运输工具主要有保温箱和冷链运输冰袋两种。

（一）保温箱

低温冷藏运输保鲜箱是采用食品级的环保 LLDPE 材料，经过世界上最先进的旋转模压工艺一次成型精制而成的，配有海洋不锈钢锁扣，底部配有橡胶防滑垫，无毒无味、抗紫外线、不易变色，表面光滑，容易清洗，保温效果好，不怕摔碰，可终身使用。

持续冷藏保温时间可达数天，适用于任何物品的长时间冷藏和保鲜，适合野营、郊游、垂钓、漂流等户外休闲活动中使用；还可适用于医用采样、取样，生物制剂冷藏低温运输、血液运输等；也可用于超市购物时保存需要冷藏保鲜的物品。现阶段主要应用在医药行业，具体的做法是将冷冻货物或是冷藏货物箱，装载在普通货车中进行配送。这不仅能充分保证冷冻冷藏货物配送质量，而且可有效利用普通货车的配送能力，降低配送费用和冷藏车购置成本，更加环保和节能。

1. 保温箱分类

保温箱根据产品质地和用途不同可以分为不同种类：

（1）根据产品质地不同分为塑料的、泡沫的、金属材质的、木制的等各种保温箱。其中泡沫箱主要成分是聚氯乙烯塑料，仅用于低温冷藏运输；防水布质的保温箱，具有独立的保温食品仓，配置抗压系统，采用铝箔材质，通过 PE 棉隔热兼具保冷保热的保温功能，环保安全，可直接与食品接触。

（2）根据使用用途方面可以分为：车载式保温箱、肩背式保温箱和手拎式保温箱。如图 4－1 所示。

图 4－1　保温箱示例

2. 保温箱特点

（1）耐热耐冷：保温箱对耐热性耐冷性的要求比较高，在高温的水中不会变形，甚至可以用沸水消毒。

（2）耐用：具有优越的耐冲击性，重压或撞击时不易碎裂，不留刮痕，可终身使用。

（3）密封：这是选择保温箱首要考虑的一点。虽然不同品牌的产品密封方式不同，但卓越的密封性是内存食物持久保鲜的必要条件。

（4）保鲜：国际上密封测定标准是以透湿度测试来评定的，优质的保温箱要比同类产品的透湿度低 200 倍，可以更长时间保持食物的新鲜。

（5）多功能性、多样性：针对生活需要设计不同大小、配着重复使用科技冰袋使用，冰袋可以保冷可以保热（冰袋最低可以被冷冻到－190℃，最高可以被加热到 200℃，可以任意切割尺寸）。

（6）环保：食品级的环保 LLDPE 材料，无毒无味、抗紫外线、不易变色。

（二）冷链运输冰袋

冷链运输冰袋又称冷藏包、保冷袋，是无毒、无味的环保产品，富有一定的弹性，用高新技术生物材料配制而成，可以重复使用，而且是冷热双拥的产品，广泛应用于水产品、化学药剂、生物制品、疫苗、电子产品等小数量的远程物流。

冷藏运输冰袋主要有以下两种：

(1) 一次性低温冷藏冰袋：一面是高密度塑料，一面是无纺布。主要适用于对易腐产品、生物制剂及所有需要冷藏运输的产品（如果运输时科技冰随产品一起运走，不能收回来重复使用，建议用一次性的）。虽然设计的是一次性使用，但是在仔细谨慎的使用情况下，也可使用多次。

(2) 重复使用低温冷藏冰袋：是世界上所有冰产品中保温时间最长的（是同体积大小普通冰保温时间的 6 倍的）。可以重复使用 N 次，节省成本，冷热双用，最低可以被冷冻到－190℃，最高可以被加热到 200℃，可以任意切割尺寸，可以与食品直接接触，属于食品级的科技冰，安全无毒，环保节能，取代了凝胶包、袋装冰、块冰和干冰。如图 4－2 所示。

图 4－2　冷藏冰袋示例

六、冷藏销售设备

(一) 商业冷藏陈列柜

冷藏陈列柜作为食品冷链销售设备，是食品批发市场、副食品商场、超级市场等销售环节的冷藏设施，也是冷链建设中的重要一环。

根据陈列销售柜的结构，可分为卧式敞开式陈列销售柜、立式多层敞开式陈列销售柜、卧式封闭式陈列销售柜、半敞开式陈列销售柜和立式多层封闭式陈列销售柜。

(1) 卧式敞开式冷冻陈列销售柜：上部敞开，开口处有循环冷空气形成的空气幕，这样可以防止外界热量侵入柜内。由围护结构传入的热流也被循环冷空气吸收，因而对食品没有直接影响。如图 4－3 所示。

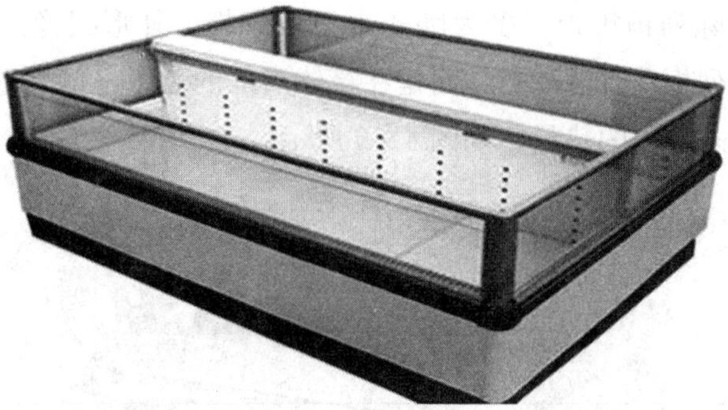

图 4-3　卧式敞开式冷冻陈列销售柜示例

(2) 立式多层敞开式陈列销售柜：单位占地面积较大，商品放置高度与人体高度相近，便于顾客取货，很容易使密度较大的冷空气逸出柜外。如图 4-4 所示。

图 4-4　立式多层敞开式陈列销售柜示例

(3) 卧式封闭式陈列销售柜：开口处设有二层或三层玻璃构成的滑动盖，玻璃夹层中的空气起隔热作用。通过围护结构传入的热量被冷却排管吸收，通过滑动盖传入柜内的热量有辐射热和取货时侵入柜内的空气带入的热量，这些热量通过食品由上而下地传递至箱体内壁，再由箱体内壁传给冷却排管。如图 4-5 所示。

图 4-5　卧式封闭式陈列销售柜示例

(4) 半敞开式陈列销售柜：多为卧式小型销售柜，外形很像卧式封闭式陈列柜。半开式冷冻销售陈列柜没有滑动盖，而是在箱体后部的后壁上侧装置有翅片冷却管束，用以吸收开口部传入柜中的热量。如图 4-6 所示。

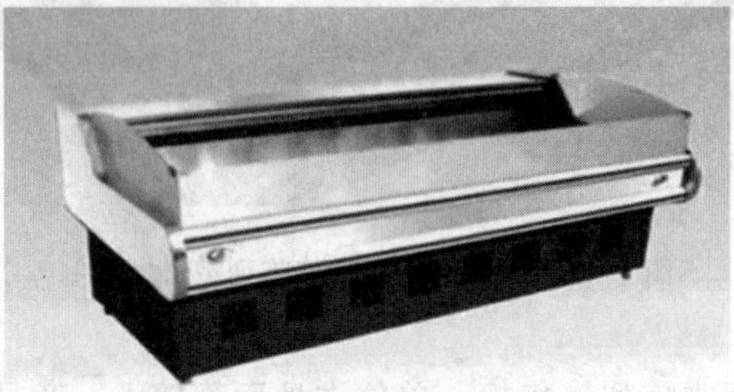

图 4-6　半敞开式陈列销售柜示例

(5) 立式多层封闭式陈列销售柜：其柜体后壁有冷空气循环用风道，冷空气在风机作用下强制地在柜内循环。玻璃夹层中的空气具有隔热作用，由于玻璃对红外线的透过率低，虽然下柜门很大，传入的辐射热并不多，直接被食品吸收的辐射热就更少了。如图 4-7 所示。

图 4-7　立式多层封闭式陈列销售柜示例

(二) 家用冰箱

家用冰箱虽然不属于食品冷链的销售设备，但是作为冷冻食品冷链的终端，是消费者食用前的最后一个贮藏环节。冷链作为一个整体，家用冰箱是一个不可缺少的环节。冷冻食品和冻结食品储存于家用冰箱内，可以抑制细菌繁殖，较长时间保持食品原有的风味和营养成分，延长保鲜时间。如图 4-8 所示。

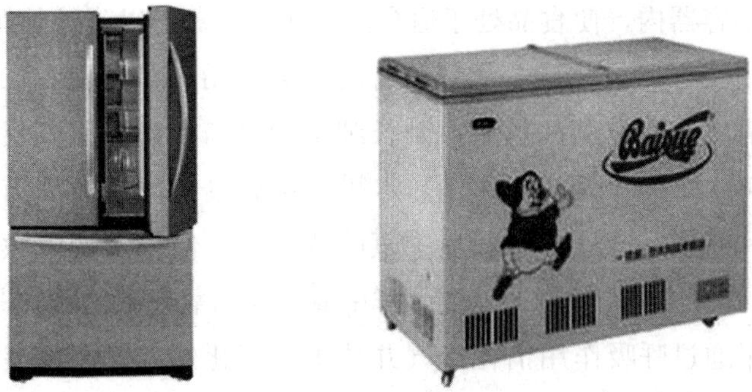

图 4-8 家用冰箱示例

第三节 冷链物流技术

一、冷链保鲜技术

（一）气调保鲜技术

气调保鲜技术是指以不同于大气组成或浓度的组合气体替换包装食品周围的空气，来抑制或减缓微生物生长和营养成分氧化变质，在整个贮藏过程中不再调节气体成分或浓度，并选择合适的包装材料和冷链温度来延长食品的保质期。它的气体组成常有氧气、二氧化碳和氮气。

自 1918 年英国科学家发明苹果气调贮藏法以来，气调贮藏在世界各地得到普遍推广，并成为工业发达国家果品保鲜的重要手段。美国和以色列的柑橘总贮藏量的 50%以上是气调贮藏；新西兰的苹果和猕猴桃气调贮藏量为总贮藏量的 30%以上；英国的气调贮藏能力为 22.3 万吨；其他国家如法国、意大利以及荷兰等国家气调苹果均达贮藏总量的 50%～70%。

(1) CA 气调贮藏保鲜：利用机械设备，人为地控制气调冷库贮藏环境中的气体，实现水果保鲜。气调库要求精确调控不同水果所需的气体组分浓度及严格控制温度和湿度。温度可与冷藏库贮藏温度相同，或稍高于冷藏的温度，以防止低温伤害。气调与低温相结合，保鲜效果（色泽、硬度等）比普通冷藏好，保鲜期明显延长。我国气调贮藏库保鲜正处于发展阶段。自 1978 年在北京建成我国第一座自行设计的气调库以来，广州、大连、烟台等地相继由国外引进气调机和成套的装配式气调库，用来保鲜苹果、猕猴桃、洋梨和枣等。

(2) MA 气调贮藏保鲜：也称 MA 自发气调保鲜，广泛应用于新鲜果蔬菜等保鲜，并以每年 20%的速度增长。气调包装系指根据食品性质和保鲜的需要，将不同配比的气体充入食品包装容器内，使食品处于适合的气体中贮藏，以延长其保质期。

常用的气体主要有二氧化碳、氧气，有时也会使用二氧化硫和二氧化氮。二氧化碳的作用是抑制需氧菌和霉菌的繁殖，延长细菌的停滞期和延缓其指数增长期。氧气的作用是维持新鲜水果的吸氧代谢作用。水果采摘后过快的有氧呼吸和无氧呼吸都会使水果发生老化和腐烂。合理控制环境中氧的浓度，可使果实产生微弱的有氧呼吸而不产生无氧呼吸。因此，水果 MA 气调保鲜中氧气与二氧化碳的配比是一个关键因素。处于包装内的水果通过呼吸作用消耗氧气并放出二氧化碳，气调包装材料可排出二氧化碳并补充所消耗的氧气，即实现包装的渗透速度与果实呼吸速度相等，防止无氧呼吸的产生。另外，水果在低温时的呼吸强度较低，为减少果实的耗氧量，MA 气调包装保鲜一般都在 0℃～5℃温度条件下贮藏。

目前，国际市场水果的 MA 气调包装主要有两种：一种是被动气调包装，即用塑料薄膜包裹的水果，借助呼吸作用来降低氧气含量，并通过薄膜交换气体调节氧气与二氧化碳的比例；另一种是主动气调，即根据不同水果的呼吸速度充入混合气体，并使用不同透气率的薄膜，但由于技术较复杂且对包装材料的品种及性能要求较高，在我国还未获得广泛应用。国外在包装材料方面则领先很多，开发出如防止水果水分蒸发的防湿玻璃纸、高阻气性的聚丙烯、防止水果产生机械损伤的收缩材料等。

（3）塑料薄膜帐气调贮藏保鲜：这种方法是将水果放在用塑料薄膜帐造成的密封环境中实现气调保鲜。气调的方法分为两类，一是自然氧法，通过水果的呼吸作用，使帐内逐步形成所需低氧、高二氧化碳气体浓度，由于塑料薄膜具有一定的透气性，从而实现简易调气；还可利用具有选择性透气的硅橡胶薄膜，在帐上开一定面积的窗口来自动调气，为防止二氧化碳过多积累，可在帐内用硝石灰来吸收二氧化碳。二是人工降氧法，即利用降氧机、二氧化碳脱除机来调气。此方法主要在美国、法国有应用。目前，我国上海、天津、辽宁、山东、陕西和北京等地早已开始使用。

（二）低温保鲜技术

低温保鲜技术是利用低温有效地抑制微生物的存活，主要技术包括简易贮藏保鲜、冰藏保鲜、控制冰点贮藏保鲜、微冻保鲜、冻藏保鲜等。

（1）简易贮藏保鲜：主要有埋藏、堆藏、窖藏和通风库贮藏等。这种方法是利用当地的气候条件，创造水果适宜的温度、湿度环境并利用土壤的保温作用，来实现水果的保鲜。要做好隔温层设计，以防止高温或低温伤害，另外还要定期通风换气，该技术可用于苹果、梨、葡萄等水果贮藏保鲜。如四川南充地区的地窖、湖北兴山的山洞贮藏柑橘；山东烟台、福山地区等地的地窖贮藏苹果；西北黄土高原地区的窑洞贮藏苹果、梨等，是一种基本符合贮藏库、土窑洞加机械制冷、简易节能库、复合节能冷库、柑橘改良通风库、苹果常温双相变动气调技术等，其中土窑洞机械冷藏具有投资少、管理简单、就地贮藏和能耗少的优点。

(2) 冻藏保鲜：是现代化水果贮藏的主要形式之一，它是采用高于水果组织冻结点的较低实现水果的保鲜。可在气温较高的季节周年进行贮藏，以保证果品的周年供应。低温冷藏可降低水果的呼吸代谢、病原菌的发病率和果实的腐烂率，达到阻止组织衰老、延长果实贮藏期的目的。但在冷藏中，不适宜的低温反而会影响贮藏寿命，丧失商品及食用价值。防止冷害和冻害的关键是按不同水果的习性，严格控制温度，冷藏期间有些水果如鸭梨需采用逐步降温的方法以减轻或不发生冷害。此外，水果贮藏前的预冷处理、贮期升温处理、化学药剂处理等措施均能起到减轻冷害的作用。近年来，冻藏技术的新发展主要表现在冷库建筑、装卸设备、自动化冷库方面。计算机技术已开始在自动化冷库中应用，目前在日本、意大利等发达国家已拥有10座世界级的自动化冷库。

(3) 控制冰点贮藏保鲜：在冰点湿度下对食品进行保鲜的新方法称为控制冰点贮藏法。实验证明，运用此方法保存的水果新鲜如初，未发现细菌败坏或变质现象，有害微生物繁殖甚微。该项技术在日本已开始应用。

(4) 冰温气调保鲜：冰温是指0℃以下、冰点以上的温度区域，其温度介于冰藏和微冻之间，和微冻保鲜一起被称为中间温度带保鲜。将冰温和气调对微生物产生协同作用，同时有效地防止水产品的脂质氧化和多酚氧化酶导致的酶促褐变等反应的发生。

(三) 化学保鲜技术

(1) 可食用的蔬果保鲜剂：这是由英国一食品协会所研制的可食用的蔬果保鲜剂，它是采用可食用的蔗糖、淀粉、脂肪酸和聚酯物配制成的一种“半透明乳液”，既可喷雾，又可涂刷，还可浸渍覆盖于西瓜、番茄、甜椒、茄子、黄瓜、苹果、香蕉等表面，其保鲜期可长达200天以上。这是由于这种保鲜剂在蔬果表面形成一层“密封薄膜”，完全阻止了氧气进入蔬果内部，从而达到延长蔬果熟化过程，增强保鲜效果的目的。

(2) 新型薄膜保鲜：这是日本研制开发出的一种一次性消费的吸湿保鲜塑料包装膜，它是由两片具有较强透水性的半透明尼龙膜组成，并在膜之间装有天然糊料和渗透压高的砂糖糖浆，能缓慢地吸收从蔬菜、果实、肉表面渗出的水分，达到保鲜目的。

(3) 陶瓷保鲜袋：这是由日本一家公司研制的一种具有远红外线效果的蔬果保鲜袋，主要在袋的内侧涂上一层极薄的陶瓷物质，通过陶瓷所释放出来的红外线就能与蔬果中所含的水分发生强烈的运动，从而促使蔬果得到保鲜作用。

(4) 减压保鲜法：这是一种新兴的蔬果贮存法，有很好的保鲜效果，且具有管理方便、操作简单、成本不高等优点，目前英、美、德、法等一些国家已研制出了具有标准规格的低压集装箱，已广泛应用于蔬果长途运输中。

(5) 烃类混合物保鲜法：这是英国一家塞姆培生物工艺公司研制出的一种能使番

茄、辣椒、梨、葡萄等蔬果贮藏寿命延长一倍的“天然可食保鲜剂”。它采用一种复杂的烃类混合物，在使用时，将其溶于水中成溶液状态，然后将需保鲜的蔬果浸泡在溶液中，使蔬果表面很均匀地涂上一层液剂，这样就大大降低了氧的吸收量，使蔬果所产生的二氧化碳几乎全部排出。因此，保鲜剂的作用，酷似给蔬果施了“麻醉剂”，使其处于休眠状态。

二、冷链蓄冷保温技术

(一) 制冷技术

制冷从本质上讲就是让空气中分子运动减慢，形象点说就是让空气冷却。利用天然冰等自然源过渡到人工制冷，是制冷技术发展的初始级段。1777 年，Nairne E. Gerale（奈恩·杰拉）的硫酸吸水制冰试验；1810 年，J. Leslie（莱斯利）的硫酸-水吸收式制冰装置；1859 年，F. Carre（加雷）制成氨-水吸收式制冷机，并于 1860 年申请专利。C. Munters（蒙特斯）和 B. Von Plate（普拉特）制成氨-水-氢扩散式吸收式冰箱，于 1920 年取得专利。20 世纪中期，电动机驱动的压缩式制冷机在常规制冷领域占据了统治地位。近 30 年，吸收式制冷和热泵技术进入了蓬勃发展的阶段。20 世纪 90 年代，欧共体 JOULE 计划列入的对吸附式制冷的研究分析项目使吸附式制冷研究达到了新的高潮。20 世纪 70 年代后期，以氟为制冷剂的分散式制冷系统逐渐取代以氨为制冷剂的集中式制冷系统，冷却设备由冷风机逐步取代了排管。

制冷系统由 4 个基本部分即压缩机、冷凝器、节流部件、蒸发器组成。由铜管将四大件按一定顺序连接成一个封闭系统，系统内充注一定量的制冷剂。一般的空调用制冷剂为氟里昂，以往通常采用的是 R22，现在有些空调的氟里昂已经采用新型的环保型制冷剂 R407。以上是蒸汽压缩制冷系统。以制冷为例，压缩机吸入来自蒸发器的低温低压的氟里昂气体压缩成高温高压的氟里昂气体，然后流经热力膨胀阀（毛细管），节流成低温低压的氟里昂汽、液两种物体，低温低压的氟里昂液体在蒸发器中吸收来自室内空气的热量，成为低温低压的氟里昂气体，低温低压的氟里昂气体又被压缩机吸入。室内空气经过蒸发器后，释放了热量，空气温度下降。如此压缩—冷凝—节流—蒸发反复循环，制冷剂不断带走室内空气的热量，从而降低了房间的温度。制热时，通过四通阀的切换，改变了制冷剂的流动方向，使室外热交换器成为蒸发器，吸收了室外空气的热量，而室内的蒸发却成为冷凝器，将热量散发在室内，达到制热的目的。

根据工作原理，制冷机器可以分为：①压缩式制冷机。依靠压缩机的作用提高制冷剂的压力以实现制冷循环，按制冷剂种类又可分为蒸汽压缩式制冷机（以液压蒸发制冷为基础，制冷剂要发生周期性的气—液相变）和气体压缩式制冷机（以高压气体膨胀制冷为基础，制冷剂始终处于气体状态）两种；②吸收式制冷机。依靠吸收器—发生器组（热化学压缩器）的作用完成制冷循环，又可分为氨水吸收式、溴化锂吸收式和吸收扩散式3种；③蒸汽喷射式制冷机。依靠蒸汽喷射器（喷射式压缩器）的作用完成制冷循环；④半导体制冷器。利用半导体的热—电效应制取冷量。

制冷机主要性能指标有工作温度（对蒸汽压缩式制冷机为蒸发温度和冷凝温度，对气体压缩式制冷机和半导体制冷器为被冷物体的温度和冷却介质的温度），制冷量（制冷机单位时间内从被冷却物体移去的热量）、功率或耗热量、制冷系数（衡量压缩式制冷机经济性的指标，消耗单位功所能得到的冷量）以及热力系数（衡量吸收式和蒸汽喷射式制冷机经济性的指标，指消耗单位热量所能得到的冷量）等。现代制冷机以蒸汽压缩式制冷机应用最广。

（二）蓄冷保温材料

冷链的蓄冷保温材料主要用于冷库和冷藏车厢等设备。岩棉、玻璃棉、聚苯乙烯泡沫塑料（EPS）、挤塑聚苯乙烯泡沫塑料（XPS）和聚氨酯泡沫材料（PU）使用越来越广泛。其中，聚氨酯泡沫是目前应用最广泛的隔热材料，它传热系数低、隔热性能好、强度高且工艺好。

现阶段时常运用在制冷系统中的保温材料主要有两种。从材质上区分，一种是聚苯板，聚苯板是指由聚苯乙烯泡沫塑料作为夹心板，由彩色钢板作表层，闭孔阻燃的聚苯乙烯泡沫塑料做芯材，通过自动化连续成型机将彩色钢板压型后用高强度黏合而成的一种高效机构材料。该种冷库板由于易燃且燃烧有毒，现在在市场上的应用比较少。还有一种则是现在市场上应用广泛的聚氨酯冷库板，聚氨酯冷库板以良好隔热性能的轻质聚氨酯为内心材料，外面由SII、PVC彩钢板、不锈钢板构成的夹板式库板，可以降低由于内外温差而产生的传热，以达到冷冻、冷藏系统的最大效率。聚氨酯因其具有高绝热性、热固性、多样化加工形式、可整体成型等特点被现代冷链产业广泛采用。

（三）预冷技术

预冷是指食品从初始温度迅速降至所需要的终点温度的过程，即在冷藏运输和高温冷藏之前的冷却以及快速冻结前的快速冷却工序统称为预冷。目前常用的预冷技术主要有空气预冷、真空预冷和水预冷。

1. 空气预冷

空气预冷方法分为常规室内预冷、压差预冷、强制通风预冷等。空气预冷方法具有空气温湿度易调节、可用于各种食品冷却冷藏运输、设备造价低等优点，但也存在冷却速度慢、冷却不均匀、干耗大等缺点。

室内预冷是将产品放在冷库中，依靠自然对流热传导进行的预冷方式。适用于呼吸作用较缓的果蔬，如土豆、洋葱、大蒜和苹果等。应用此预冷方式应确保散装或者托盘产品之间有足够的空气流通，否则传热受阻，会导致预冷延迟或预冷不足。室内预冷技术的优点是简单易行，在国内外广泛采用，特别适合规模较小的生产者和集货商；缺点是室内预冷速度慢，通常需要 24 小时以上，而且产品始终暴露于空气中，水分损失较大。

强制通风预冷是在冷库空气预冷的基础上发展起来的一项预冷技术，该方式将装有被预冷产品的包装箱按照一定的方向堆码在一起，包装箱之间开有通气孔道，以确保箱体之间的气体流通。虽然强制通风预冷速度快，但是容易造成萎蔫，而且需要有专门的设备，操作起来比较烦琐。

压差预冷是空气预冷的新形式，利用压差风机的抽吸作用，在包装容器的两侧形成一定压差，使冷空气经过包装容器上的通风孔强制通过包装容器内部与预冷产品表面直接进行换热，从而使物品快速、均匀的冷却到工艺要求的温度范围。

2. 真空预冷

在标准大气压条件下，水在 100℃沸腾，吸收大量相变所需要的热量成为水蒸气；而在 2337 帕（真空度为 98988 帕）下，水在 20℃就可以沸腾蒸发相变；相应在 667 帕（真空度为 100658 帕）压力下，水在 1℃就可以蒸发，变成水蒸气。真空预冷技术利用果蔬在低压环境下水分的蒸发，快速吸收果蔬蓄存的田间热量，同时不断去除产生的水蒸气，使果蔬温度得到快速降低。

真空预冷主要有间歇式真空预冷方式、连续式真空预冷方式和喷雾式真空预冷方式等方式。其优点是设备运转灵活，能够到摘收现场及时清除田间热，冷却较快且均匀，能够有效控制温度，同时可以大批量地处理产品。缺点是设备费用高、能源消耗多、预冷过程中产品容易失水萎蔫。

3. 水预冷

水预冷又分为冷水预冷和冰水预冷两种。

(1) 冷水预冷。

冷水预冷是指用接近 0℃的冷水，通过热传导和对流热传导，使产品冷却的方法。与空气相比，水的热传导系数要高，因此冷却速度快，适合表面积和体积较小的水果、蔬菜和水产品等产品的预冷。冷水预冷优点是冷却速度快，设备费用和运转费用低；缺点是容易带来交叉感染。

冷水预冷的方式主要有浸泡式、洒水式和降水式等。浸泡式是指被预冷食品直接浸在冷水中冷却，冷水被搅拌器不停地搅拌，以至温度均匀；洒水式是指在预冷食品的上方，由喷嘴把有压力的冷却水呈洒水状喷向食品，达到预冷的目的；降水式是指被预冷食品在传送带上移动，上部的水盘均匀地像降雨一样地降水，这种形式适用于批量处理产品。

（2）冰水预冷。

冰水预冷主要是指在有盖的塑料泡沫箱内，以冰加冷水的方式预冷产品。其原理是通过冰在与产品接触过程中，融化成水要吸收的热量，使产品迅速预冷。冰水预冷首先要将水预冷到－1.5℃～1.5℃，然后装入容器中，再加入被预冷的产品和冰。冰水预冷操作简便，预冷速度快，但是浸泡后的产品质地较弱，易于变质，因此从冰水中取出的产品仍需要冰鲜保鲜。

三、冷链信息技术

冷链信息技术中最主要是采用可追溯系统监控追溯信息。可追溯系统中的关键技术之一是可追溯信息源头信息的载体技术，即标识技术。目前，国内外使用的标识技术主要有条码、RFID 技术、电子纽扣式标签、塑料标签、GPS 和 GIS 技术等。冷链物流信息系统主要有：冷链全程监控管理系统、食品安全追溯体系系统、冷链配送及采购系统等。

（一）RFID 技术

射频识别即 RFID（Radio Frequency Identification）技术，又称电子标签、无线射频识别，是一种通信技术，可通过无线电信号识别特定目标并读写相关数据，而无须识别系统与特定目标之间建立机械或光学接触。射频识别技术和条码技术比较相似，由连接在微处理器上的天线构成，里面包含了唯一的产品识别码，当用户激活标志的感应天线时，标志将返回一个识别码。和条码不同的是，射频识别技术可以容纳更多的数据，不需要可见的瞄准线即可读取数据，并准许写入数据。

1. 射频识别标志类型

（1）被动射频识别标志。

大多数射频识别标志是简单的被动标志。这些标志的天线监测阅读器的能量并传送到微处理芯片中，然后让阅读器传送数据。因为射频识别标志的主要目的是产品管理和追踪，所以标志并不需要能量去操作温度传感器或者进行远程的通信。不过 EPC GLOBAL 标准定义了半被动和主动标志，成为 Class Ⅲ 和 Class Ⅳ，各自具有不同的功能。

（2）半被动射频识别标志。

半被动标志保持休眠状态，被阅读器激发后向阅读器发送数据。半被动识别标志具有较长的电池寿命，并不会有太多的射频频率干扰。另外，数据传输有更大的范围，对半被动标志来说可以达到 10～30 米，而被动标志则只有 1～3 米。

（3）主动射频识别标志。

主动射频识别标志同样有电池，不过跟半被动识别标志不一样，它们主动地发送信号，并监听从阅读器传来的响应。一些主动识别标志能够更改程序转变成半被动标志。主动式温度感应射频识别标志能够用来提供更为自动化的冷链监测程序。它可以贴在托盘上或者产品的包装箱上（使用何种方式由成本决定），保存的温度记录在经过阅读器时被下载。阅读器可以放置在冷链运输的开始、结尾以及中间的一些交接站点。主动式温度感应射频识别标志为冷链温度监测提供了能够100%保存数据的解决方案。

表 4-4　　射频识别标志的分类和说明

分类	说明
Class 0/ClassⅠ（第0，1类）	ClassⅠ为只读的被动识别标志
ClassⅡ（第2类）	ClassⅡ被动识别标志，包含贮存或者加密功能
ClassⅢ（第3类）	ClassⅢ半被动识别标志，支持宽带通信
ClassⅣ（第4类）	ClassⅣ主动识别标志，能够和同频率的标志或者阅读器进行点对点的宽带通信
ClassⅤ（第5类）	ClassⅤ实际上是阅读器，能够给第1、2、3类标志提供能量并可以和第4类标志一样进行无线通信

2. 射频识别技术特征

RFID技术作为一种新型自动识别技术，已逐渐成为企业提高冷链物流管理水平，降低成本，实现企业管理信息化，特别是增强物流企业核心竞争能力不可缺少的技术工具和手段。RFID技术具有以下特征：

（1）跟踪冷链物流，增加生鲜食品冷链管理的透明度。

RFID技术的核心是标签上的EPC（产品电子代码），由于EPC提供对物理对象的唯一标识，所以利用EPC可以实现货物在整个冷链上货物的物流跟踪，而且RFID温度标签还可以提供温度的监控，保证了冷链物流中货物的质量安全。应用RFID技术后，生鲜食品从生产开始，它在供应链上的整个流动过程都会被及时、准确地跟踪，做到透明化。

（2）简化作业流程，提高生鲜食品物流效率。

生鲜食品的自身特点决定对其操作应尽量简化，缩短操作时间。因此在生鲜食品托盘上和包装箱上贴上RFID标签，在配送中心出/入口处安装阅读器，无须人工操作，且可以满足叉车将货物进行出/入仓库移动操作时的信息扫描要求，而且可以远距离动态地一次性识别多个标签。这样大大节省了出/入库的作业时间，提高了作业效率。

另外，在顾客最后付款的时候，只需推着选好的商品通过RFID阅读器，就可以直接在电脑屏幕上看到自己所消费的金额，而不用再花很长时间等收银员用扫描仪一件一件的扫描商品后再结算支付。其实现产品全方位跟踪，确保产品质量安全，提供可靠获取产品信息的渠道，极大地保护了消费者利益。目前，冷链物流监控追溯技术应用领域主要用于药监局的药监码工程、商业部的放心肉工程和猪肉追溯系统、医疗植入性器械追溯系统等。

(3) 降低企业管理成本，增加市场销售机会。

RFID应用于生鲜食品库存管理，可以减少人工审核工作，且能保证储存货物质量的安全性，降低管理成本。对于零售商来讲，当自动补货系统显示需要补货，就可以立即向上游企业订货，通过切实可行的 RFID 解决方案和 RFID 技术保证所需货物安全、准时到达，这样就不会出现短或缺货现象，也提高了自身的顾客服务质量，增加了销售机会，提高了收入。

(二) 食品安全追溯体系

可追溯就是在食品生产的各个环节过程中，从对食品生产的原材料（如牛肉类制品的牛的饲养）的生产培育、食品的生产加工、包装、运输、销售的所有过程的记录回溯能力。

农产品可追溯体系是一套非常有效的监管农产品质量安全的路径，通过条码能追溯到产品的生产班组、时间、流程。中国近年才引进这一概念，一些矿泉水、方便面大企业正在推广。但农产品要做到这一点比较困难。一是农业企业对此意识淡薄；二是我国农产品生产企业的规模化不大，农户、小作坊太多，根本就无从管理。他认为，欧洲之所以能建成该体系，得益于农产品企业的大规模化，而中国农业的零散、分散特点不利于该体系建立。在我国，一种理想化的模式是让一家大型农产品企业收购集中单一农户产品，并对其进行检验、贴标。

物流 EAN·UCC（全球统一标识）系统为食品安全提供了追溯平台。由于食品供应链中跨环节之间的联系比较脆弱，建立有效的信息的获取、管理与交换机制是成功实施食品安全跟踪与追溯的关键。食品的属性、参与者、位置等标识等是进行食品安全跟踪的重要信息。而 EAN·UCC 系统就是通过在食品供应链中的每一节点，不仅要求对自己加工成的产品进行标识，而且还采集所加工的原料上已有的标识信息，并将其全部信息标识于加工成的产品上，以备下一个环节使用，从而形成环环相扣的链条。消费者只要通过信息查询检索工具就可随时了解食品的整个生产、加工、运输与销售情况，这将极大地增强消费者对食品安全的信心。

“食品质量安全追溯系统”是一个能够连接生产、检验、监管和消费各个环节，让消费者了解符合卫生安全的生产和流通过程，提高消费者放心程度的信息管理系统。该系统提供了“从农田到餐桌”的追溯模式，提取了生产、加工、流通、消费等供应链环节消费者关心的公共追溯要素，建立了食品安全信息数据库，一旦发现问题，能够根据溯源进行有效的控制和召回，从源头上保障消费者的合法权益。

2002年5月24日，农业部第13号令发布“动物免疫标识管理办法”，规定猪、牛、羊必须佩戴免疫耳标，建立免疫档案管理制度；2003年，国家质检总局实施“中国条码推进工程”；2007年8月，我国公布并正式实施了《食品召回管理规定》；2007年11月29日起，国家质检总局和商务部、国家工商总局在全国范围内开始对食品、家用电器、化妆品等九类69种重点产品实施强制性要求，加贴产品质量电子监管码，凡是没有加贴电子监管码的产品一律不准出厂销售。在2010年年底之前，国家质检总局力争将全国所有适合入网的企业和产品纳入中国产品质量电子监管网，在全国广泛布设信息查询终端，进一步完善中国产品质量和食品安全追溯体系的建立。

全国农垦系统已基本建立起了与国际接轨的农产品质量追溯体系，开发出了在国内具有领先水平的追溯软件，建立起了统一的追溯数据库。农垦建立的农产品质量追溯系统具有追溯链条长、追溯信息全、反应速度快的突出特点，能够实现从农业投入品、农产品原料生产、收购、加工、包装到运输的全过程追溯。

通过建立完善信息供给体系，大大增加了消费者的知情权。消费者可以通过网站、超市查询设备等，快捷地查询产品生产、加工全过程与质量安全有关的核心信息，满足了消费者对食品安全信息的需求。政府监管部门也可以利用这套系统，实现信息的实时共享，强化了对农产品安全的监管。

同时，通过实施农垦农产品质量追溯制度，有效保障和提高了农产品的质量水平，提升了产品品牌形象和市场竞争力，给企业带来直接的经济效益。

四、冷链温控技术

温度控制作为冷链的核心，从原料到成品，任何细小的温度变化都会导致细菌的滋生及食品质量的降低，在食品加工和流通过程中，当异常情况发生时，一般都非常难于正确把握究竟是哪一环节发生了哪些问题，这就要求对冷链系统的全过程进行实时温度管理，不但要建立温度记录，而且还要跟踪温度控制的情况。目前较先进的冷链温控监控技术是在传统的温度监测设备上结合现代的信息技术而形成的。

（一）传统温度监测设备

1. 手持温度检测器

手持温度检测器，是在冷链中应用最多的基本设备。它们具有各种各样的型式，包括使用热电耦的无线探测器和一些新型电子温度计。它们需要手工操作来获得数据，包括将探头插入产品或者手工打开电子温度计。这些设备具有准确、易用、相对便宜、购买方便等特点。如图4-9所示。

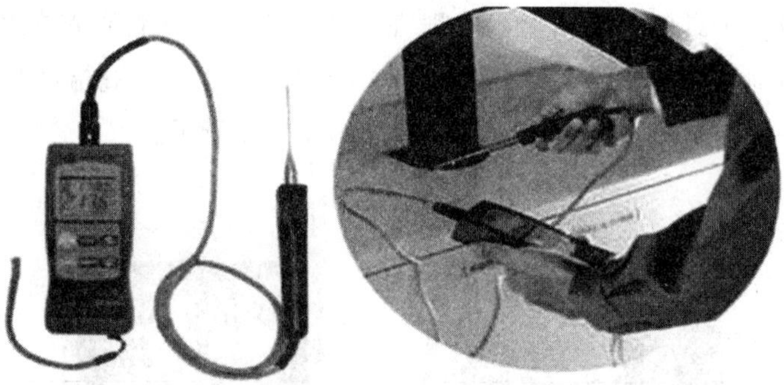

图 4-9　手持温度检测器

2. 圆图温度记录仪

圆图温度记录仪是在 100 多年前发明的，通常称为帕罗特图。设备记录在图纸上显示数据曲线并定期存档。圆图记录仪可以应用于各种各样的设备，是采集和贮存数据的简单方法。这种方法的缺点是经常需要人工更换笔纸，设备记录需妥善保存，自动化程度不高，有时会出现机械故障而导致记录不准确。如图 4-10 所示。

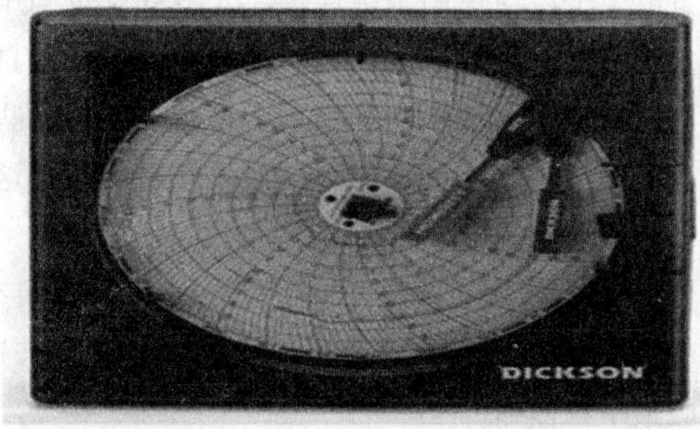

图 4-10　圆图温度记录仪

3. 温湿度记录器

在冷链中使用最广泛的是产品温度记录器。记录器体积较小，由电池提供能量，可以跟随产品记录温度和湿度，具有多种贮存容量，根据具体需要进行选择。可对记录时间间隔和警报数据临界值进行更改。用户在将产品装载后出发前，将温度记录器装载于运输物品间隙或者和产品包装在一起。在运输过程中超出温度设置时，警报器会发出警报，并记录警报的时间和温度。

温度记录器的时间和温度数据可以通过数据接口和桌面软件下载到计算机中。还可以用一些网络软件对数据进行处理以适应多种站点的应用。温度记录器的准确度较高，冷藏时误差为±0.6℃；冷冻时误差为±1.1℃。大多数设备使用的不是一次性电池，电池寿命取决于具体使用情况，一般在1年左右。一次性产品的电池是不可更换的，这些产品电池寿命较长且记录精度较高，能够适应于一些高端产品（如药品），通常产品使用完毕后，由厂家提供回收服务。如图4-11所示。

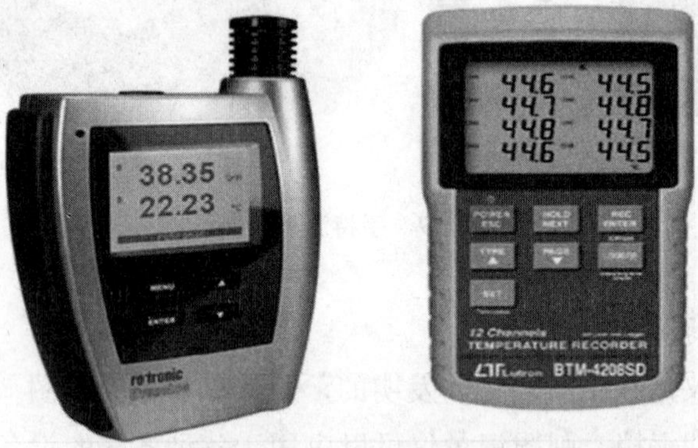

图4-11　温湿度记录器

温湿度记录器有多种类型，包括单个构造和具有硬接线的探头设备，一些设备可以利用机械、模拟或者电子手段与控制系统连接。大多数设备利用可以感应温度的热电耦，然后利用各种各样的方式进行贮存和显示。有些记录器可直接在本地设备上显示温度，而另外一些则需要将数据长传到远程显示设备。不过这些设备通常有贮存数据的功能，并提供计算机程序的数据读取接口。如果必要的话，这些设备可以包含打印设备或者与打印设备相连来打印温度记录。

温湿度记录器有固定式和移动式两种。固定式设备可以安装在各种冷藏设备上，比如冷藏库、冷藏运输车或者冷藏零售柜；移动式设备主要用来追踪一些衣服物品，从供应链的发货到接收地全程监测。

（二）现代温控技术

1. RFID温度标签

RFID温度标签能够识别温度变化的准确时间，实时收集温度数据，并将数据传输到阅读器进行记录，专用于识别和定位物品，在机械温度监控及冷链运输方面得到广泛的应用。温度RFID标签能够在产品身份识别的同时又对其所处环境温度进行测量和记录，实时地判断物品在储运过程中环境温度是否超出允许范围，实现品质全过程可追溯。

RFID标签如同一张电子“身份证”，可以记录货物的所有信息，其中包括货物的实时温度信息。当冷链周转箱出库时，读写器能一次性读取到该批次各冷链保温箱内的所有 RFID 温度标签的信息。使冷链周转箱出入库的信息录入实现了自动化，缩短时间的同时也确保了出入库信息的准确性。当货物量很大时，出入库自动读取信息能够解决物流操作环节的瓶颈问题。

传统温度记录仪是通过有线连接到相关设备并读取相应温度数据，而应用 RFID 温度标签则无须打开冷链周转箱，外面的读写器能通过无线射频自动读取冷链箱内的货物温度记录数据，冷链不会断掉，而且可以随时了解产品在途温度。RFID 温度标签技术实现全程冷链监控，在低温药品的生命周期管理中，冷链的连续数据很重要，为达到冷链商品在库、配送过程的无缝冷链监控目的，对冷链商品在库、出库、运输、交货、回库环节进行温度监控。

RFID 温度标签应用范围：

（1）存放于温箱中。温箱是冷链和热链中最常见和单品数量最庞大的应用环境，RFID 温度标签的探头通过孔放进温箱内对箱内温度进行实时监控。适用于热链餐饮配送、海鲜食品、血包配送等。系统安装简便，只需将标签探头放入温箱，标签外壳紧贴于温箱外，外引 RF 天线入车厢，便能完成温度数据的采集。

（2）存放于冷库中。为整合冷链一体化智能管理，节省系统成本，冷库温度监控系统，温度传感器的 GPRS＋温度探头放入冷库内固定，通过固定在冷库外的 GPRS、GSM 模块进行温度数据的传输。针对不正常的升温或降温，通过后台监控报警后，工作人员迅速采取降温或升温措施，从而降低或避免损失。

（3）存放于冷藏车中。RFID 温度标签直接放置在冷藏车车厢内对运输物品进行温度监控。把读写器放在驾驶室，把 RF 天线引入冷厢内，温度标签直接放入冷厢内，寻找合适的位置固定。通过读写器，将冷车内的温度变化实时传输给温控中心。控制中心负责与智能车载终端的信息交换，各种短信息的分类、记录和转发，与其他相关职能部门的网络互联，以及这些部门之间业务信息的流动；同时对整个网络状况进行监控管理。适用于血液、疫苗、生鲜食品、雪糕车、冻肉的配送等。

2. 基于 RFID ＋GPRS 的冷链温湿度监控技术

基于 RFID ＋GPRS 的冷链物流温湿度监控技术，通过先进的有源 RFID 技术和无线通信技术进行结合，对产品的品质进行细致的、实时的管理。该系统适用于冷藏车厢内温度数据的采集传输、记录和超限报警。若利用传统温湿度监测手段，只能监测端到端的节点温湿度，但即使节点测量温湿度正常，并不能保证运输过程中的温湿度始终正常，而利用 RFID 技术，可以了解水果在运输过程中是否发生了温湿度变化以及可能由此引起的质量变化。

基于 RFID ＋GPRS 的冷链物流温湿度监控技术的工作原理：

首先，温湿度标签会被加载到集装箱或目标物品（箱）上，待装运出发后，即持续记录物品所处环境的温湿度。一般有两种应用模式，一种是在每个中间站点或目的地一次性上传温湿度曲线，物流管理平台整合所有上传数据，分环节监控物品质量；另一种是在运输车辆/船舶上设置GPRS实时传输设备，物流管理平台能够不间断对目标物品进行监测。这两种模式的唯一区别在于，后一种即实时模式能够起到抢救部分贵重物品的作用，而不仅仅是像前一种模式只能鉴定物品是否遭到损坏。当然，有源标签是标识某一个包装箱（柜）的，同一个集装箱内的不同包装单位是可以通过安装多个有源标签进行监测的。

在途车辆信息采集：RFID读写器通过无线方式读取冷藏车厢内RFID电子温湿度标签，并通过数据线传输给GPS车载终端设备，同时GPS车载终端设备通过外置天线接收GPS定位卫星的定位信息。

在途车辆信息传输：GPS车载终端设备在获得温湿度信息和GPS定位信息通过GPRS无线网络发送到通信数据中心。通信数据中心再通过APN专用隧道将加密数据经路由器发送到GPS通信网关，最后传输到数据库服务器。

该监测设备也可以配置GPS模块，通过GPS和GIS技术，监控中心可以对集装箱车辆进行地理位置定位和调度。如果温湿度变化超出一个预先设定的范围，比如20℃～30℃，系统将自动给出预警。如果曲线中间有一段记录是明显低于20℃，此时可以根据此时间查询相应的地点和外在环境，以便于探究相应的温湿度变化原因。

3. 无线温湿度传感器

无线温湿度传感器是集成传感、无线通信、低功耗等技术的无线传感网络产品。无线温湿度传感器选用温湿度一体传感元件，采集环境的温湿度，通过无线方式上传数据，可选490MHz（兆赫）/2.4GHz（吉赫），WI-FI（无线宽带）通信方式。无线温湿度传感器主要应用于仓储、冷藏、冰柜、恒温恒湿生产车间、办工场所等环境的温湿度监测。

（1）无线温湿度传感器特点。

第一，实时性。可以在线自动监测设备内关键点的温度变化，实时显示。

第二，免布线。采用无线数据传输，内部电池供电，无线温度传感器节点安装简便，不用任何布线。

第三，免维护。系统中所有设备均采用一体化设计，安装后不要任何维护。

第四，安全性。采用无线温度传感器，完全与电气设备隔离，安全、可靠。

第五，方便性。基于Windows平台，利用USB或接口技术与电脑即插即用。

第六，低功耗。无线温度传感器节点选用先进的无线收发芯片，耗能极低，电池持续工作时间长达1年以上。

第七，高效益。节约购买昂贵的测温仪器费用，节约人力，减少设备维护、提高工作效率，实现电力运行自动化。

（2）无线温控传感器功能。

第一，动态记录功能。连续如实的采集和记录监测空间内温度参数情况，以数字和图形、表格方式进行实时显示和记录监测信息。

第二，数据统计分析功能。实时显示或者历史显示房间的各参数曲线变化，可以同时显示多个不同房间的环境参数曲线，更方便进行比较分析。可显示参数列表、实时曲线图、实时数据、累计数据、历史，等更加贴近用户需求。

第三，数据存储功能。所有的数据采集和记录到电脑上，按要求记录各采集点温度变化曲线或表格及工作情况；可以保存、备份、归档等。

第四，打印、报表功能。按要求打印各个温变化曲线或表格及工作情况报告。

第五，数据远程自动传送。可以将采集到的温度数据在设定的时间段内发送到指定手机上。如图 4-12 所示。

图 4-12 无线温控传感器

第五章 冷链物流运作及服务模式

第一节 不同类型产品的冷链运作

一、果蔬冷链物流

（一）果蔬冷链物流原理

抑制果蔬产品的呼吸作用和蒸腾作用，主要方法是采用预冷、低温冷藏、冷藏运输等措施降低温度，或者通过气调冷库调解空气中二氧化碳浓度等。

果蔬采收后，仍然是一个有生命的有机体，继续进行一系列生理生化变化，如呼吸作用和蒸腾作用。充分了解果蔬的变化规律和对外界环境的要求，并进行有效的调节和控制环境条件，达到保鲜保质，延长保质期，获得更好的经济效益。

在果蔬流通中，一是要降低温度，来减缓呼吸作用进程，并且保持温度恒定，减少营养物质消耗和蒸腾作用；二是保持干燥，抑制呼吸作用，如柑橘类在采收和流通过程中都要进行风干，不宜冷藏，抑制呼吸作用；三是适当提高二氧化碳浓度，抑制呼吸作用，如香蕉等由于成熟后不宜贮运，因此远销产品通常在成熟度达到7～8成时采摘，在产地用12℃～14℃的通风库储存，并加入高锰酸钾和消石灰吸收乙烯和二氧化碳，减缓产品的有氧呼吸；在销地用11℃～13℃的气调冷库贮藏3～7天时间进行人工催熟处理。

蔬菜和水果依据产品特性、采摘季节、运销距离以及产品定位的不同，对冷链物流也有不同的要求。以蔬菜为例，各种类蔬菜对冷链物流的需求如下：

（1）叶菜类，含水分多，不宜冷藏，易发生霉变，如白菜、菠菜、甘蓝等；雨季时，南方叶类菜处于淡季，北方叶类蔬菜通过预冷并使用冷藏车运输到南方弥补市场空缺；

（2）茎菜类，富含淀粉和糖类，含水分少，适于长期储存，但储存过程中必须控制温度，否则会出芽，如土豆、竹笋、蒜、姜、洋葱、蒜薹等，其中蒜薹于5月上市，为了趋淡避旺，平抑物价，可储存至翌年2～3月；

(3) 根菜类：富含糖分和蛋白质，耐贮藏，如胡萝卜、白萝卜、山药等，通过产地冷库储存，气调库贮藏的产品可以填补翌年4～7月市场淡季，实现跨季销售；

(4) 果实类：如黄瓜、番茄、南瓜、毛豆等，夏季时，南方的毛豆、花生等通过预冷并使用冷藏车运输到北方批发市场内销售；

(5) 花菜类：如菜花、西兰花等，10月～翌年5月南方的西兰花采用加冰包装运至北方市场，并入冷库预冷储存。

(二) 果蔬冷链物流操作

(1) 采后预冷：常用的方法：一是冷水预冷，将果蔬浸入冷却的水或用喷淋冷却的方法，适用于果实类、根菜类等；二是空气预冷，在专门的预冷库内冷却24小时到接近贮藏温度，然后转入正常贮藏，对于没有预冷间的冷库，较高温度的果蔬入库会引起库温大幅波动，影响果蔬冷藏质量；三是冰预冷，融化的冰直接与产品表面接触，快速吸收呼吸热，变成0℃的水，使整个物流过程处于低温环境，同时增加湿度，减少水分蒸发。

(2) 冷藏：根据各种不同果蔬的采后生理变化、基本贮藏原理、贮藏时间对环境条件的不同要求而异，一种是低温贮藏，利用自然冷源（窖藏、通风库等）或机械制冷（冷藏库），使冷藏环境保持低温；二是气调贮藏，在降温的条件下调解贮藏环境中的气体成分，通常将二氧化碳浓度由21%降至3%。目前冷藏的果蔬主要有：樱桃、葡萄等保鲜期短的产品，延长2～3个月上市；苹果、梨、蒜薹等保鲜期较长的产品，最长保存10个月，实现跨季销售；金针菇等菌类食品和四角豆、竹笋等，以减少损失成本为目的。

(3) 运输：采用冷藏车运输和普通卡车加冰运输两种方式。目前只有部分高价值、运销距离长、保鲜期短的果蔬使用冷藏车运输，如进口水果、江西蜜橘、樱桃、草莓等，而大部分果蔬夏季通过加冰或冰瓶等达到降温保鲜目的，冬季通过加盖棉被防止冻伤。

(三) 果蔬冷链流通渠道

目前果蔬类产品已形成以批发市场为中枢，以农贸市场、社区菜店和超市为基础，以果蔬配送企业为辅的冷链流通体系，流通渠道整体框架如图5-1所示。

从流通模式来看：一是经由批发市场流通的批发零售模式，依据产品运销距离、上市季节、保管时间、销售周期以及保鲜期的不同决定是否采用冷链，冷链采用率较低；二是由生产者直接通过果蔬配送企业、零售市场或团体消费者流通的一体化模式，冷链采用率较高。

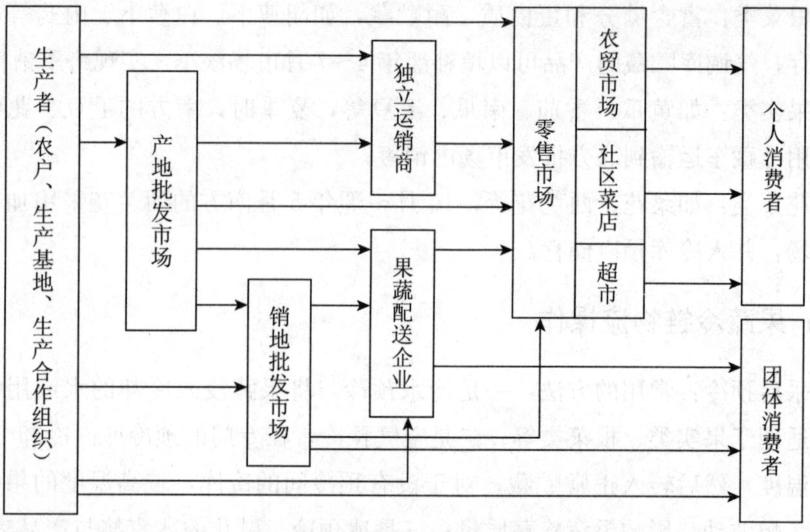

图 5-1　果蔬冷链流通渠道

其中，果蔬配送企业主导的流通渠道主要是指大型果蔬配送企业发展起来的果蔬生产基地，直接将产品销售给团体消费者或者通过零售市场将产品销售给个人消费者，如北京东升方圆种植农业开发有限公司、首都农业集团等均有自己的生鲜品牌，可以保证全程冷链，经营的产品以绿色食品、有机食品、无公害食品等高端食品为主。

采取冷链物流的果蔬类产品主要有：

（1）长时间储存的产品，分为以下几种情况：一是国家战略储备产品，为了应对紧急情况，避免生鲜食品价格大幅波动，政府在各批发市场内建设储备冷库储存蔬菜等产品，并及时更新循环调配，确保储备库内生鲜食品的品质；为补充市场供应量，在周边地区储备产地蔬菜等。二是依据产品特性进行储存的产品，如香蕉、柿茄等青果采摘后在销地气调冷库内进行储存催熟的产品。三是商业储备产品，为了规避市场风险、调解流通、平抑物价，在果蔬类产品大量上市时通过冷库储存，然后合理安排上市时间，实现延迟上市或者跨季销售的产品，如苹果、土豆、蒜薹、葡萄、胡萝卜等。

（2）远距离运输的保质期短的产品：一是进口水果和南方北运以及北方南运果蔬，由于运输距离长、进货量大，导致产品销售周期长，在产品保鲜期较短的情况下，采用预冷并冷藏运输等冷链措施才能保证产品不变质。二是夏季上市极易腐烂变质的生鲜食品（草莓、樱桃等），由于气温较高，远距离运销的产品需要采取冷链措施保持产品鲜度。

二、肉禽类冷链物流

(一) 肉禽类冷链物流原理

肉禽类冷链物流基本原理：一是通常采用0℃～2℃的低温成熟方法，即冷却排酸，促使肉的成熟；二是抑制肉的自溶、腐败以及失重。

(1) 肉的成熟，是指畜禽在屠宰后，肉体在一定的温度和组织酶的作用下发生一系列的生物化学变化，主要是肌肉中的肌醣元在酶的影响下，酵解为乳酸，使肉的酸度增加，为了减少微生物的繁殖，通常采用0℃～2℃的低温成熟方法，即冷却排酸。

(2) 肉的自溶，是指畜禽在屠宰后的24小时内，如果保持较高温度或未经冷却即进行冷藏，会引起组织自体分解，产生强烈难闻的强酸气味（硫化氢），肉体逐渐变黑，不宜食用或经特殊高温处理后才能食用。

(3) 肉的腐败，主要是指由微生物作用引起的腐败过程，是变质最严重的形式，加工、运输、储存和销售的卫生条件越差，细菌污染越严重，耐藏性就越差。

(4) 肉的失重，在一定的条件下，经过一定的时间，由于血液滴出、水分蒸发、肉汁渗出、肌肉收缩等造成的质量减轻。

从肉的冷藏保鲜程度可以分为热鲜肉、冷却分割肉和冻结分割肉三大类，这三类肉在冷链物流操作过程中，有不同的方法和要求。

(1) 热鲜肉：也就是畜禽刚宰杀后得到的肉。刚宰杀的畜禽在死后僵直过程中会产生一定的热量，导致肉温略有升高，而后慢慢降至常温。此时的热鲜肉为微生物的生长繁殖提供了适宜的温度、丰富的营养物质、较高的水分活度，导致细菌过度繁殖。同时热鲜肉尚未经历成熟阶段，食用时嫩度差。

(2) 冷却分割肉：将宰杀后的白条肉送入0℃～4℃的冷却间进行20小时左右的冷却排酸，将肉体温度冷却至4℃，即可进行分割加工并包装。经过冷却排酸的白条肉或分割肉由冷链车运至批发市场或设有冷藏陈列柜的超市销售。

(3) 冻结分割肉：将需要长期储存或出口、远销的冷却分割肉按照规格进行整形包装后装入纸箱或专用的金属冻盘内送入－25℃的冻结间进行冻结。采用纸箱包装的分割肉冻结时间较长，一般为72小时，国内肉类加工企业为缩短冻结时间，通常采用先装入金属冻盘内进行冻结，再脱盘装入纸箱进行冻藏的方式。

随着消费者对冷却肉的逐渐青睐，肉类冷链物流逐渐从屠宰、加工、运输、销售等环节一直延伸至普通消费者家庭，形成了以大型龙头企业为先导的、全过程的完善肉类冷链物流体系。近年来，政府和企业在不断加速冷库的技术改造，提高冷库利用率；除大力支持肉类冷链物流中心和配送中心建设外，还鼓励利用现有的国有冷藏设施；在运输和销售环节，大力倡导冷藏集装箱运输和按规定温度展示销售产品的新形式。

（二）肉禽类冷链物流操作

（1）加工包装：冷却分割肉入0℃～4℃冷却间进行20小时冷却，将肉体温度降至4℃再进行包装；冻结分割肉通常经整形、包装后装入纸箱或金属冻盘入－25℃冻结间冻结。

（2）贮藏：肉类冷藏的目的是为了长期保存，冷冻库的温度在－20℃～－18℃，并恒定，相对湿度以95%～100%为佳，空气以自然循环为宜。目前各地政府建设储备冷冻库储存猪肉等产品，并及时更新循环调配，确保储备库内食品的品质。

（3）运输：通过有制冷装置的冷藏汽车、冷藏列车等采取悬挂运输方式，其高度以不接触车厢底为宜。目前北京市已明确要求批发鲜肉需使用冷藏车运输。

（4）销售：中高档肉禽类产品，通过连锁超市、专卖店等零售终端冷柜销售，实现全程冷链；低档肉禽类产品，通过批发商户销售，从销地批发市场批发环节开始处于常温状态，出现断链现象。

（三）肉禽类冷链流通渠道

肉禽类冷链物流逐渐从屠宰、加工、运输、销售等环节一直延伸至普通消费者家庭，形成了以大型龙头企业为先导、全过程的肉禽类冷链物流体系，如图5-2所示为肉禽类冷链流通框架图。

从流通模式来看，一是经由连锁超市、专卖店等销售的流通模式，主要是针对中高档肉禽类产品，此类模式的产品通过连锁超市、专卖店等零售终端冷柜销售，可实现全程冷链；二是经由批发市场销售的流通模式，主要是针对低档肉禽类产品，通过批发商户到达消费者手中，此类模式的产品从销地批发市场批发环节开始处于常温状态，出现断链现象。

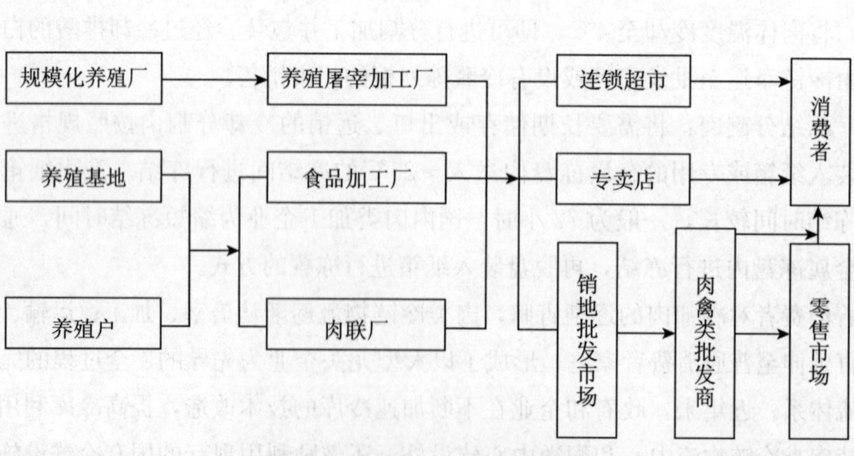

图5-2 肉禽类冷链流通渠道

目前批发市场内的鲜肉销售，多在常温下进行。每天傍晚与批发市场签订场厂挂钩协议的屠宰厂家，使用冷藏车将冷库排酸后的白条猪肉悬挂运至批发市场内的猪肉批发大厅并上杆，在凌晨前与批发市场内的猪肉批发商户进行交易。批发商户将采购的白条猪肉搬运至本市场猪肉交易大厅的店铺内常温储存，待清晨开始进行分割鲜肉的常温批发零售，当天销售不完的货物才入冰柜贮藏。

三、水产品冷链物流

水产品生产者主要包括淡水养殖户和养殖基地，远洋捕捞业者或者捕捞企业。水产类根据客户不同需要以及产品种类不同，分为鲜活水产、冰鲜产品以及冷冻产品三大类。其冷链流通渠道如图 5-3 所示。

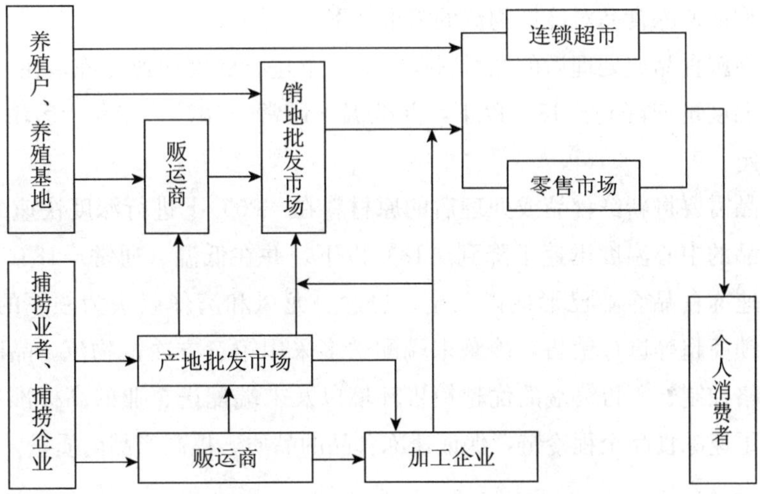

图 5-3 水产品冷链流通渠道框架

从流通模式看：一是以鲜活鱼类、虾类、蟹类和贝类等水产品经营为主的流通模式，这类产品通常用无色玻璃有氧鱼缸进行陈列展示，使用带氧气瓶的专用车进行有氧运输；二是以冷冻水产品和冰鲜水产品经营为主，经由加工企业流通的模式，可以实现全程冷链。

不同的水产品有不同的贮藏温度，温度越低，保鲜期越长，质量越好。一般鱼类在−18℃可储存 9 个月，−24℃可储存 1 年，金枪鱼需要在−60℃超低温环境下储存；虾在−18℃可储存 12 个月，−23℃可储存 14 个月；贝类−25℃～−18℃可储存 6～10 个月。

水产品冷链物流原理是保持新鲜状态和品质。不同的水产品对冷链物流的需求如下：

冰鲜水产品主要是采取快速冷却方法，使鱼体中液汁温度接近冰点。冰冷却法的保冷温度为 0℃～3℃，保鲜期 7～12 天；冷海水冷却法的保冷温度为－1℃～0℃，保鲜期 9～12 天。

冷冻水产品主要是在－25℃～－18℃冻结完成后，立即出冻、脱盘、包装，送入冻结间冻藏，延缓或抑制腐败变质、避免气味污染。冷链物流操作的要点是，在冻结期间防止水产品脂肪氧化、色泽变化、质量损失（干耗）及冰结晶成长等。

四、速冻食品冷链物流

（一）速冻食品冷链物流原理

速冻食品冷链物流基本原理：使用低温措施保持产品的客观属性，否则会发生变质。不同类型的速冻食品对冷链物流的需求如下：

需要将新鲜食品或处理后的原材料在－25℃下进行深度快速冷冻，在 30 分钟内将产品的中心温度迅速降到－18℃以下，并低温（通常－18℃）储存、运输和销售，以保持温度恒定。

速冻食品需要将新鲜食品或处理后的原材料在－25℃下进行深度快速冷冻，在 30 分钟内将产品的中心温度迅速下降到－18℃以下，并在低温（通常－18℃）中储存和运输。目前速冻食品企业已形成以三全、思念、龙凤和湾仔码头为领军的品牌阵营，主要通过连锁商超等进行销售，冷藏末端配送多采用第三方冷链物流。品牌企业对生产环节的严格控制、零售终端的优越销售环境以及末端配送企业的高标准和先进设备技术，实现了速冻食品全程冷链，保证速冻食品的品质，提高产品的质量。

（二）速冻食品冷链物流操作

（1）冷藏：冷库温度必须达到－18℃以下，在运行中须维持速冻食品温度在－18℃或更低，昼夜温度波动不超过 2℃；同时堆垛时必须保证库内空气流动顺畅。

（2）运输及配送：运输速冻食品的车辆厢体必须符合卫生要求，厢内温度保持在－15℃以下，产品从冷库运出后，运输过程中其温度上升应保持在最低限度，最高温度不得高于－12℃，但交货后必须尽快降至－18℃。

（三）速冻食品冷链流通渠道

速冻食品从生产、加工、储存、运输和配送，直到上柜销售整个过程都要求在低温环境下进行。目前速冻食品企业已形成以三全、思念、龙凤和湾仔码头为领军的品牌阵营，品牌企业对生产环节的严格控制、零售终端的优越销售环境，以及末端配送企业的高标准和先进设备技术，目前已实现了速冻食品 100%冷链流通，保证速冻食品的品质，提高产品的质量。如图 5-4 所示。

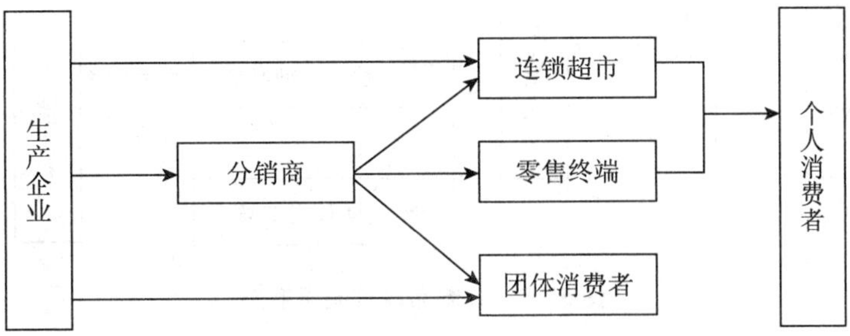

图 5-4 速冻食品冷链流通渠道框架

从流通模式看，按不同的终端用户可将速冻食品冷链流通模式分为直销方式和经销商方式。目前，速冻食品生产企业在一线城市主要采取直销方式，即通过连锁商超等进行全程冷链销售，由生产企业直接送货至第三方冷链物流配送中心，再由第三方冷链物流企业完成冷藏末端配送，此模式下的冷链流通链条短，控制力度大，标准严格，从而保证冷链质量。在二、三线城市主要采取分销商方式，由于中间流通环节多，冷链流通链条长，冷链质量难以控制，存在“断链”现象。

五、乳制品冷链物流

乳制品冷链物流基本原理是最大限度地保持其新鲜度、色泽、口感和营养成分。不同的乳制品对冷链物流的需求如下：

(1) 巴氏奶，是一种“低温杀菌牛奶”，保质期短，保存了绝大部分的营养和口感的同时，也保留了一些微生物，因此这种牛奶从离开生产线，到运输、销售、存储等各个环节，都要求在 4℃左右的环境中冷藏；

(2) 酸奶，保质期短，需要冷藏运输和冷藏；

(3) UHT 奶，即常温奶，采用高温灭菌方法，保质期长，一般无须冷藏。

乳制品冷链物流主要针对巴氏奶、酸奶等保鲜乳制品。乳制品冷链物流要求从挤奶到加工、运输、贮藏、销售及消费的整个过程中均处于规定的低温环境下。乳制品冷链的主要环节包括牛奶挤出后的冷却，原奶的冷藏运输，保鲜牛奶的生产，保鲜牛奶的冷藏运输和配送、冷藏销售及储存等。由于乳制品冷链物流要求全程冷链，同时第三方冷链物流难以满足奶企冷链物流需求，因此多数品牌奶企自建冷链物流系统并自行管理。如图 5-5 所示。

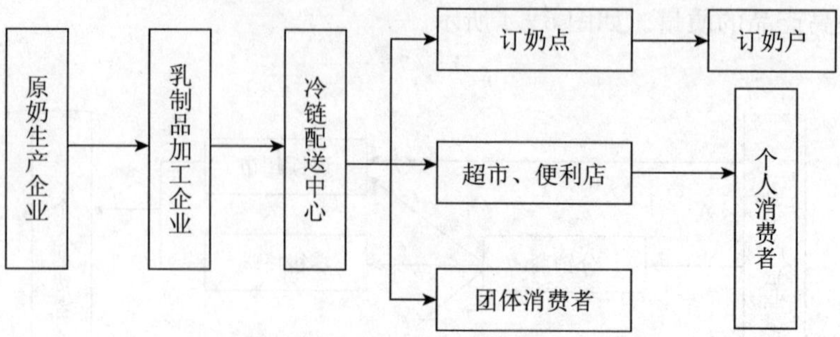

图 5-5 乳制品冷链流通框架

从流通模式看，乳制品的冷链流通主要是通过奶业企业自建冷链物流中心进行统一配送，从源头上保证冷链物流的质量；同时由于从原奶到乳制品生产、加工都可在24小时内完成，整个过程要求有低温冷藏设施，为了争夺市场，奶业企业向零售商免费提供冷藏设备，从而实现了乳制品全程冷链。因此第三方物流企业很难做到，多数品牌奶企自建冷链物流系统，加大产品的销售配送半径，并自行管理。

目前主要有两种乳制品冷链物流模式：一是以生产企业为核心的冷链物流模式；二是以物流中心为核心的冷链物流模式。在以生产企业为核心的冷链物流模式下，生产企业处于核心地位，具有强大的市场力量，从奶农处收购奶源，至奶站贮藏，进而在企业内加工，最后分销至各零售企业，保证了生产的可持续性。在该模式下，乳制品企业的素质成为整个供应链的关键，提高了企业的管理成本，增加了风险。对于以物流中心为核心的冷链物流模式，其形成原因是生产企业本身物流的有效半径和目标消费市场的制约。这种模式实现了生产企业和消费市场的有效配送，减少了流通环节，提高了反应速度。物流中心与生产企业的联系采用先进的信息技术，根据销售订单及销售计划进行发货，是联结生产、销售的核心环节。

六、医药冷链物流

医药冷链物流是指医药产品在一定的温度范围内进行生产、加工、贮藏、运输、配送、销售等过程，在整个过程中不仅医药产品质量可以得到保证，还可以降低储运损耗，控制时间，节约成本。医药冷藏品主要包括疫苗类制品、血液制品，还包括注射针剂、口服药品、外用药品中需要在低温下储运的药品。

疫苗冷链是指为保证疫苗从生产企业到接种单位运转过程中的质量而进行的冷藏运输、冷藏。疫苗由于其产品的不同特性，在物流配送方面也不同于普通药品，有着严格的温度控制规定，即全程保持2℃～8℃恒温，从疫苗制造到使用现场之间的每个环节，都可能因温度过高而失效。2010年10月，国务院常务会议通过《疫苗供应体系建设规划》，中央财政投入94亿元资金，用于鼓励重点疫苗品种研发、提高已有EPI

疫苗的实际接种率、强化疫苗应急生产保障能力、加强生产和物流配送环节监控等方面。为了保证计划免疫所应用的疫苗从生产、储存、运输、分发到使用的整个过程有妥善的冷藏设备，使疫苗始终处于规定的保冷状态下，保证疫苗的合理效价不受损害，我国与联合国儿童基金会建立了冷链合作项目。目前全国30个省、市、自治区已基本配置了冷链装备，包括储存疫苗的低温冷库、冰排速冻器、专用冷藏车、冰箱、冷藏箱、冷藏背包等。

血浆冷链是一套用于血液或血浆制备和储运的系统，以尽可能安全的方法维持血浆中各项成分的功能，包括血液采集、分离、贮藏及运输各环节。作为血浆的下游产业，血液制品冷链要求更加严格，不同于其他药品，血液制品是由人血浆纯化而来，具有生物易变性，储存温度、时间、物理状态和溶液浓度对血液制品的稳定性均有影响。贮藏条件不当会使活性降低，产生沉淀、酸败、生霉等变化，贮藏过久可发生分解、聚合而产生杂质。

为规范药品经营行为，整顿药品流通秩序，防止伪劣药品流入市场，切实保障用药安全、有效，我国2000年推行了《药品经营质量管理规范》(GSP)。按照GSP要求，药库分为冷藏库、阴凉库、常温库。常温库温度为0℃～30℃，阴凉库温度不高于20℃，冷藏库温度为2℃～8℃。

近年来，我国政府对药品的流通进行了更加严格的监管，将药品冷藏运输的要求纳入政策文件中。2007年，国家食品药品监督管理局发布的《药品流通监管管理办法》规定，对于需要低温、冷藏储存的药品，药品生产、经营企业应按照有关规定，使用低温、冷藏设施和设备储存。

地方政府关于医药冷链也出台了地方标准，2009年浙江省出台的《药品冷链物流技术与管理规范》是我国第一个冷藏药品物流的标准；2010年江苏省食品药品监督管理局出台的《江苏省药品冷链物流操作规范》对药品的冷链物流操作做出了明确的规定。

第二节 冷链物流服务模式

冷链物流服务体系是一个涉及农产品生产、批发、零售和物流服务等多个主体和环节的复杂系统，冷链物流服务体系包括干线冷藏运输、城市冷链配送和冷藏存储、流通加工和销售等环节，目前已形成生产加工企业冷链服务模式、批发市场冷链服务模式、面向终端的冷链配送服务模式、冷链干线运输服务模式以及商品储备冷链服务模式（见图5-6）。

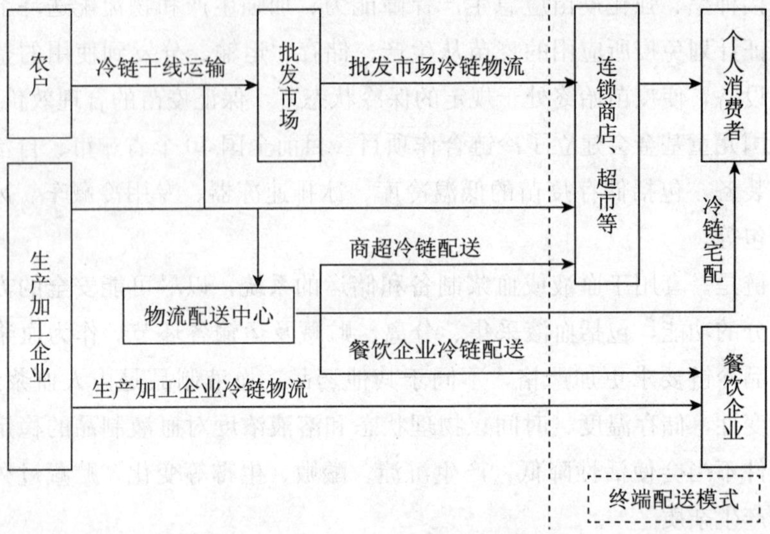

图 5-6　冷链物流服务体系

一、批发市场冷链服务模式

批发市场冷链服务模式是指生鲜食品批发市场同生鲜食品的生产基地、经销商、专业合作社、零售商建立供应链，自建冷库和购置冷藏运输工具或整合上下游企业拥有的冷库和冷藏运输工具，负责生鲜食品在储存、运输配送、批发等环节处于低温状态的一体化的冷链服务体系。批发市场冷链服务体系是社会生鲜食品冷链物流系统的重要组成部分，批发市场中的冷链服务对于完善食品冷链物流系统和批发市场自身的升级改造具有重要意义。

(一) 批发市场冷链服务模式类型

批发市场冷链服务模式主要有以下几种：一是冷库服务，是批发市场内主要的冷链服务内容；二是交易场所的温控建设，目前此项冷链服务在批发市场内出现断链；三是冷藏运输车辆配置，是未来批发市场冷链服务的主要方向，即要求进出批发市场生鲜农产品的货运车辆（含送货、采购以及市场内配送车辆）根据所运产品的需要，配置冷藏车辆，如批发市场对猪肉冷藏运输车辆的规定。

从 2006 年以来有关支持农产品批发市场的政策文件来看，都涉及完善冷链系统的内容，具体包括：加强冷链物流加工配送中心建设，配置农产品预选、分级、包装、配送等设施设备，建设改造冷库等仓储设施；加强对交易厅、棚的温控改造等。如《物流业调整与振兴规划》指出，进一步加强农副产品批发市场建设，完善鲜活农产品贮藏、加工、运输和配送等冷链物流设施，提高鲜活农产品冷藏运输比例，支持发展农资和农村消费品物流配送中心。

政府及其有关部门在农产品批发市场改造中，采取了财政专项资金、贴息等多种支持方式。如《农村物流服务体系发展专项资金管理办法》指出，在“双百市场工程”项目中，支持大型鲜活农产品批发市场对冷链系统，质量安全可追溯系统，仓储、分拣包装、加工配送等设施升级改造；支持县乡农贸市场对经营设施进行标准化改造。对批发市场质量安全、冷链系统等准公益项目给予直接补贴。

（二）批发市场冷链服务现状——以北京市为例

目前，冷链在批发市场内主要通过建设冷库发挥作用，服务进驻商家的临时产品存储。冷库对生鲜食品的保鲜具有重要作用，尤其是产地农产品批发市场的冷库是农产品冷链流通的源头。目前受销地地价高、冷库运营成本高等因素影响，生鲜食品批发商倾向于在产地建冷库，然后根据市场销售情况，有计划地小批量调运商品，因此对销地批发市场内的冷库依赖较小。目前城市中心区农产品批发市场内的冷库主要用于储存少量的周转货物或者销售不完的货物。

1. 农产品批发市场内各类型冷库的分布情况

目前，北京市各批发市场均建有蔬菜保鲜库、水果气调库、冷冻库等，以商户自建和市场租赁两种经营模式为主（见下表）。市场租赁冷库多以大型冷库为主，采用集中式制冷系统，能量调节能力低，通常被分为多个区域分别出租，由于商户经营的产品品种不同、节奏差异等，常见大型冷库内仅存少量商品运行。商户在经营区内自建小型冷库，由于对制冷技术生疏等原因，尚未完全消除食品的损耗。

新发地和八里桥批发市场部分冷库统计

市场名称	冷库类型	数量（个）	容量	冷库租金或建设成本
八里桥批发市场	蔬菜保鲜库	15	约 155 吨	租金 1600 元/（吨·年）
	水果气调库	17	约 333 吨	租金 1600 元/（吨·年）
	门店小冷冻库	66	约 450 吨	自建成本 3 万～4 万元
	大型冷冻库	41	约 960 吨	自建成本 5 万～6 万元
新发地批发市场	蔬菜保鲜库	26	约 312 吨	租金 6666 元/（吨·年）
	政府蔬菜储备库	12	约 10000 吨	
	水果气调库	215	约 18000 吨	租金 3333 元/（吨·年）
	冷冻库	118	约 12000 吨	租金 3500 元/（吨·年）
	规划建设储备库		冷冻库 3.6 万吨 保鲜库 8.4 万吨	总投资 2.5 亿元

数据来源：课题组调研。

蔬菜保鲜库主要分布于蔬菜配送中心、特菜批发厅、菌类批发厅以及政府储备库，批发市场内交易的其他蔬菜均在露天车载市场待销；水果气调库主要分布于进口水果批发区、精品水果批发区和香蕉批发区，批发市场内交易的苹果、梨、西瓜、哈密瓜、山楂、蜜橘、柑橘、甘蔗等水果在露天车载市场待销。冷冻库主要分布在猪肉厂家直销店和专卖店、牛羊肉批发区、冷冻产品（水产品、分割鸡、牛羊肉）批发区，鲜肉多在常温下待销。

通过对新发地农产品批发市场等的调研，发现冷冻品摊位每家有1～2个冷柜和1个小型冷库，冷柜的功率因冷柜大小而不同，但2000瓦左右的较多，温度基本保持在－10℃以下，小型冷冻库成本在3万元左右，可放10吨货物，纯制冷电费消耗约为2000元/月。而摊位租金为3000元/月，制冷的费用约占租金的2/3。冷库根据存放的货物不同，最低温也有区别，海鲜类、肉类货物最低温度在－18℃，水果在0℃～3℃。大部分商户对货源不进行加工，直接对外销售，属于纯批发作业。从以上分析可以看出，电费是运行成本的一个重要组成部分，电费的调整与冷库使用率息息相关。

2. 农产品批发市场内各类型冷库的使用情况

由于缺乏先进的冷库管理理念，导致冷库的利用率并没有随着库容总量增加而增加。当生产淡季或者原料资源不足时，冷库往往处于闲置耗能状态，造成了极大的资源浪费。目前农产品批发市场内各类型冷库的使用情况如下：

第一，蔬菜保鲜库利用率与销售季节直接相关。目前，由于销地冷库建设成本高、市场内限电、蔬菜销售利润低、销售时间短等原因，蔬菜批发商拥有冷库的仅占15.93%。蔬菜冷库使用率最大是在5—10月，最高利用率可达到90%以上。在气温较高时期，批发商会将销售不完的蔬菜进行冷藏，其中菌类等蔬菜需要冷库进行储存待销；而对于其他菜种，批发商会采用较低成本的冷藏方法，如把菜放入泡沫或塑料箱子并加冰的方法保持蔬菜的新鲜度，还有一些商户会将蔬菜腐烂的部分去除后继续销售。

第二，水果气调库利用率与产品品类直接相关。各个批发市场内水果批发商户拥有冷库的约占40%，其中香蕉、荔枝等热带特果和进口水果的经营商户用冷库保存水果。水果冷库的利用情况与经营者所经营的水果品种有关，大部分经营应季水果的商贩都不用冷库保存水果，尤其是经营不适宜冷藏保存的西瓜、甜瓜、部分南方水果的商户；夏季时经营易腐水果的商户会租用市场内冷库进行水果的保鲜。

第三，肉禽类冷库利用率较高。由于肉禽类的易腐性非常高，大部分冷鲜肉、冻肉以及肉制品的经营商户都会租用市场内的冷库或自建冷库，冷库利用率可以达到80%～90%。销售量少的商户也会使用冷柜对产品进行保存，部分商户在销售鲜肉过程中会采用加冰的方式减少肉类产品鲜度的损耗。

第四，水产品冷库利用率较高。对于冻品大部分小型商户由于销量小，通常采用冰柜对产品进行保存，而大型商户由于存货量大，通常会租用市场内的冷库进行储存待销产品，冷库利用率可以达到 80%～90%。市场内鲜活水产品的经营商户不需要租用或者自建冷库，在运输和保存过程中只用加水和打氧就能保持水产品的鲜活。

二、生产加工企业冷链服务模式

（一）生产加工企业冷链物流服务模式类型

生鲜食品生产加工业是农业产业化发展的核心，是延长农业产业链的关键环节。伴随着农产品加工业的发展，生鲜食品生产加工企业逐步从分散零乱向园区聚集、从家庭作坊向现代企业转变，生产加工产品也从低质普通型向优质品牌型转变。生鲜食品加工企业利用企业资源，首先自建或联合建设社区专卖店，控制销售终端，进而建设生鲜食品物流中心或配送中心，再进一步向原料供应商延伸，这种“产供销一体化”的自营冷链物流是为了将企业做大做强，并逐渐形成以加工为核心节点，从原材料生产供应、产品加工、物流、销售到最终消费者的供应链，如图 5-7 所示生产加工企业冷链物流服务运作流程。

生鲜食品生产加工企业自营的冷链物流服务，由于整个流程物流环节少，便于冷链物流的全程控制和质量安全跟踪，有利于冷链各环节的有效沟通和信息一体化，信息能够及时传递，对市场变化能够迅速做出反应，有助于提高生鲜食品附加值。但是“产供销一体化”冷链物流服务模式适用范围较窄，低温生鲜食品易发生变质，导致该模式的物流辐射半径特别是配送半径相对较小。

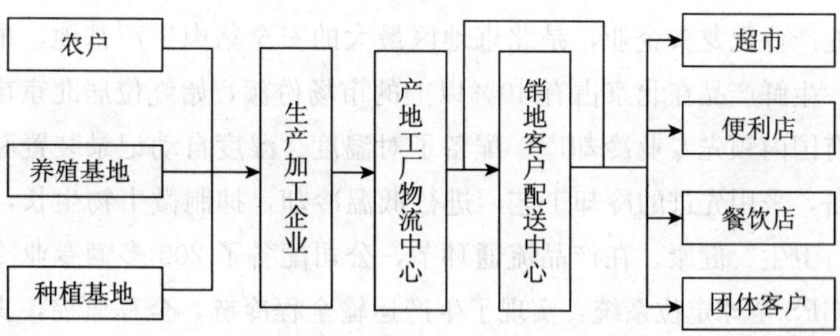

图 5-7　生产加工企业冷链物流服务运作流程

（二）生产加工企业冷链物流服务现状

农业龙头生产企业和大型食品生产加工企业，在冷链物流发展中起带头作用，发展了以龙头企业为主，辐射供应链上下游，逐步形成覆盖各类食品产业的冷链保障体系。目前提供“产供销一体化”的自营冷链物流服务的典型生鲜食品加工企业是北京顺鑫农业集团等肉类联合企业、乳制品生产加工企业等。

通常鲜奶（巴氏奶）保质期较短，一般销售半径不超过 500 千米，需要依托完善的冷链物流系统，在最短时间内，将鲜奶配送到城市的各个销售终端，从挤奶到销售全程处于 2℃～6℃冷藏环境中。在乳品市场上，巴氏奶，三元独占鳌头；UTH 奶，伊利、蒙牛、三元三分天下；酸奶，伊利、蒙牛、三元、光明四雄逐鹿。正是由于该行业产业集中度高，大企业收益稳定，且皆为上市公司，融资能力、抗风险能力也很强。因而，企业本身完全有能力投资最现代化冷链设备与系统。在我国第三方物流整体水平落后情况下，以巴氏奶与酸奶为主营产品的乳业集团，为了保证冷链配送品质，都组建了自己的运输车队，建立自己的配送网络系统。如三元在北京的物流公司负责自己产品的仓储、运输与配送系统。蒙牛已在全国主要的生产销售网点投建 14 个立体仓库，其中和林第六期工程的高度现代化立体化仓库，可堪称全国样板；且在和林至京津的运输车辆上安装了 GPS 卫星定位系统，以监察运输状况。另外，还聘请双汇计算机软件公司，通过采用双汇软件的 SW－ECAP 企业协同应用平台打造全程供应链管理系统，以实现蒙牛在高速扩张过程中始终能够对运营进行灵敏控制，能够对市场做出快速反应。

由于北京生猪屠宰定点规制，目前北京市定点屠宰已集中在 14 家企业手中，形成 5 个供应市区为主、单班屠宰 3000 头的大型机械化屠宰肉类联合企业，以及 5 个以销地为主、单班屠宰 1500 头的中型机械化屠宰场。这 14 家屠宰企业基本控制北京市 2000 多家年产 1500 头的规模养猪场，以及年出栏 100 头的养猪大户，形成生猪养殖—屠宰企业—超市（专卖店）的供应链。虽然产业集中度远低于乳品加工业，但作为供应链核心的屠宰企业，也有一定能力投资专用冷链设施。北京顺鑫农业股份有限公司鹏程食品分公司是一家集种猪繁育、生猪养殖、屠宰加工、肉制品深加工及物流配送于一体的农业产业化龙头企业，是北京地区最大的安全猪肉生产基地，单厂屠宰量位居全国首位，生鲜产品在北京占有 40％以上的市场份额，始终位居北京市场领导者地位。公司拥有国内领先专业冷却库，配备了对温度、湿度自动记录装置和运行状态进行监控的设备，采用先进的冷却工艺，进行低温冷却，抑制微生物生长，保证了肉品新鲜、营养、卫生、健康。在产品流通环节，公司配备了 200 多辆专业冷藏车，并对车辆安装了 GPS 全球定位系统，实现了生产运输全程冷链，全程监控，真正实现了从“田园到餐桌”的全程质量控制。

三、终端冷链配送服务模式

终端冷链配送服务模式类型主要有以下几种。

1. 面向连锁经营企业的冷链配送服务模式

从超市冷链物流配送来看，主要有自营配送模式、生产企业或供应商直接配送模式、第三方物流配送模式以及共同配送模式。

第一，自营配送模式是指商超自行创建并完全为本企业生产经营提供配送服务的组织模式。这种模式对供应链各环节有较强的控制能力，实现从商品采购到商品配送的一体化过程。但其一次性投资大，运作成本较高，容易造成资源的浪费和配送人员与设备的闲置。

第二，生产企业或供应商直接配送模式，是指由生产企业或供应商直接将连锁企业所需商品送到各连锁门店甚至上架的配送方式。其优点是密切生产企业或供应商与连锁超市的联系；由生产企业或供应商直接配送，减少连锁超市的物流成本和实际操作步骤。缺点是不能满足连锁超市商品多品种、小批量、配送频率高、配送地点多的要求。

第三，第三方物流配送模式。连锁超市将物流配送业务部分或全部委托给专业的物流企业来运营的一种运作模式。其专业配送机制通过规模性操作能够大幅度降低成本，取得规模经济效益，减少经营风险；配送中心人员具有专业的配送知识，提高了服务水平，提高了顾客的响应能力。不过连锁超市要承担连带经营责任；企业不能保证供货的正确和及时性。

第四，共同配送模式。共同配送也称共享第三方物流服务，指多个客户联合起来共同由一个第三方物流服务公司来提供配送服务。它是在配送中心的统一计划、统一调度下展开的，是由多个企业联合组织实施的配送活动。共同配送服务有两种运作形式：一是由一个配送企业对多家用户进行配送。即由一个配送企业综合某一地区多个用户的要求，统筹安排配送时间、次数、路线和货物数量，全面进行配送。二是送货环节的混搭配送。仅在送货环节上将多家用户待运送的货物混载于同一辆车上，然后按照用户要求分别将货物运送到各个接货点，或运到多家用户联合设立的配送货物接收点。共同配送是指企业采取多种方式，进行横向联合、集约协调、求同存异以及效益共享，其本质是通过作业活动的规模化降低作业成本，提高物流资源的利用效率。

2. 面向餐饮企业的冷链配送服务模式

实际上，在买方市场的市场状况下，连锁餐饮企业已经进入微利时代，通过生产领域降低成本获得竞争优势只能降低顾客的满意度。终端冷链配送是连锁餐饮企业的竞争优势的重要源泉，对提升餐饮行业水平，推动经济发展和满足社会需求具有重要意义。随着物流企业之间的竞争加剧，物流配送供应商在服务理念上应以客户为中心，提供的服务内容从广义上讲有两个层次：一是物流配送基本功能，二是根据客户需要提供的各种延伸业务活动。物流配送企业为连锁餐饮业对温度敏感的产品提供快速可靠的服务，以及相关的记录报告；运输设备的清洁或消毒等卫生服务；利用对数据的积累和整理，对客户的需求预测，提供咨询支持；运用网络技术向客户提供在线数据查询和在线帮助服务等。

众所周知，快餐连锁企业一般都有专门的食材产地和固定的加工场所，大部分门店的食材都是由总部统一配送的，如百胜餐饮集团自营冷链物流配送为肯德基、必胜客服务，此外还有海底捞和久久丫等餐饮企业也采用自营模式。但是目前一些餐饮企业不具备专业的冷链物流运作体系，也没有专门的冷链物流配送中心，而冷链物流配送中心的建设是一项投资巨大、回收期长的服务性工程，所以这些企业与社会性专业物流企业结合，采用第三方冷链配送，进一步实现冷链物流业务的发展，麦当劳一直是采取第三方物流的合作方式，夏晖是麦当劳的全球物流服务提供商，在北京、上海、广州都建立了分发中心，有力地保障了麦当劳在中国的迅速扩张。

3. 电子商务主导的冷链宅配服务模式

冷链宅配是一种个人消费者通过电子商务，订购一定数量和一定品种的冷冻冷藏食品，由服务提供方采用相应的物流技术，把指定的物品在指定的时间送到指定地点的 B2C 业务。冷链宅配是指利用现代 IT 技术和冷链物流设备，实现“小批量、多批次、多品种、多温区”的冷藏冷冻产品的冷链配送。冷链宅配从源头与消费者直接对接的冷链配送方式，既满足了电商配送的需求，保证食品的品质和质量，又使全程冷链得以实现，让人们的生活水平、生活质量得到更大的提升。同时，冷链宅配为快递及物流商提供新的利润增长源，开辟了新的业务市场。

冷冻、生鲜等食品的在线销售市场一经打开，冷链宅配的服务需求将急剧上升。冷链宅配服务在日本、中国台湾已经发展得十分成熟，北京、上海作为国内两大电商发展的领先城市，对于这一服务领域已经抢先做了尝试，并效果可鉴。天猫、京东、苏宁易购等一线电商全面进军生鲜市场，带动中国冷链宅配迅速崛起。“电商＋冷链宅配”的冷链模式将开启家庭零售市场的二次成长。

天猫日前宣布试水生鲜冷链物流，首期为“水果生鲜”提供配套冷链服务，配送范围覆盖北上广深杭以及天津、武汉等 26 个网购热门城市。目前，天猫采取的是 C2B 预售订单，再加上冷链配送的模式，缩短供应链路，减少水果生鲜从田间到餐桌的时间。据了解，目前冷链物流企业普遍运营 B2B 业务，在供货商与销售网点之间进行物流配送，客户是数量有限的门店。而冷链宅配是对冷链末端覆盖范围的升级，通常采用 B2C 模式，配送对象是规模庞大且呈几何级数增长的网购人群。以京东为例，公司表示将加速拓展生鲜品类市场首先在北京推出冷链产品销售；而京东的冷链宅配采用与快行线合作，采取 B2B＋B2C 二段式冷链宅配模式，自动将买家需求与供应商精准匹配。

目前冷链宅配主要有三种服务模式，一是由冷链物流企业借助于电子商务平台开展的 B2C 冷链配送业务，如北京快行线食品有限公司开展的宅配业务、顺丰优选在北京地区生鲜食品的配送业务等。二是垂直电商采用自建冷链物流方式开展的宅配业务，如电果网（北京）农产品有限公司运营的“宅鲜配”等。三是绿色有机食品生产基地通过自建物流或者凭借第三方物流开展的冷链宅配业务。如上海多利农庄通过雅玛多黑猫宅急便开展冷链宅配；北京顺义沱沱工社、上海天天果园等凭借京东商城等网络平台经营生鲜食品并自建冷链物流进行冷链宅配。四是C2C电商通过第三方网络平台和第三方物流开展的冷链宅配业务，如淘宝、天猫、1号店、京东商城等网络平台上的商家通过顺丰速运、城市100等快递进行冷链宅配。

四、冷链干线运输服务体系

（一）冷链干线运输服务模式

食品需求量日益剧增，而这些食品大多为高附加值的生鲜食品，而中心城市本地生鲜食品的产量远远不能满足居民的消费需求，这样就需要大量的外埠生鲜食品运进来。干线运输处于商品流通中间环节，把商品从生产引入流通，从产地运往销地，从农村运往城市，是生产与销售、农村与城市以及地区之间商品流通的枢纽，干线运输一直是冷链市场最主要的运输方式，冷链在中转环节主要通过干线运输企业冷藏运输发挥作用。

目前大型冷链干线运输企业有双汇物流、荣庆物流、永贵冷链物流、河南众荣物流、中铁铁笼冷藏集装箱、康新物流、安得物流、重庆雪峰冷链、华日飞天等，冷链干线运输服务呈现出以下特点：

第一，完善的冷链物流服务设施。能提供冷链高端物流服务需要完善的冷链服务设施，从预冷的冷库、低温仓储设施到符合温度要求的长途运输冷藏车、市内冷藏配送车等冷链各环节必须保证冷链运行。

第二，以现代科技为支撑。所有运输车辆上都装备了GPS定位系统，采用GPS卫星全球定位系统进行车辆调度、跟踪。冷藏车上安装车载温控仪，配合GPS使用TMS（运营管理系统）、WMS（仓储管理系统）。通过统一的信息管理系统，实现信息的快速传递。完善从公司接单、调度、运输、回单、财务结算及客户信息反馈的所有业务有机结合的信息系统，以提高整体管理水平及整体协作能力。

第三，遍布全国的服务网络。如荣庆物流形成以长三角、珠三角为业务龙头、集团公司为后勤保障基地，“二纵一横”辐射全国20多个省市公路货物营运网络。在上海、北京、广州、杭州、武汉等110多个大中城市设立有分公司和办事处。

第四，管理规范。企业拥有严格的管理制度和操作规范，通过制定冷藏货物从接单到预冷、运输、装卸、仓储，再到市内配送每一个环节的严格管理制度、衔接制度和操作规范，保证货物流通的数量和质量，实现管理的规范化。

（二）冷链干线运输服务现状

目前食品干线运输以汽车公路运输为主，依据食品的来源地不同和产品特性，其冷链干线运输率有所不同。以北京市为例，据课题组调查数据显示，北京市批发市场交易的果蔬等生鲜食品主要来源于北京郊区及周边、北京本地批发市场、国外进口和外埠省市（见图5-8）。其中北京郊区及周边占26.9%，以蔬菜、水果、肉禽类为主；北京本地批发市场占25.75%，以蔬菜、水果为主；国外进口占3.45%，以水果、水产品为主；外埠省市占43.90%，以蔬菜、水果为主。蔬菜类冷藏运输率为12.78%、水果类冷藏运输率为21.37%、肉禽类冷藏运输率为100%、水产类冷藏运输率为47.06%①。

批发市场内不同来源地的生鲜食品的运输方式有所不同，调研数据显示，随着运输距离的增加，冷藏运输率不断上升。批发商户从北京郊区及周边采购的冷藏运输占比达13.68%，其中肉禽类占75%；从北京本地批发市场采购的冷链运输比重小，集中在水果和菌类；外埠省市采购的冷藏运输率达26.1%，蔬菜占52%；而国外进口水果、水产品等冷藏运输比例最大，部分批发商在短途接驳时，将制冷的生鲜食品用厢式货车运输，在短途运输过程中也可保证产品鲜度和质量。

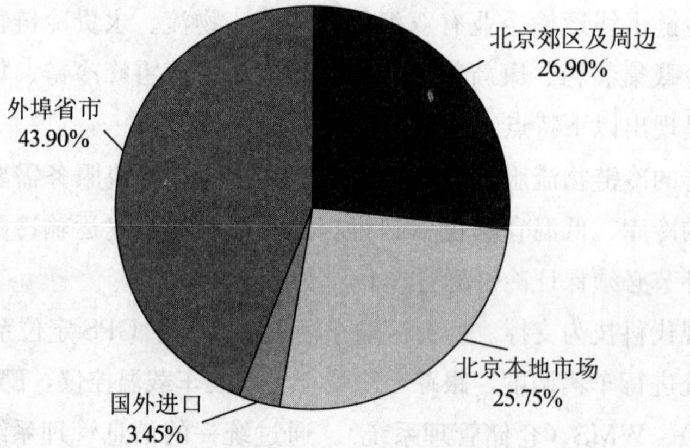

图5-8 北京市生鲜食品主要来源地分布

冷链干线运输过程中，车辆为节约成本，经常会在半途关闭制冷设备或调高车厢温度等，到接近目的地的时候再调到客户要求的温度。在这种情况下，尽管食品质量已出现问题，但由于尚未影响到外观及气味，很难被察觉到。由此，直接带来两大问题：一是食品安全隐患；二是大量损耗导致食品行业效率低下，成本升高。同时，目前“一刀切”的交通管制不符合食品运输卫生和保质时效性的严格要求。由于对于载货能力一样的车辆而言，冷藏车的运输成本比普通车高出很多，而冷藏车却很少有特权，不能享受绿色通道，也比普通运输车辆承受更大的成本压力，极不利于冷链物流

① 数据来源于课题组调研。

的发展。

五、商品储备冷链服务体系

商品储备冷链服务模式主要分为以下两种模式：一是国家战略储备，为了应对紧急情况，避免生鲜食品价格大幅波动，如北京市市政府在市内建设储备库储存蔬菜和猪肉等产品，并及时更新循环调配，确保储备库内生鲜食品的品质；为补充北京市场供应量，在北京周边地区储备产地蔬菜等。二是商业储备，为了规避市场风险、调解流通、平抑物价，在果蔬类产品大量上市时通过冷库储存，然后合理安排上市时间，实现延迟上市或者跨季销售。

为了应对紧急情况，避免生鲜食品价格大幅波动，各地政府建设储备库储存蔬菜和猪肉等产品，并及时更新循环调配，确保储备库内生鲜食品的品质，其中北京市新发地批发市场承担蔬菜储备任务、二商集团承担猪肉储备任务。

新发地市场储备库承担蔬菜政府储备任务，该库承储量为 1 万吨，储存品种为土豆、萝卜、胡萝卜、洋葱、冬瓜、南瓜、圆白菜、大白菜 8 个品种，储备期限为 180 天，为两节、两会、春节期间蔬菜供应充足、价格稳定提供有力保障。根据市政府储备蔬菜应急机制，遇到菜价将波动时及时抛出；行情趋稳时，及时回购补充储备，实现蔬菜储备动态平衡，尽可能保证市民及时买到新鲜蔬菜。新发地批发市场正在规划建设一个 12 万吨的储备库，30％为低温库，用于储备肉类，70％为高温库，用于储备普通蔬菜，预计总投资 2.5 亿元。

北京市新发地农产品批发市场与海南省合作，共同高标准建设一座 3 万吨的储备库，主要用于冬春季储存海南瓜果菜。冬季每天进入北京新发地批发市场的海南农产品达到 4000～8000 吨，在新发地批发市场占有率达 40％。储备库的建设不仅能有效保障首都“菜篮子”供应，还能提高海南农产品品质，避免冻伤。同时储备库也起到“蓄水池”的作用，防止农产品价格大起大落。

产地储备冷链系统建立步伐加快，使蔬菜采摘后直接进入可以延长保鲜期的冷链体系，可以实现蔬菜错季销售，避免因蔬菜过于集中上市而导致价跌滞销的状况，保证农民利益，实现增收的目的。例如，山东烟台的苹果采摘基本入库储存，当季价低时不销售，等到春节价格上涨时才适当出库销售，甚至可以填补翌年市场淡季；而陕西的苹果由于没有冷库储存，在当季采摘后要立即销售，造成苹果大量滞销，农民收入减少。樱桃、葡萄等保鲜期短的产品通过冷库储存，可以延迟上市时间长达 2～3 个月；苹果、梨、胡萝卜、山药、土豆、蒜薹等保鲜期较长的产品通过产地冷库储存，气调库贮藏的产品可以填补翌年 4—7 月市场淡季，实现跨季销售。

北京新发地农产品批发市场目前正在加紧建设“环北京农产品供应圈”或称“环北京农产品供应护城河”，在北京周边农产品主产区布局多个分市场储备产地蔬菜，以补充北京市场供应量。2010年，新发地在北京周边农产品主产区建设了涿州、定兴、高碑店、张家口、承德、滦平、遵化、大同8个分市场。北京每年夏冬两个蔬菜自给淡季时，山西、内蒙古等地区通过大同农产品批发冷链物流基地，将向北京直供蔬菜40余万吨，菜价可降低6%左右。基地冷库项目的建成，有利于新鲜蔬菜的保鲜，保证首都食品的供应安全，促进农产品扩大流通范围，促进当地农民增收。

第六章　冷链物流城市配送

随着城市产业布局的调整、现代消费方式的不断升级、电子商务技术的广泛应用，以及城市工商业发展模式的日趋多元，使小批量、多频次、时效性强的直接配送、住宅配送以及“门到门”配送需求日益增长。

城市配送是冷链物流链条中最后一公里的配送，在整个供应链环节内起着极为重要的起承作用，但是大部分城市对货车进城区域和时间都有严格的限制，不过从城市配送的本身而言，发展趋势非常强劲，国家在政策层面上也给予了极大的关注和鼎立的支持。

2009 年 3 月国家出台的物流业振兴规划中，城市配送被列入九大工程，提至优先重点发展的高度。规划细则中明确指出，要“鼓励企业应用现代物流管理技术，适应电子商务和连锁经营发展的需要，在大中城市发展面向流通企业和消费者的社会化共同配送，促进流通的现代化，扩大居民消费。加快建设城市物流配送项目，鼓励专业运输企业开展城市配送，提高城市配送的专业化水平，解决城市快递、配送车辆进城通行、停靠和装卸作业问题，完善城市物流配送网络”。

第一节　城市冷链配送基本概念

一、城市配送的概念

(一) 城市配送的基本类型

城市配送是指服务于城区以及市近效的货物配送活动，在经济合理区域内，根据客户的要求对物品进行加工、包装、分割、组配等作业，并按时送达指定地点的物流活动。城市配送的从业者主要包括专业物流服务商，转型搬家、货运公司，邮政和快递企业（主要从事小件、小包裹运输）等。

城市配送有以下几种类型。

1. 自营配送

某些大型生产企业和连锁经营企业创建自营配送中心完全是为本企业的生产经营

提供配送服务。选择自营配送有两个基础：一是规模基础，即企业自身物流具有一定量的规模，完全可以满足配送中心建设发展需要；二是价值基础，即企业自营配送，是将配送创造的价值提升到了企业的战略高度予以确定和发展。

2. 协同配送

协同配送是指在城市里，为使物流合理化，在几个有定期运货需求的合作下，由一个卡车运输业者，使用一个运输系统进行的配送。协同配送也就是把过去按不同货主、不同商品分别进行的配送，改为不区分货主和商品集中运货的“货物及配送的集约化”。

3. 外包配送

外包配送也就是社会化、专业化的物流配送模式，通过为一定市场范围的企业提供物流配送服务而获取盈利和自我发展的物流配送组织形式。

4. 综合配送

综合配送是指企业以供应链管理为指导思想，全面系统地优化和整合企业内外部物流资源、物流业务流程和管理流程，对生产、流通过程中的各种环节实现全方位综合配送，充分提高产品在制造、流通过程的时空效应，并为此而形成的高效运行的物流配送模式。

（二）城市配送企业盈利模式

1. 规模经济模式

城市配送企业通过新增物流设施，扩大配送能力。通过大规模的配送业务，以期形成规模配送，获得规模效益。其采用统一布局，对客户在配送费用上采取一致的策略，通过较大规模配送能力，取得较快的货物周转速度，大大降低库存持有时间和持有成本，实现规模化所带来的利润。在规模经济赢利模式中，提高资源利用率是基本竞争策略，通过提高运输工具的装载率和库存周转次数，形成低成本优势，产生利润能力。

2. 基础服务模式

基础服务模式通过提供制式的物流服务，获得长期稳定的收入，同时带来次生的高利润增值业务。基础服务的利润可能不高，但其后继产品的利润却是持续稳定而极具吸引力的。前者如免费为客户提供信息系统服务，免费帮助客户设计物流衔接设施，利用低价策略为相关企业提供制式基础物流服务（如仓储、运输）等；后者如延长仓储保管时间或其他个性化服务将收取较高的费用。由于制式服务的特征，当客户采用了这种服务之后，将不得不长期依赖集中化提供物流服务。

3. 物流金字塔模式

城市配送企业根据不同客户对服务的不同要求以及服务个性化等因素，发挥城市的网络仓库和运输方式多样化优势，形成各种形式、各个档次的物流服务，从而形成物流金字塔。在塔的底部是传统的、大批量的物流业务；在塔的顶部是高利润、小批量、个性化的服务。在这种模式中，塔的底部在同行中通过低价策略可以有效阻碍竞争者的进入，保护顶部服务带来较丰厚的利润。这种模式对拥有网络仓库和多种运输方式的城市配送企业是独特的优势。

4. 利润复归模式

利润复归是在传统的无利润模式下，呈现盈利的经营方法。其通过将城市配送重新定义为一种体验，吸引客户。通过在传统的仓储、运输基础上探讨如何获得新的增值服务和新的理念，因此具有利润复归模式特征。城市配送企业相对于原来的相关企业在功能上进一步完善，对外具有配送中心的采购、进发货、配与送等功能；对内具有订单分拣、货物拣选、配送、仓储、加工、信息加工等基本功能，使其专业化程度要求更高。具有一些传统物流或简单的配送所不具有的功能，其仓储与运输工具是根据相关物流业务的需要而引进的，能适应相关物流业务的需要。只要通过有限的改造与安排便可使城市配送企业在短时间内形成配送能力，通过城市配送企业的网络仓储能力，根据客户需要对货物的分布灵活安排，实行差异化服务或对仓储分布实行一种更经济的布置方式，这些特点使这种模式下的城市配送企业与其他类型的配送企业不同。

5. 价值链分拆模式

这种分拆模式是从一体化的企业中转移到只是控制着价值链一两个环节的专业化运作模式。这种模式是将各个企业不利于自己运作和经营的物流配送业务剥离出来，进行集中于相关环节的运作。通过城市配送企业的专业化运作，形成原有物流企业所不具有的更高专业化运作手段，通过更专业的物流设施产生更高的效益。

6. 价值链整合模式

价值链整合是通过整合提供给客户的服务，产生增值。城市配送企业很大程度上脱胎于原有相关的物流企业或生产企业，了解行业特点和客户需求，易于设计出符合客户需求的物流业务，提供更好的解决客户问题的方案，并且用于维护客户关系的费用较低，同时能产生更高的客户忠诚度。但客户服务模式的设计要打破原有的物流业务设计理念，在这方面需要一定的资金投入，而且这种设计方案在短期内还存在着客户如何接受与消化等问题，因此在执行上的难度较大、投资回报也具有更大的不确定性。

7. 渠道集中模式

渠道集中是消费者或客户可以在一个地方购买全部所需产品。零售行业在渠道集中方面取得了卓有成效的业绩，购物商城、大型超市是这方面的典型。城市配送集中化的大规模采购将形成广泛的供应商资源，逐步演化为代理上游企业的销售业务，形成广泛的产品代理能力。届时，客户不需要直接和供应商联系，只要通过配送中心即可。

8. 配电盘模式

整个物流市场其实质是一个供应链运作过程，城市配送企业的上下游存在众多的供应商与用（客）户，当配送中心承担联系上下游客户的功能时，这就会导致出现一种高价值的中介业务。城市配送中心通过集中采购，再将货物配送到下游客户，减少了交易次数；下游客户可向配送中心小批量订货，通过配送中心集中处理订单的功能，使下游客户的库存持有成本大大降低。通过在不同的供应商与客户之间搭建一个沟通的渠道或是交易的平台，从而降低了买卖双方的交易成本，城市配送企业通过从中介服务中获利和合理解决客户批量运输与库存持有成本之间的矛盾，实现“双赢”的目的。

二、城市冷链配送的概念及特征

城市冷链配送是指在城市经济合理范围内，根据客户要求，在适应温度环境中对保鲜、冷冻等冷链对象产品进行拣选、加工、包装、分割、组配等作业，并按时送达指定地点的物流活动。结合城市冷链配送运营现状，其特点可以归纳为以下几点。

1. 配送渠道多元化

城市冷链配送网络涵盖了各种业态的大卖场、综合超市、便利商店、购物中心、酒店餐饮、批发市场、零售网点，以及学校、机关、部队、医院等单位。具体运作中，企业往往会根据自身能力、市场需求等选择合适的模式，而且有时也会有一定的交叉，这在某种程度上反映出了冷链城市配送市场的多元化、个体化等特征。总体而言，目前我国冷链城市配送模式主要有供应商直配、企业自配、共同配送等。

2. 配送温度多层化

冷链食品种类繁多、形状各异，在配送过程中发生的化学、物理、生理变化和微生物的影响也各不相同，而且供货、交易、零售等流通渠道纵横交叉、组合多变。这就要求针对不同的冷链食品采取适当的配送温度、湿冷技术，以保证各种冷链食品的安全和新鲜度。尽管冷藏食品和冷冻食品的配送温度有一定的区分，但没有明显界限，而且还有交叉，这就要求在配送时充分考虑他们的共存性，以免相互影响引起食品变质。对于大城市中心城区而言，冷链物流配送更呈现出鲜明的小批量、多频次特点，对冷链配送的要求差异也较大。

3. 配送时间窗口协调难度大

下游客户为了节约成本或出于其他考虑，往往设定固定收货时间窗口，给配送企业带来较大的时间约束。同时，随着城市经济社会发展和居民生活水平提高，机动车辆保有量快速增长，为了控制市区交通量，多数中心城市通过发放“车辆通行证”的方式控制货车进城，城市配送面临货车通行范围小、城区难进、通行证难拿等难题。由于配送车辆通行受限和时间窗口的双重制约，降低了冷链城市配送柔性，增加了企业运营成本。

第二节　城市冷链物流配送体系

一、城市冷链配送参与主体

1. 专业冷链物流企业

冷链物流企业衔接上下游企业，在冷链中扮演着重要角色。面向城市的冷链物流企业的主要业务是冷链仓储、市内配送和一体化城市冷链物流解决方案，部分企业也从事干线冷藏运输业务。然而，由于设施成本投入大、运营管理难度大和行业秩序不规范，专门从事第三方城市冷链配送的物流企业数量不多。

2. 生产企业

生产企业是食品冷链的源头，主要包括初级农产品生产基地、农畜产品加工企业和速冻食品生产企业等。生产企业根据自身经营战略和规模，既可以成为冷链城市配送的需求者，也可以成为城市配送的组织者。多数企业选择外包的模式，实现商品的城市终端的配送。此外，一些生产企业出于多元化经营战略的考虑，或出于第三方市场无法保障服务质量的无奈选择，除实现生产加工功能外，有的企业还承担冷链储存及冷链配送等业务，以肉类及部分农产品生产商为典型。

3. 批发企业

批发企业是城市冷链配送的主要中转站，是联系生产企业和零售企业的主要枢纽。近年来批发市场不断向规模化和专业化的方向发展，农产品批发市场在冷链食品的交易中占有重要的地位。很多大中型冷库和配送中心由批发企业所拥有，兼顾冷链仓储和加工配送的功能。

4. 零售企业

零售企业是冷链的终端，经营业态多元化，典型代表是大型连锁零售企业、电子商务企业等。一些小规模的零售企业往往选择供应商送货或外包第三方冷链物流企业的方式解决物流问题。对于经营模式以连锁方式为主的连锁集团，处于经营战略和增加物流可靠性的考虑，选择自建城市冷链物流配送体系，将供应商货物聚集到配送中心重新分拣组配后，由配送中心统一配送到各门店，实现城市配送效率的提高。对于快速发展的电子商务企业，逐步将竞争重点转向物流领域，自建物流体系与社会物流企业相结合的模式成为主流。

5. 餐饮企业

城市餐饮企业是冷链城市配送的一类重要参与者，主要包括酒店、连锁餐饮企业、学校和部队等单位的食堂，根据企业经营特点和食品采购渠道不同，其扮演的角色也各不相同，酒店、学校和部队的单位食堂多是供应商直接配送上门，而连锁餐饮企业由于其经营规模优势，通常外包给第三方物流企业或自建配送体系经营物流业务，如呷哺呷哺中央厨房就是一种典型的自营物流模式。

二、城市冷链配送服务体系

（一）面向商超的城市冷链配送体系

连锁经营企业向生鲜食品冷链物流上游延伸，同生鲜食品的经销商、批发商、生产基地及加工企业联合，与规模大、货源充足的生鲜食品供应进行长期合作或者企业自己投资建立生鲜食品生产基地，通过自建自营的连锁经营配送中心向连锁超市及其他业态的店铺进行小批量、多批次、多品种配送新鲜安全的生鲜食品。这种连锁经营企业以配送环节为主的自营冷链物流模式，有利于保障生鲜食品的损耗，提高了生鲜食品物流效率，确保生鲜食品在整个供应链上始终处在低温状态，形成连锁经营企业自创品牌和建设良好的企业形象。但是，由于冷链物流不是连锁经营企业的主营业务，生鲜食品仅是连锁经营企业众多经营品类中的一部分，而且物流、销售、采购易形成各自为政，供应链节点企业之间经常竞争而不是合作，造成冷链物流交易费用上升，冷链环节“断链”等问题。

商务部于 2006 年 12 月颁布《超市食品安全操作规范（试行）》，大型连锁超市对肉类、熟肉制品、豆制品、乳制品和速冻食品等需要低温冷藏、冷冻的食品，在运输、储存、销售整个流通链条中的各环节都要保证低温冷藏或冷冻，低温冷藏温度为 0℃～4℃，冷冻温度必须低于－18℃。在商场销售时，各种食品储存专柜由专人负责，定期测温、定期记录，使食品保存条件符合食品安全标准要求。

（二）面向餐饮企业的冷链配送体系

连锁餐饮行业发展势头强劲，从快餐到火锅再到饭店，连锁经营已经成为北京市餐饮业的主要经营模式。为了使餐饮企业产品的品质得到保证、服务质量得到保证以及减少损耗等，面向餐饮企业的冷链配送服务体系应运而生，冷链在连锁餐饮企业以中央厨房的模式发挥作用。餐饮业冷链配送中心最早起源于“洋快餐”，“洋快餐”的冷链物流服务体系相对比较完善，从生产基地冷链物流中心、生鲜加工中心至城市配送的冷链物流中心已形成一个完整的冷链物流体系。

面向餐饮企业的冷链配送商必须配备配送餐饮产品所需的冷冻保鲜设备，开发餐饮产品物流的冷冻保鲜技术，建立餐饮产品冷藏链，发展冷链物流，使产品可以一直处于产品生理需要的低温状态，并形成一条冷链：餐饮产品原材料、半成品—冷藏车运输—餐饮企业冷柜—厨房。只有这样才能提高餐饮产品配送效率，保证餐饮产品的质量，减少餐饮产品的损耗。

连锁餐饮企业主导的冷链终端配送服务以整套的物流解决方案为核心，连锁餐饮企业和物流配送供应商共担风险、共享收益，通过建立有效的合作机制以及搭建信息平台，使其信息充分共享、取得最优的效果。目前面向餐饮企业的冷链配送服务主要有以下几种典型模式。

1. 百胜支持下的肯德基物流配送服务①

中国百胜餐饮集团是目前中国最大的餐饮集团，是肯德基和必胜客的母公司。百胜从1987年进入中国到现在，一直都找不到一家理想的第三方物流公司，因而该公司创造出了业内公认的“灵活而实用”的物流运营模式：自我服务＋供应商提供物流服务＋第三方物流服务。百胜自我的物流服务比例占50%，主要进行核心业务以及有特殊要求的产品的物流服务，配送核心城市和餐厅密集型区域的核心产品，如必胜客餐厅的沙拉、肯德基餐厅的薯条（温度要求高）；第三方提供物流服务的比例占40%，主要是在分散的区域以及对温度要求不是很高的产品；供应商提供物流服务的比例占10%，如湖南省长沙市有一家面包供应商。

位于北京经济技术开发区的北京配销中心于2004年正式投入使用。北京配销中心占地面积15500平方米，建筑面积5736平方米，其中干仓面积3002平方米，冻库面积1400平方米，冷藏库面积为400平方米。仓储部和运输部每天连续24小时营运，为超过250家的肯德基和必胜客餐厅提供最优质的服务，年配送量500万箱，年行驶350万千米。在管理方面，中心也采用了FEFO的国际标准，先到期，先出货，为食品安全和品质提供了有力保证。

百胜打造了一条完整的冷链。货物在冷库、冷藏库以及冷藏车之间周转时，都将在低温卸货码头暂存。低温卸货码头为全封闭结构，拥有充气式门封，有效控制了卸货区域的温度，这样冷藏车、低温卸货码头、冷藏库以及冻库就形成了恒定温度的货物保存空间，可以使货物在恒定温度下保存、运输、确保冷链的完整性，从而保障食品的安全与品质。

2. 海底捞冷链物流配送

海底捞是一家以经营川味火锅为主的连锁餐饮企业，为保证菜品质量，海底捞制定了完善的食品安全监督体系，还按照麦当劳全球物流配送标准建立了物流配送中心，并引进了一整套的清洗、加工、检验、冷藏和冷冻设备。

海底捞在菜品冷链中的主要做法有：

（1）在原料采购上。所有蔬菜类菜品直接来源于农户，农户将菜从地里采摘后直

① 引用《冷链物流发展报告2011》。

接送往海底捞，没有中间商的参与，这样就缩短了菜品的市场滞留期，保证了新鲜度。同时，品质监控人员会对每一样蔬菜进行农药残留检测，只有合格的才允许收货，首先在源头上保证了菜品质量。

（2）在菜品清洗加工上。海底捞物流配送中心的蔬菜加工车间控制在6℃～8℃，每天有专门的品质监控人员对食品的验货标准、各车间和库房的温度、湿度进行严格控制，并对生产现场的卫生标准进行检测监督。

（3）在产品配送和储存上。海底捞要求整个过程必须保持在0℃～4℃，这就对配送的车辆有了严格的温度控制和设备要求。为了保证食品安全，对配送车辆也进行了检查、清理、消毒，并在车辆中安置好温度记录仪，以便第二天对异常温度进行分析处理，特别是在每年的5—10月和冬季，以防食物在温度不合适时不能保持鲜度或在低温下蔬菜被冻伤。海底捞每年在运输方面的投资达150万～200万元。对于时间的控制也极为严格，蔬菜类产品在物流配送中心保存时间不超过36小时，门店0℃～4℃保鲜库的保存也不超过36小时。

同时，海底捞还建立了菜品安全的追溯制度，从原材料的产生地开始，到加工、配送、上桌的全过程都建立了严格把关检验、记录制度；门店还专设48小时各类菜品留存制度，以保证一旦发生食品安全问题，能迅速反应，门店同时还制定了各类菜品保鲜、保质的标准和时间，建立了对过期菜品和陈菜、色泽不好的菜品的处理制度。

通过标准化的生产链条，海底捞物流配送中心每天向全国40余家直营门店输送绿色健康菜品。2008年8月，海底捞还成为北京残奥会的菜品配送商。

3. 久久丫冷链物流配送

从构成上来讲，久久丫的冷链系统主要由冷冻加工、冷冻贮藏、冷冻运输及冷冻销售四个环节组成，每个环节都必须保证产品处于必要的低温环境下，以保证食品质量安全，减少损耗。除终端销售环节外，久久丫将大部分流程控制在自己手里，这种标准化生产管理模式使得“全程冷链”成为了可能。

以经典鸭脖为例，鸭脖生产出来后，必须在0℃～4℃的冷库里保存，为此久久丫斥巨资建立了数个自有冷库。在由工厂送往门店的过程中，久久丫在每辆车上都配了冷冻数据，下载后会有专业人士进行分析。目前久久丫有14条物流储运线，未来还会根据情况增加。为了最大程度地保鲜保质，他们希望将产品生产出来到门店的时间压缩为4小时。

久久丫还要求产品到店后必须保证在陈列柜里0℃～8℃环境下冷藏保存，为此每个门店都配备了冷柜，而冷柜的成本在5000元左右，加上空调的话，成本会更高。为保证经销商严格执行总部要求，久久丫特设了督导系统每天抽查，若查到违反规章制度行为，罚款几百到几千元，甚至取消加盟商资格。

4. 呷哺呷哺物流配送中心

近年来，连锁餐饮行业景气度一直处于上升阶段，各地连锁餐饮企业的规模都在迅速扩大。呷哺呷哺的扩张速度惊人，每年新开门店都在40～50家。根据呷哺呷哺的战略规划，该公司要在未来3～5年时间内，确定和巩固在国内中式快餐市场的领头羊地位。

呷哺呷哺选址北京大兴第二机场建设带，积极规划新物流配送中心。其目的是整合现有物流能力，包括常温仓库和冷库的仓储作业整合、蔬菜分拣模式的调整，使冷链仓储与配送进一步规范化。新物流配送中心于2009年7月开始规划设计，当年年底开工建设，2010年下半年竣工，2011年上半年正式投入运营。新物流中心总占地面积超过5万平方米，建筑用地面积约为3.6万平方米，其中物流与加工中心的建筑面积约为1万平方米。

物流中心建筑分为两层，主要作业区位于一层，包括：常温货架储存区、冷冻冷藏库区、生鲜作业加工区、进货验收，出货分播合流/待装车区、物流容器回收清洗区。常温货架储存区贯穿两层楼，主要采用重型货架储存大宗原材料。冷藏库兼具存储、暂存、发货三项功能，分两个温度层，0℃～4℃和7℃～15℃，共分三个隔间，其中一间以驶入式货架为主，另两间以后推式货架为主（用以储存多品种、大批量冷藏类货物），该货架底层为暂存区。冷冻库区位于冷藏库区的里面，温度设置为－25℃～－18℃，共分三个隔间，设备以5层高驶入式货架为主，主要储存少品项、大批量的冷冻类商品。

生鲜作业加工区的主要功能为火锅调料加工，按照各个生产工序的需要进行温度调节。进货验收/出货分拨合流，待装车区的主要功能为货物的分播、暂存、打包与蔬菜加工。收货、出货均设在同一侧月台。为避免各个作业流程互相干扰，提高物流效率，该区域根据呷哺呷哺不同温度要求的货物的不同出货时间，实行不同作业分时段操作。物流中心二层主要有核心原料的生鲜加工作业区、常温地面堆叠区、低值易耗品库区、一/二楼货品传递货梯与办公区。

目前，新物流中心运营状况良好，预计能够满足呷哺呷哺未来3～5年在华北地区门店数量增加至260～300家的物流配送需求。此外，在物流中心建筑两侧还预留有扩建空间，以备物流需求超速增长之需。据悉，按照规划，呷哺呷哺将在该项目结束后继续建设全国储备中心。

（三）冷链宅配体系

凭借现代IT系统的有力支持，配送体系的逐步健全，以及人们对于高水平生活质量的追求，消费者已由网购传统的日用品过渡到蔬菜、水果等生鲜食品以及速冻食品、冰激凌等。电子商务是社会发展的趋势，但其配送过程是否能保证食品的温度及品质，需要特别的关注，由此与之相匹配的冷链宅配应运而生，冷链宅配服务的发展由市场经济的发展决定。

冷链宅配从源头与消费者直接对接的冷链配送方式，既满足了电商配送的需求，保证食品的品质和质量，又使全程冷链得以实现，让人们的生活水平、生活质量得到更大的提升。冷冻、生鲜等食品的在线销售市场一经打开，冷链宅配的服务需求将急剧上升。

冷链宅配是一种个人消费者通过电子商务，订购一定数量和一定品种的冷冻冷藏食品，由服务提供方采用相应的物流技术，把指定的物品在指定的时间送到指定地点的B2C业务。冷链宅配服务在日本、中国台湾已经发展得十分成熟，北京、上海作为国内两大电商发展的领先城市，对于这一服务领域已经抢先做了尝试，并效果可鉴。

1. 冷链物流企业冷链宅配服务

目前冷链物流企业普遍运营B2B业务，主要在供货商与销售网点之间进行物流配送，宅配业务极少。有稳定宅配业务的冷链物流公司只有进入中国不久、且局限在上海的雅玛多黑猫宅急便，而受限于投入规模和服务质量，黑猫对业务量也有着严格的限制。在顺丰速运公司通过顺丰优选平台开展进口食品宅配业务的同时，作为食品冷链企业的快行线已经做出前瞻性举措，即与京东商城、淘宝网、1号店等进行业务合作，将服务对象延伸至最终消费者，成为冷冻食品宅配物流中的先驱者。北京市快行线食品有限公司于2012年首试冷链宅配业务，计划通过逐步的网络推广，把快行线冷库内的2000多种速冻食品全部上线，通过冷链宅配的形式，为速冻食品打通一条新的销售通路。

目前淘宝网上有“顶点生鲜速冻食品”和“盛邦罗兰”两家网店销售快行线的冷冻食品，而淘宝商城网店和1号店的产品上线工作也正在运作之中。普通速冻食品的售价+普通快递的物流费用，使快行线冷冻食品更具竞争优势。

快行线冷链宅配的主要运作方式是：散户订单与物流伙伴共同完成宅配；成箱订单由快行线物流自己完成。每日18点之前，北京快行线食品物流有限公司的工作人员会为来自淘宝网店的订单进行备货，将散户所需的速冻食品独立包装并放入快行线特殊的配有冰袋的−18℃冷藏保温盒，第二天便可由其物流伙伴“城市100”以常温快递的费用配送到北京消费者的家中。为了确保产品不会因温度而出现质量问题，顶点公司在城市100的全部15个配送站配备了15台冰柜，可以及时处理无人收货的状况；而成箱的订单由快行线公司为北京市各区域超市进行配送的50多辆冷藏车承担配送任务，每箱产品一般会收取30元的配送费。

随着业务量与运营熟练度的双双增大，快行线已经建立起北京宅配物流的框架，冷链食品的宅配体系也越来越完善。同时，快行线愿意配合相关职能部门共同建立北京市宅配物流体系，以解决实际困难。快行线正在努力打造其2000多种冷冻食品全部上线来开展北京市食品冷链宅配服务，业务成熟后复制此模式于全国其他城市共同进行。

2. 垂直电商冷链宅配服务

面对亟待开发的市场，为了占据先机，一些实力雄厚的垂直电商采用自建冷链的方式，硬投入进行着陆。

电果网（北京）农产品有限公司由北大光华 MBA 陈肇隆先生和清华经管 MBA 王霜女士联合创立于 2006 年 10 月 10 日，仰仗投资人的大力扶持，公司全体同事六年如一日，艰苦奋斗、不屈不挠、持续投入、勤奋耕耘，业务收入由创业初期每年不到 50 万元，增长到 2011 年的 2000 万元。

公司旗下的“电果网”是中国水果 B2C 电商领导品牌，专注于为中国城市高端消费者提供新鲜、优质、平价的水果产品，以及快捷贴心的宅配服务。目前在北京、上海、广州三地开展线上销售和线下配送业务，拥有忠实会员超过 10 万人，每天配送订单量约 5000 单，是目前国内公认最大的水果 B2C 垂直网上商城。

公司旗下的“宅鲜配”是国内领先的生鲜食品冷链宅配独立第三方服务品牌，专注于为生鲜电商、礼品公司、郊区农场等客户提供落地宅配服务。目前，北京、上海、广州三地拥有冷藏库 1200 平方米，冷冻库 2000 平方米，遍布北京、上海和广州三市区的冷链配送站 35 个，冷链厢式货车 12 台，冷链宅配车 150 辆，专业的冷链物流送货员超过 200 人，每天可处理冷链宅配订单 10000 个。

公司旗下的“宅鲜配优选”是目前中国高端生鲜礼品领导品牌，专注于为送礼客户提供高品质生鲜食品礼品整体解决方案：种植与养殖基地及产品遴选、干线冷链仓储物流、礼品卡个性化定制、财务咨询、第三方送礼、冷链宅配、售后服务等。基于公司旗下的“宅鲜配”物流体系，实现了高品质原生态农产品、高科技冷链物流、高素质宅配员工贴心服务三者的完美结合，为收礼客户提供贴心、满意的产品和服务，帮助送礼客户实现客户关系维护、员工福利关怀等。

尽管“冷链宅配”市场受欢迎，各方人士也很热情，但是一些问题已经困扰了“冷链宅配”的发展。中国制冷学会调查资料表明，由于没有低温保障，在最后一公里物流配送上，即从分销点到客户家里这一段配送路程出现“冷链断链”，导致食品、水果、蔬菜等易腐食品的品质被损坏。“断链”问题已经导致消费者对“冷链宅配”失望。

目前，在“冷链宅配”最后一公里的冷链配送上，配送设备还停留在泡沫箱和纸箱加水冰这些落后的保鲜、降温设备上，有的甚至都不放冰块降温。这些设备显然不能保证冰激凌、蛋糕、蔬菜、水果等易腐食品的保鲜和保质。可以说，从定制专业的冷藏箱、保温箱、冷冻箱等冷链宅配设备到具体解决方案，这些都是“冷链宅配”所必须要解决的问题。

3. 生产基地冷链宅配服务

目前生产基地冷链宅配服务主要是针对绿色、有机食品来展开。试图打造“都市有机农业第一品牌”的上海多利农庄宅配市场做得如火如荼。其运作方式是：自建农场种植有机果蔬，每日采摘后由玛雅多黑猫宅急便冷链配送到各户家中。随着业务量的增多，黑猫已经无法满足其冷链宅配业务，由此多利农庄已经自建冷链物流体系，并着手研发自己的 QC（质量控制）体系，并与中国生态农业第一村称号的留民营生态农场强强携手，成功进驻北京市场。

位于平谷马昌营镇的沱沱工社农场以“当季产出、精心采摘、全程冷链、新鲜直达”为口号，专业致力于提供新鲜生态食品的网上超市。其运作模式为：早晚两次采摘与分拣，包装后每日两次配送，北京市六环以内基本能做到 3 小时内送达，实现农产品采摘到直达餐桌的过程。但是在北京，并没有像雅玛多那样成熟的第三方冷链宅配物流，为了实现冷链宅配服务，沱沱工社自建冷链物流体系。

沱沱工社的冷链物流配送模式是 SDC（Site District Center，站点—区域站点—仓库）区域站点模式。北京近郊处有其自建的 5000 平方米大型冷藏仓库，作为 SDC 的第一站点“保鲜点”，并拥有 10 辆冷藏车及 200 多名配送人员。同时在市区设立十几个区域分站点（包括门店和小型社区房），并配备冰箱、冰柜等冷藏设备。最后在各分站点用装有保温箱及冰袋的电动三轮车、面包车进行最后一公里配送至客户家中。目前，沱沱工社正在致力于缩短其配送时间段至两小时甚至一小时，减少消费者的等候时间，真正实现“大仓储中心+小仓储站点”的新鲜有机食品冷链宅配模式。

4. C2C 电商冷链宅配服务

C2C（个人与个人之间的电子商务）电商通过与第三方网络平台合作，借助于第三方物流企业开展冷链宅配业务。经营的商品主要以中高端食品、进口食品为主，如海鲜、进口肉类、进口水果等。继淘宝、天猫推出生鲜频道之后，京东商城、中粮我买网、一号店等也纷纷上线生鲜频道，为了避免前期的巨大成本投入，这些网络平台选择开放给第三方企业的运营方式，由入驻商家自行配送或与快递企业合作开展冷链宅配业务。目前 C2C 电商合作的第三方物流配送商主要有顺丰速运、黑猫宅急便、韵达快递、圆通快递、城市 100 等。

第三节 城市冷链物流共同配送

一、冷链共同配送基本概念

（一）冷链共同配送定义

按日本运输省的定义，共同配送是指：“在城市里，为使物流合理化，在几个有定期运货需求的货主的合作下，由一个卡车运输业者，使用一个运输系统进行的配送。”

也就是把过去按不同货主、不同商品分别进行的配送，改为不区分货主与商品，统统把货物装入同一条线路运行的车辆上，用一台卡车为更多的顾客服务，实现货物及配送的集约化。日本工业标准（JIS）对共同配送的解释是“为提高物流效率，对许多企业一起进行配送”。

我国《商业经济专业知识与实务》一书认为，共同配送是由几个配送中心联合起来共同制订计划，在具体执行时共同使用配送车辆，共同对某一些地区用户进行配送的组织形式。我国国家标准《物流术语》对协同配送的解释：由多个企业联合组织实施的配送活动。

共同配送实施的主体可以是作为物流需求方的制造商、批发商和零售商，也可以是作为物流服务供应方的运输企业或仓库企业。物流行业是一个存在显著规模经济效应的行业，只有通过不断地整合各种资源，实现高度集约化才能降低企业和社会的成本。共同配送就是实现高度集约化的首选，也是城市冷链物流配送发展的最高阶段。

物流共同化的本质是通过作业活动的规模化降低作业成本，提高物流资源的利用效率。通过开展共同配送不仅有利于企业经济效益的提高，而且会产生良好的社会效益。这主要体现在共同配送可以减少由于物流服务高度化给社会带来的“外部不经济性”（如噪声、污染、交通堵塞等）。具体来说，共同配送直接带来的效果是运输车辆的减少。例如，按照共同配送之前的配送方式，一家商店门前一天内要停靠 20～30 辆货车，不仅影响到店铺前的交通，而且装卸作业频繁，一次作业量小，效率低下。实行共同配送后，停靠在店铺前的车辆减少到 10 辆以下，大大改善了店铺前的环境，提高了装卸、检验以及票据处理等事务性工作的效率。车辆运行数量减少意味着运输装载效率的提高、物流共同化程度的提高，这对于城市环境会产生积极影响。正因为共同配送有如此重大的社会效果，因此，发达国家大力提倡物流共同化，积极引导企业，特别是中小企业开展共同配送，并为此制定了相应的政策。例如，日本 1992 年实施的《中小企业流通业务效率化促进法》就是为了支援中小企业实施包括共同配送在内的物流共同化而由当时的运输省和通产省共同制定的一项政策。

（二）冷链共同配送的类型

1. 按业务范围分类

（1）冷链运输部分共同化。

（2）冷链运输与中心内作业的共同化。

2. 按主导企业分类

（1）厂家等供货方主导。

（2）零售商等配送对象企业主导。

（3）冷链物流企业主导。

3. 按运营主体分类

(1) 供货方中的一家企业运营。

(2) 供货方通过建立协作组织来运营。

(3) 由采购方运营。

(4) 由冷链物流企业运营。

4. 按目的分类

(1) 以提高运输效率为主要目的。

(2) 提高运输效率和配送中心内的作业效率。

(3) 在提高作业效率的同时提高物流服务水平。

(三) 冷链共同配送的效果

冷链共同配送从国民经济的角度看，通过运输效率的提高，降低由于运输引起的对于环境的破坏程度，节约能源，改善城市的交通秩序。

1. 从货主企业经营的角度看

从货主企业经营的角度看，冷链共同配送的效果主要体现在以下几个方面：

(1) 降低物流成本。利于提高物流设施的利用效率，提高车辆的装载效率，削减物流成本。

(2) 扩大营业范围。单一企业由于受到经济实力的影响，难以建立广泛的物流网络，从而使营业范围受到限制。通过共同配送实现单个企业无法提供的运输服务。

(3) 提高物流服务水平。中小企业在经营上有开展配送的需求，但没有能力建设配送中心设施，即便开展配送，也会因为规模过小影响到设施利用率和运输效率。通过多家企业联合开展共同配送，可以比较好地解决这个问题。

(4) 促进经营合理化。参加共同配送的企业之间通过信息交换，吸收各自经营上的长处，改进本企业的经营。同时，通过配送的开展，加强物流各个部门之间的有机联系，提高企业的物流系统化程度。

2. 从冷链物流企业的角度看

从冷链物流企业的角度看，冷链共同配送的效果主要体现在如下几个方面：

(1) 容易实现经济规模，运输单位的大型化和信息网络化有利于提高物流设施和运输车辆的使用效率，降低经营成本。

(2) 利于小批量、多批次配送业务的开展，有利于为客户提供低成本的物流服务。

3. 从食品安全角度看

(1) 降低投资成本和食品的损耗。发展冷链共同配送，多家企业联合投资兴建冷链物流设施，不仅降低了投资成本和风险，而且容易完善冷链配套设施，有助于提高冷链物流在易腐食品供应物流中的比重，减少物流损耗，降低产品的腐烂率。

（2）保证食品质量和安全。共同配送有利于信息系统的建设，进而实现信息的共享与快速反馈，从而更快反映市场需求，利于缩短产品的订货周期，也利于实现冷链物流的全程温控，保证食品安全。

（3）共同配送提高了服务网络的覆盖率，从而提高了配送服务水平和配送效率，有利于降低产品的腐烂率。

4. 从社会角度看

（1）为改善环境做出贡献。开展冷链共同配送，在区域配送中心的协调下，将运往同一地区的商品用同一辆冷藏车运送，大大减少了运输车辆的使用，缓解了城市交通压力，减少了对环境的污染。

（2）整合社会资源，提高社会效益。共同配送的本质使对物流配送要素上各个企业的横向集成，在产品流通中利用各个配送企业的资源、设备及地理条件，提高社会资本的利用率，使社会效益明显提高。

二、城市冷链共同配送模式

随着城市化进程的加快、城市经济多元化的发展以及人们生活方式和消费方式的改变，衍生了大量的城市冷链共同配送需求，使得供应链中“最后一公里”的城市配送日益得到重视和发展，城市配送系统成为城市经济发展的重要支撑，但由城市配送引发的交通堵塞、能源消耗、生态环境问题已成为影响城市经济发展、居民正常生活的关键问题。①

1. 城市农产品批发市场需求导向的冷链共同配送模式

农产品批发市场是城市农产品经销商户、农产品加工企业、农产品物流服务商聚集地，是城市农产品流通管理的难点，但也为城市冷链共同配送体系的建立提供了机遇。面向农产品批发市场的城市农产品冷链共同配送体系需要在原有市场利益分配格局为构建新的共同配送体系增添了层层障碍。针对农产品批发市场展开冷链共同配送业务，除了需要整合现有的分散需求外，也需要对现有配送供给主体（运输个体户）进行整合，以形成规模化的需求和优化的配送网络。如图 6-1 所示。

农产品批发市场冷链共同配送系统的主体不仅仅包括配送服务的供给者和需求者，还必须有第三种力量作为整合者存在，以更好地匹配需求与供给的关系，协调各方由于规模、商户、经营意识等带来的差距，解决费用分摊、商业机密保护等方面的问题。在原有批发市场二元结构配送体系中引入第三方力量——批发市场共同配送运营平台是一个逐步深入的过程。

① 郝书池，等．城市公共配送系统形成机理研究［J］．商业时代，2013（10）：42-44.

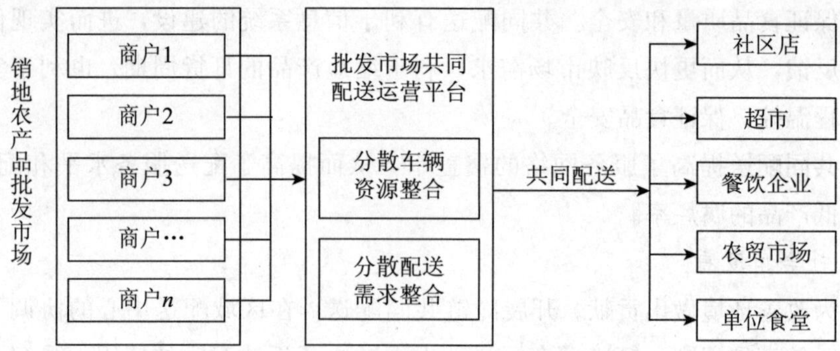

图 6-1 农产品批发市场共同配送运作模式

第一阶段，以市场管理（运营）者构建配送供需信息的整合平台——虚拟共同配送运营平台。市场管理者作为协调者参与到配送服务之中，由其负责信息平台的构建。批发市场商户与客户达成交易后，由商家负责将发生的配送需求信息及时同步完整地传送至信息平台。配送供给主体依旧是以现有的配送车辆驾驶员为主，但在市场管理者的协同下，依靠信息平台上的参考信息有针对性地组织货源，尽可能地提高车辆空间和载重量的利用率。

第二阶段，以市场管理者或有实力的物流企业为主体构建共同配送运营平台。该阶段的运作模式将更加体现系统优化、资源整合的要求。市场管理者或有实力的物流企业深度参与配送体系建设，成为批发市场共同配送系统的规划者和配送资源的投资者，使批发市场的物流供给市场得到全面升级。批发市场原有的分散配送个体户逐步被有实力的专业规模物流企业所整合或被市场所淘汰，经过升级的配送服务市场为商户配送需求外包创造良好的市场氛围和条件。该阶段依托共同配送运营商强大的信息系统实现与商户的信息无缝对接，配送体系结构也由第一阶段的三元结构升级为配送供需双方无缝对接的二元结构。

城市农产品批发市场冷链共同配送体系构建要点：

一是批发市场要积极推动冷链共同配送体系建设；

二是政府要鼓励和引导；

三是培育规模物流企业；

四是推广和应用城市配送先进技术。

2. 连锁经营需求导向的城市冷链共同配送模式

连锁零售企业实施共同配送可以通过多种方式实现：一是通过零售企业自己运营配送中心实现对供应商分散配送的整合，实施共同配送。该模式下的共同配送需要连锁企业门店达到一定规模，以实现共同配送的规模要求。二是利用第三方物流企业运营的配送中心，不同供应商通过第三方配送中心对各门店实施统一配送。多个供应商的商品均发送到第三方的共同配送中心，然后根据每家连锁零售企业的需求，实行统一配送，从而提高车辆装载率，减少配送成本。三是不同零售企业通过共享各自运营的配送中心，达到共同配送的目的。在连锁零售企业各自分散拥有运输工具和配送中心的情况下，视各自运量大小，与供应商的距离等因素，协商划分配送区域或地段，采取委托或受托的形式开展共同配送，亦即将本企业配送数量较少的商品委托给其他连锁零售企业的物流部运输，而本企业配送数量较多的商品，则在接受其他连锁零售企业委托运输的基础上实行统一配送，从而提高车辆装载率，削减由于运输过频或装载率低产生的物流费用；连锁零售企业也可以选择向距离零售门店最近的配送中心供货，该配送中心可能并非隶属于本企业，而是共同体内其他连锁零售企业的配送中心，但由于缩短了与用户的距离，可降低下一阶段（送货阶段）的配送成本。这样各连锁零售企业之间可以相互实现配送效率化，共同利用配送中心、装卸机械等设施设备，形成相互协作的配送局面。四是对于小规模业务，通过社会公共配送中心，实现共同集配。如图 6－2 所示。

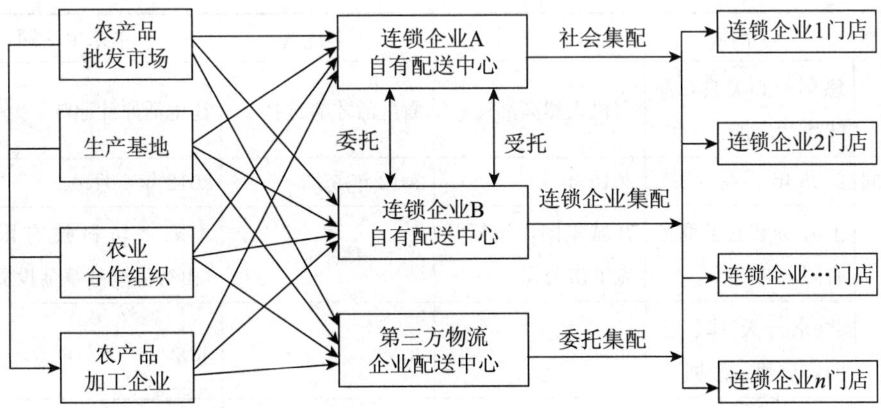

图 6－2　面向城市连锁经营的冷链共同配送体系机构

3. 电子商务需求导向的城市生鲜冷链共同配送模式

农产品电子商务冷链宅配具有小批量、多批次、快速、及时、准确等特点。面向电子商务的城市农产品冷链共同配送是支撑生鲜农产品电子商务发展、控制物流成本的必然选择。城市冷链共同配送有以下几种实现方式：一是电商企业共享物流资源，通过互相委托和受托物流业务，实现共同配送；二是依托第三方物流企业整合社会需求和物流资源实现物流共同化；三是与生鲜农产品超市、便利店、社区店、批发市场等实体经营企业物流资源共享，实现共同化配送。生鲜农产品电子商务通过不同的共同化配送方式满足差异化的消费需求，使不同企业间分工较为明确，而整个配送系统更加具有灵活性。如图 6－3 所示。

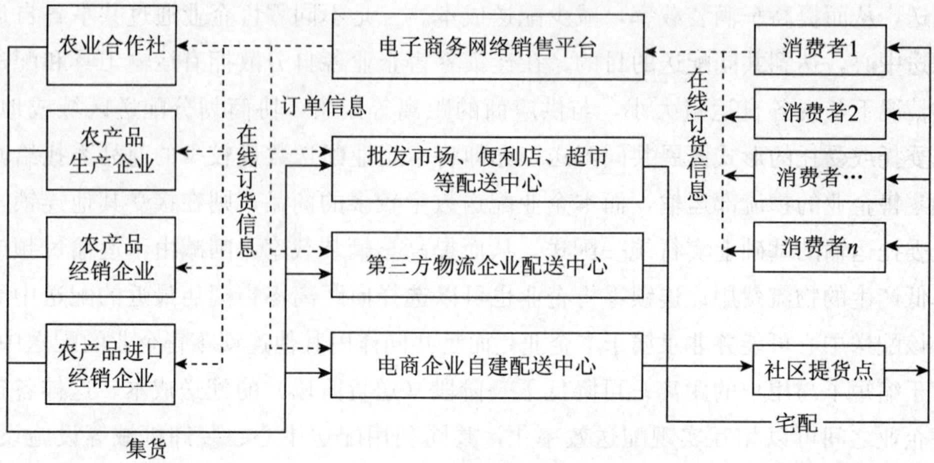

图6－3　城市农产品电子商务冷链宅配体系

国内主要生鲜电商对比

网站名称	易果网	沱沱工社	顺丰优选	本来生活网
口号	悠享安心美食，品味生活之悦	有机天然高品质	懂生活才会选择	让生活原汁原味
成立时间	2005年	2010年	2012年5月	2012年7月
投资方	上海易果电子商务有限公司	九城集团，纳斯达克上市公司	顺丰物流	本来工坊科技有限公司（由香港鸿基基金投资）
进驻城市	北京、天津、上海、广州、深圳	北京	北京	北京
物流	自建物流，购物满100元免收配送费，在配送范围内全面运费	自营全程冷链配送，满98免运费，不足收取10元	自营全程冷链配送，满200免运费，不足收取10元	母公司旗下有一个微特派物流公司，与其共建冷链配送，满200免运费，不足收取10元
配送范围	生鲜以上海、北京为圆心，建立起全国北京市、上海市及江苏、浙江的共30多个城市定时冷链配送网络	所有产品仅限北京六环内可送，其他地方不送	所有产品仅北京五环内可送，其他地方不送	所有产品仅限北京六环内可送，其他地方不送

续　表

网站名称	易果网	沱沱工社	顺丰优选	本来生活网
产品概念	大部分进口优质生鲜食品	有机、天然、特色商品	80%的进口优质食品 20%的优质国产食品、主打安全、营养、健康食品	优秀买手在全国上百个农产品基地、原产地淘富有特色的有机、绿色食品、台湾食品等
供应链的打造	没有触及产业链的上游、没有自有基地，全部是国内外采购的产品	位于北京平谷区的有机农场占地 1050 亩，主要种植有机蔬菜、水果、散养猪、鸡等，供沱沱工社商城销售，其余产品均为国内采购的，少许进口食品	没有触及产业链的上游、没有自有基地，全部是国内外采购的产品	a. 山东烟台的苹果联营基地；b. 北京的北菜园蔬菜基地；除此之外，其余产品全部为资深买手在全国范围内搜寻的。每一款产品都富有特色，精挑细选，如湖北恩施的五常大米、云南的褚橙等

第七章 冷链物流运营管理

第一节 冷链物流温控管理

一、冷链温度监控类型

为了维持一个高效的冷链，需要在贮存、处理和运输全过程中进行温度监控。为了保证一个完整无缝的冷链，低温贮存设施和加工配送中心都需要安装温度控制系统。在监测之外，这些系统还需要提供数据采集和警报等一些功能，使产品能够一直处在合适的温度环境中。

根据监控对象可以将温度监控分为产品监控和设备运行监控。产品温度监控指对冷链过程中易腐品的温度进行监控，如果出现不适温度则有报警系统进行报警并进行相应的控制；设备运行监控指运用信息技术对冷链设备运行过程的指标（如湿度、温度、冷藏车位置等）进行监测和控制。

根据监控设备的使用情况可以将冷链温度监控分为手工型和自动型。

手工型分为两类，第一类是笔和纸，即让员工定时记录设备的显示数据，例如，数字温度计等，这个方法最简单，但是需要人工实现并且很难保证持续性与高精准性；第二类是图表记录，设备的运行数据自动生成图表记录，需要定期存档。因为数据记录功能通常整合在设备里，所以这种方法的数据贮存比较简单。但是这种方法需要大量人工操作，记录的准确性也不够高。

自动型分为两类，第一类是中央监测系统，此系统在各设备上装有远程感应器，组成一个网络并与输入设备连接。定制系统通常要满足特定的监测和记录功能需要，它们可以和远程监测、警报和报告系统整合在一起；第二类是网络数据记录系统，这种类型的系统具有更高的分布式程度，多个数据记录器与各个设备相关联，每个记录器都有自己的感应器、贮存器、时钟和电池。它们独立地记录各个设备的数据，并与计算机网络相连。这些网络的规模和配置都非常灵活，能让操作员方便地添加记录器或者将一个记录器从一个位置移动到另外一个位置，这个网络同时实现中央监测、报警和数据采集功能。

实时数据采集的能力（容量和速度）表现了一个监控系统的监控能力和对故障反应的及时性。一些标准和认证也对数据的采集容量和速度进行了规定。同时，管理设备的职员也需要能够实时地获取这些信息，以确保冷链的完整性，并在故障发生时能得到迅速维护。许多先进的系统和硬件能够同时允许本地监控和远程监控，本地监控通常通过简单地与计算机连接而实现，远程监控则利用有线或者无线网络来实现。

二、冷链温度监控规程

温度监控系统需要一个合适的规程来进行温度控制。这些系统都需要利用一个温度读取设备冷藏或者冷冻区域的温度。除了这些温度的监测和记录设备本身以外，还需要按照规程整合所有的温度记录。这些规程规定温度监控不仅需要包含产品的温度记录，同时也要记录运输工具（包括拖车、货车、容器以及有轨车等）的温度。规程还要求记录产品从一个处理环节转换到另一个处理环节的时间，例如，从运输车到零售商或者其他物流中心的时间。这些步骤对保证冷链的完整性非常重要，一旦出现问题，能够迅速找到问题发生的时间和地点。规程还规定，操作员需要定时对温度计或者其他设备进行校准，并对这些校准操作进行记录。校准记录包括所有的设备情况以及每次的校准时间，通常使用冰水混合物对温度计进行校准，这个时候读数应该是 0℃。目前，我国正在积极筹备制定冷链温度监控的相关标准，将为温度监控提供有力的国家层面的规程。

合理的温度测量采样布置能够准确反映产品所处的环境或者冷藏设备所处的工作状态，当设计这个布置的时候，操作人员需要首先查明关键的布置区域。在很大的开放式冷藏或冷冻区域中，有几个区域温度特别容易波动。比如，距离天花板或者外墙很近的空间容易受到外界温度的影响；当冷库门打开时，外界温度会对门附近的区域造成很大影响；棚架、支架或者集装货架区域因为阻挡了空气循环，可能会有较高的温度点。上述重要区域需要使用设备进行监控，同时，为了进行对比，在冷藏/冷冻区域的出口区域、外部区域和冷藏/冷冻区域的不同高度区域都需要使用设备进行监测。许多监测设备的设计者还建议在蒸发器的回风处放置温度计，这样能够比较准确地反映市内空气的平均温度。在出风口设置的温度计的读数通常比回风口低 2℃～3.5℃。

如果需要对车辆装载货物过程中的产品温度进行实时的测量，应该抽取邻近每扇门或双门的开启边缘处的顶部和底部的样品。如果需要测量产品温度，在车辆卸载以后且货品都已安置在一个适宜的冷环境内了，需要在装运车辆内的以下几点中选择样品，要密切注意装载物在转运车辆内的位置。

在冷库中，一般推荐操作人员每隔 900～1500 米的直线距离放置一个监测设备。如果冷库由小的冷藏/冷冻室单元组成，应该在每个里面都放置监测设备。一旦安装后，温度监测设备应该尽可能快地取样，以避免激烈的温度变化。但是这种取样也不能过于频繁，以免带来大量多余的数据。一般来说，每 15 分钟进行一次采样比较合理。

三、冷链温度监控规范

随着我国冷链市场的迅速发展，东部沿海发达地区的一些运作模式与国际接轨，我国制定了一些冷链规范，其中对温度监控提出了较为明确的要求。

对运输过程中温度监控要求较高的是医药行业，中国政府于 2005 年颁发的《疫苗流通和预防接种管理条例》中明确指出，从事疫苗批发经营的企业必须具备：一是保证疫苗质量的冷藏设施、设备和冷藏运输工具；二是符合疫苗贮存、运输管理规范的管理制度；三是应当对冷藏设施、设备和冷藏运输工具定期检查、维护和更新，以确保其符合规定要求。同时进行疫苗接种的单位也需要具有符合疫苗贮存、运输管理规范的冷藏设施、设备和冷藏保管制度。此后，在 2006 年卫生部颁布的《疫苗贮存和运输管理规范》的第十六条中明确规定了温度记录的要求，规定疫苗贮存必须有温度记录，同时要求“疾病预防控制机构、疫苗生产企业、疫苗批发企业应对运输过程中的疫苗进行温度监测并记录。记录内容包括疫苗名称、生产企业、供货（发送）单位、数量、批号及有效期、起运和到达时的疫苗贮存温度和环境温度、运输过程中的温度变化、运输工具名称和接送疫苗人员签名”。

在食品行业，2007 年上海市出台了我国冷链物流的第一个地方性标准 DB31/T 388—2007《食品冷链物流技术与管理规范》，对食品的冷链流程、冷藏贮存、批发交易、配送加工和销售终端等流通环节的温度控制质量卫生管理要求提出规定。同时，规范明确要求运输用的冷藏车、保温车和车厢外部应设有能有直接观察的测温仪。同时测温记录应该在货物交接的时候提供给接货人员。规范还规定了货物中转的时间限制。比如，冷冻产品应该在 15 分钟内；冷藏产品应在 30 分钟以内装卸完毕。《食品冷链物流技术与管理规范》对食品的整个冷链过程的温度控制进行了非常详细的规定。为了满足规范要求，必要的监测与记录技术和工具在食品冷链中应予以保证。

一个良好的物流体系，不但需要有完善的设备和操作能力强的实施者，同时也需要良好的监控系统进行管理。冷链的温度监控正如商品的监护者一样，需要进行全程跟踪、始终维持商品安全。目前，我国的冷链市场还处于起步阶段，冷链运营者往往在冷藏/冷冻设备上有较大的投入，而温度控制确容易被作为一个附加而忽略。随着医疗、食品安全在社会中的重视程度不断提高、标准法规的健全以及与国际接轨，在国外已经得到广泛应用的冷链温度监控将会在国内得到越来越多的应用。

冷链物流温控管理目的主要是防止冷链“断链”和温度大幅变化。造成冷链“断链”现象的原因很多，除社会和环境因素外，还有冷链技术装备以及冷链管理的因素。因此冷链物流温控管理应从以下几个方面入手。

第一，保证冷链技术水平和装备质量。首先，防止因设备损坏、设备中断、设备异常运行所造成的“断链”。其次，运用智能化的技术，如温度监控系统，对冷链物流实行有效的跟踪监控和管理。温度监控分为产品温度监控和设备运行监控，产品温度监控是指对冷链过程中产品的温度进行监测；设备温度监控是指对设备运行过程中的温度、湿度等指标进行监控。

第二，采取有效的供应链管理手段。低水平的冷链管理，无法实现对全程冷链进行有效管理，是造成“断链”的原因之一；另外，全程冷链不是一个企业就能做到的，需要供应链节点上的每一个企业均做到位，需要供应链各方转变观念，协调运作，共同制定并执行严格的程序和制度，将供应链管理思想渗透到冷链管理的方方面面。

第三，保持冷链全过程的温度稳定。如果在冷链物流过程中发生大幅度的温度变化，产品的水分就会析出，再进入冷冻，析出的水分便在产品的表面结霜，使产品的质量发生变化，因此在冷链全过程中要保持温度的稳定。

第二节 冷链物流质量管理

冷链物流的质量直接关系到食品安全问题，加强对冷链物流的质量监管，是全社会共同的责任，需要生产企业、物流企业、销售企业、政府部门共同努力。进行冷链物流全程质量管理，可以充分发挥食品流通环节的桥梁作用，餐饮企业、超级市场、专卖店、大型企事业单位等通过冷链物流获得安全优质产品和现代化配送服务。同时建立良好的冷链物流系统，进行质量全程控制，可以有效地减少浪费，减少食品安全事件的发生，从而打造食品行业“健康、绿色”的新形象。

一、冷链物流质量管理的特点

冷链物流的对象主要是易腐食品，具有生物特性，如蔬菜采摘后仍有生命活动的延续而造成的易腐易损性、单位产品价值低、最初产品的质量参差不齐等，这些生物特性决定了其在物流上与工业产品有本质区别。冷链物流除具有一般物流的空间、时间、批量、标准化等特性外，还有独特的质量安全特性，具体表现在以下几方面：

一是食品易腐性对冷链物流质量安全要求高。冷链物流的主要对象是食品，作为一种特殊商品，直接满足人民生活的需要，是生活必需品，属于生存材料。因此，冷链物流的需求量大，物流量大，范围广，要求食品进行空间范围的合理布局和规划，另外在中转环节要进行严格的质量控制。

二是冷链物流质量的相对独立性强。食品自身的生物特性和特殊重要性决定了其在基础设施、仓储条件、运输工具等方面具有相对的独立性。在食品储运过程中，为使食品的使用价值得到保证，需采取低温、防潮、烘干、防虫害等一系列措施。

三是冷链物流的快速性。食品的生产地和消费地往往分隔明确，物流的又一特性就是对产销地之间的通道畅达的依赖，食品不同于工业品，其质量安全保质期（货架期）相对较短，这对于厂商的信誉，对于消费者健康与安全至关重要，若通道不畅，将造成食品积压甚至腐烂的不良后果。

四是冷链物流的空间、时间效用大。冷链流通加工改变了食品形态，增加了消费者的效用，实现了形态效用；冷链运输把农产品从无法销售或售价低的地区运到其他地区，扩大了销路，实现了空间效用；为了调剂余缺，缩小季节性供求不平衡关系，采取低温冷藏的方式，使消费有余的食品能够保存到更长时间，实现了时间效用；食品从生产者向中间商、加工厂等一系列的转移，最终达到消费者手中，实现了消费转移效用。这四种效用不仅保持产品的使用价值，还增大了使用价值，并且实现了增值，这种增值的实现最终需要冷链物流的质量安全来保证。

二、冷链物流质量管理的内容及方法

冷链物流的质量要求：冷链物流涉及很多不同的部门，任何一个环节的差错都有可能导致质量损失，因此需要采用一种统观全局的系统方法来解决质量管理的问题。全国质量管理就是一个很好的工具，运用全面质量管理的思想，对冷链的全过程进行全面的分析，不仅要关注销售环节、运输环节和库存环节，更要从源头抓起，切实保证管理的全面性。由于冷链的生产、储存、运输、配送和销售过程的多环节性，以及质量成因的复杂性，产品质量不是恒定不变的，它会在一定的范围内发生波动。

冷链物流质量管理主要内容：一是冷链产品的质量管理，保证产品的客观属性的同时，还要保证产品温度；二是冷链物流服务质量管理，如冷链配送时效性的保证程度、冷链追溯系统的满足程度等；三是冷链物流作业质量管理，指冷链各环节、各岗位的具体工作质量以及上下游衔接质量；四是冷链物流工程质量管理，包括冷链物流管理体制、冷链物流基本设施工程、冷链物流运营环境等。

冷链物流质量管理的主要方法：GMP（良好作业规范）、SSOP（卫生标准操作程序）、HACCP（危害分析及关键控制点）三种。冷链物流配送中心可以根据 HACCP 原则，分析食品物流的流程，找出关键控制点，包括生物的、化学的和物理的因素，采取适当的方法控制关键点，同时建立监控档案并确立纠正措施。而对于 GMP 和 SSOP 建设则是 HACCP 顺利实施的硬件保障，良好的环境、齐全的设施设备、符合食品冷链的适应温度、湿度和卫生等，可以更好地保证 HACCP 控制在限制值内，清洁可靠的运输工具以及良好的温控系统能保证运输过程中的 HACCP 控制。

三、冷链物流全过程质量管理体系

近年来，政府对于关系国计民生的冷链物流及其管理已经出台了一系列的政策与规定，旨在有效控制和保障冷链物流的质量。但我国的冷链物流尚未形成完整的体系，急需建立一套从生产、包装、运输、储存到销售全过程的冷链质量管理体系。建立一个明确的、结构完善的体系，用来识别、记录、协调以及维持整个冷链物流系统的运行，全过程冷链质量管理体系包括以下几个方面：

一是建立冷链物流运作的保证体系。硬件保证体系包括冷藏车、冷库、速冻装置、解冻装置与生产冷冻食品相关的辅助设备等。软件保证体系是指冷链物流企业建立一整套完整的冷链物流作业指导书、安全管理制度和质量管理制度等规章制度，有专业化的冷链管理和操作人员及相应的培训体系。

二是加工过程遵循3C、3P原则，储存过程遵循3T原则。3T原则体现了冻结食品在流通中因时间和温度的变化而引起的品质降低的累计和不可逆性，应该对不同的产品品种和不同的品质要求，提出相应的品温和贮藏时间的技术经济指标。储存过程中要加强冷库和冷藏运输工具的质量管理。

三是质量检查坚持“终端原则”。冷链运行存在多样化，但是最终要在终端检查质量，即应该以到达消费者手中的产品质量为衡量标准。

四是运用PDCA循环提高冷链的管理效率。全面质量管理不仅关注冷链的产品质量，也要对工作质量、服务质量加强管理，PDCA循环是全面管理的重要内容。PDCA循环又叫戴明环，是由美国质量管理专家戴明博士提出的全面质量管理所遵循的科学程序，通常分为四个阶段，依次为P（Plan）计划阶段、D（Do）实施阶段、C（Check）检查阶段和A（Action）处理阶段。在计划阶段，冷链物流企业首先要根据客户的要求，通过调查、设计，制订冷链流程中的各项指标的规划以及对冷链过程管理的具体措施和方法；实施阶段是进入冷链运作的执行阶段，各项活动将按计划全面地展开；检查阶段，需要检查系统运行的效果，并与之前制订的计划相对照，及时地发现在冷链过程中所出现的各种管理问题与突发情况，并总结经验，为系统地改进与完善做好准备；处理阶段，企业将针对前阶段检查的结果和问题，研究对策，巩固有效地管理方式，改进不合理的环节，并准备进入下一个新的循环过程。

第三节 冷链物流设备技术管理

冷链物流未来发展方向之一就是向两端延伸，一是易腐食品生产领域，二是易腐食品消费领域，一方面要依托农产品产销链条，加强集散地、销地冷链物流设施建设，提升冷链设施现代化水平；另一方面从宏观的政策扶持到微观的设计与选用，都要注重冷链设施设备及技术的管理。

一、冷链设备技术宏观管理

第一，要重视现有冷链物流基础设施的利用和改造，通过对其规模、布局、功能进行科学的整合，提高其使用效率，发挥其综合效能。在终端零售环节，冷藏货柜和冰柜等简易的冷藏设施设备即可满足要求；在流通环节，需要封闭式月台和低温分拣理货区的流通型冷库；在产地储存环节，传统仓储型冷库即可满足要求。

第二，加大冷链物流基础设施投资，优化基础设施布局。通过合理的规划和适当的投入，达到冷链物流上下游设施设备资源的合理配置、城乡冷链物流资源的平衡发展、区域冷链物流设施设备的合理配置，形成完善的冷链物流网络。冷链硬件设施投入侧重于冷库设施建设、冷库技术水平提高和多元化发展冷藏车辆等方面。在冷库方面，逐步建立符合经济发展需要的现代化冷藏库和冷链物流配送中心，快速发展适合农户建造使用的微型冷库。进一步整合冷藏车市场，开发不同用途的车辆，如适用于配送中心短途和小批量运输所使用的小吨位车型和适用于长途运输需要的大容量、大吨位的车型。

第三，积极推进冷链技术的使用。冷链物流技术创新是促使冷链物流发展的技术保障，在技术创新的同时，积极推进先进技术在冷链物流各环节的运用，来提升冷链物流产业的整体水平。与此同时，加快标准化技术认证体系的建设，还要大力培养冷链物流技术的中高端人才，以支撑先进冷链物流技术的研发、应用和推广。特别是在信息技术方面，依托各类生鲜农产品优势产区、重要集散地区和大中城市等集中消费地区，建立区域性各类生鲜农产品冷链物流公共信息平台，实现数据交换和信息共享，优化配置冷链物流资源，为建立冷链物流产品监控和追溯系统奠定基础。

第四，注重装备技术的节能管理。冷链物流需要维持冷的环境，对能源的消耗增加，在增加物流成本的同时，也增加了碳排放量，因此为适应经济发展的低碳要求，要特别注重装备技术的节能管理。另外，从经济技术的综合评价分析来看，冷链有价值但不是解决的唯一方法，因此在设施设备的选用上要注意防止冷环境过度和冷链运用过度。根据微型节能冷库设计要点建造的库房，降温速度快、保温性能好、冷库库温波动小。微型节能冷库可广泛应用于果品、蔬菜等的贮藏和预冷，适合我国南北方城乡家庭和集体使用，是调节果蔬淡旺季、变当地资源优势为经济优势的重要载体。

冷链物流设施设备要具有良好的适用性，只有适应市场的设施设备，才能给冷链行业起到推动的作用。在冷链物流设施设备建设的前期可通过政府财政支持、贴息贷款、给予税收优惠等产业引导和激励政策引导企业投资冷链物流，发挥税收政策的调节作用，对易腐食品采取全程冷链的供应链节点企业给予税收减免等优惠政策等，并指定专门的部门管理冷链事务，引导企业走向良性的发展，最终过渡到以企业为主，政府为辅的模式。

二、冷库运营管理

（一）冷库的人员管理

我国劳动部于 1993 年 12 月联合颁发的《商业行业技术工人等级标准》规定了各级冷藏工的等级标准，并对各级冷藏工做出了具体要求，现以高级冷藏工要求为例，高级冷藏工必须具备如下条件：

（1）技术业务基础知识：与本岗位有关的食品冷藏加工工艺的系统知识；

（2）工具设备知识：通晓主要的监控设备、制冷机械设备的使用及保养知识，冷库的建筑结构等技术指标；

（3）工艺技术知识：了解冷库内气流组织及气流分布的机理，掌握各种冷却、冻结、快速冻结、冷藏装置的配套选择及其理论依据，食品冷藏加工、储运的全部生产工艺；

（4）质量标准知识：通晓各种冷冻食品的等级、规格、保存、包装、标签及其质量要求或标准；

（5）安全防护知识：通晓各种制冷装置的安全规范；

（6）技能要求：实际操作能力、应用计算能力、工具设备使用和维护能力、应变及事故处理能力、语言文字能力及其他相关能力。

（二）冷库的仓储管理

1. 冷货的堆垛管理

库内堆垛严格按照仓库规章进行，合理选择货位。将存期长的货物存放在库里端，存期短的货物存放在库门附近，易升温的货物存放在接近冷风口或者排管附近。根据货物或包装形状合理采用垂直叠垛或者交叉叠垛。货垛要求堆码整齐、货垛稳固、间距合适。货垛不能堵塞或影响冷风流动，避免出现冷风短路。堆垛完毕应在垛头上悬挂货垛牌。

堆垛间距要求：

（1）低温冷冻库货垛距棚顶 0.2 米；

（2）高温冷藏库货垛距棚顶 0.3 米；

（3）距顶排水管下侧 0.3 米；

（4）距顶排水管横侧 0.3 米；

（5）距未装设墙冷排管的墙壁 0.2 米；

（6）距冷风机周围 1.5 米。

拆垛作业时应当从上往下取货，禁止从垛中抽取。取货时要防止因货物冻结粘连强行取货而损坏包装。

2. 温湿度管理

根据食品的自然属性以及所需要的温度、湿度选择库房，力求保持库房温度、湿度的稳定。冻藏间的温度要保持在－18℃以下，库温只允许在进、出货时的短时间内波动，正常情况下温度波动不得超过1℃；在大批冻藏食品进出库过程中，一昼夜的升温不得超过4℃。冷却物冷藏间在通常情况下，库房温度升降幅度不得超过0.5℃，在进出库时，库温的升高不得超过30℃。

3. 通风换气管理

按照货物所需要的通风要求进行通风换气，以保持库内合适的氧气和湿度。冷库一般采用机械通风，要根据货物保管的需要控制通风次数以及通风时间，若冷藏库每天通风2～4次，每次换气量为冷藏间体积的1～2倍，或使库内二氧化碳含量达到适合的范围。通风将外部的空气带入库内，也将空气中的热量、水汽带入库内，因而要选择合适的时间通风换气。

4. 贮藏安全期限管理

对于冷藏食品要认真掌握其贮藏安全期限，执行先进先出制度，并且经常进行定期或不定期的食品质量检查。若食品将要超过贮藏期，或者发现有变质现象时，应当及时处理。

(三) 冷库的安全管理

国家标准《冷库安全规程》（GB 28009—2011）对安全制冷系统冷库的设计、施工、运行管理及制冷系统长时间停机时的安全做出了明确规定。

1. 冷库设计安全管理

(1) 在制冷机房门口外侧便于操作的位置，应设置切断制冷压缩机电源的紧急装置，并应设置相关标识。每套制冷压缩机组启动控制柜及机组控制台应设紧急停机按钮。

(2) 制冷系统的机房应装有事故排风装置，事故排风机应采用防爆型电机，当制冷系统发生意外事故而被切断供电电源时，应能保证事故排风机的可靠供电。

(3) 制冷机房、高低压配电室须布置应急照明，照明灯具选用防爆型，照明持续时间不应小于30分钟。

(4) 氨压缩机房应安装氨气浓度自动测量装置和供水系统，当氨气浓度接近爆炸下限的10%时，应能发出报警信号。

(5) 水冷却式制冷压缩机应设置断水保护。

(6) 机房门应向外开，且数量应确保人员在紧急情况下快速离开。

(7) 设在室外的制冷辅助设备应设防护栏，并设置警示标识。高压贮液器设在室外时，以避免太阳直射。

（8）低于0℃的库房内动力及照明线路，应采用适合库房温度的耐低温绝缘电缆。

2. 冷库管理安全

（1）冷库运营单位应建立安全生产责任制和安全操作规程。

（2）特种作业人员应依据《特种设备安全监察条例》及国家相关规定，持证上岗。

（3）采用新工艺、新技术、新设备，应制订相应的安全技术措施。

（4）冷库运营单位应对厂房、机电设备进行定期检查、维修。

（5）冷库的安全装置和防护设施，不得擅自拆除。

（6）冷库运营单位应建立重大事故的应急救授预案和人员救援预案，定期演练。

（7）冷库运营单位依据《固定式压力容器安全技术监察规程》的相关规定进行压力的容器管理。

气调库操作是一种危险性较高的工艺操作，气调库工作人员必须参加有关安全规则的学习，切实掌握安全操作技术。气调库安全管理主要侧重于库体安全和人身安全。

3. 库体安全管理

由于气调库是一种对气密性有特殊要求的建筑物，库内外温度的变化以及气调过程中，都可能使围护结构两侧产生压差，虽然在气调库中考虑了如安全阀、储气袋等装置，但若不加强管理，就可能影响气调库的使用，甚至造成围护结构的破坏。在气调库的运行中，安全阀内应始终保持一定水柱的液面。考虑到冬季运行时库外温度降到0℃以下，应采取防冻措施，可以在水中加入盐类物质，有条件时，也可以加入汽车用的防冻液，避免安全阀里的水冻结成冰。除防水、防冻、防火以外，重点是防止温室效应。在库体进行降温试运转期间绝对不允许关门封库，因为过早封库，库内温压骤降，必然增大内外压差，当这种压差达到一定限度以后将会导致库体崩裂，使贮藏无法进行。正确的做法是当库温稳定在额定范围之后再封闭库门，进行正常的气调操作。

4. 人身安全

这里所说的人身安全是指出入气调库的安全操作。操作维修人员必须了解气调库内的气体不能维持人的生命，当人们进入气调库工作时，会导致窒息而死，因而要了解呼吸装置的使用和保管。

气调库的主要安全措施：

（1）在每间气调库的门上书写危险标志，在封库之后，气调门及其小门应加锁，防止闲杂人员擅自入库。

（2）气调门上的小门至少宽600毫米，高750毫米，使背后绑捆呼吸装置的人员可以通过。

（3）需要进入气调库检查贮藏质量或维修设备时，至少需要两个人。入库前应将库门和观察窗的门锁打开，带上可靠的呼吸装置，一人进入库内，一人守候在气调门外并一直观察入库人员的动态。一旦发生意外，应采取急救措施。若维修工作量大，短时间内不能完成，应开启库门，启动风机，带库内气体恢复到空气状态再入库，工作完成后封门调气。

(4) 加强防火安全管理。气调库发生的火灾与一般的火灾不同，因制冷系统采用的氨或氟制冷剂的外泄，将会产生毒气或爆炸，造成极大的危害。因此，应加强安全防范措施，增加消防措施，加强防火安全管理，禁止吸烟，杜绝一切可能引起火灾的隐患。

(四) 冷库的节能管理

1. 冷藏食品包装实现节能效果

冷藏食品若无包装，在贮藏时干耗较大，能量消耗也较大。而包装后的冷冻食品在贮藏期间的干耗基本上接近零。由于食品的干耗大大减少，从而减少蒸发器融霜次数，制冷压缩机的无效功率也降低到最小的程度，实际也就起到了节约能源的作用。

2. 采用新工艺、新技术、新设备的设计方案

(1) 缩小制冷剂蒸发温度与冷库内温度的温差。当库房内温度一定时，随着蒸发温度与库房内温度温差的缩小，蒸发温度就会相应的提高，此时，若冷凝温度保持不变，则意味着制冷压缩机冷量的提高，也就是说可以在获得相同的制冷量的情况下，减少电能的消耗。

(2) 根据不同的冷藏食品和不同的贮藏期，确定相应的贮藏温度值。针对各类食品，特别是肉食类在低温贮藏期间的生化变化及低温细菌滋生和繁殖被抑制的程度，可以确定相应最佳的贮藏温度，若不超过半年的低温贮藏，一般采用的贮藏温度为−18℃，贮藏时间超过半年的，应当采取≤−18℃的低温。采取不同的温度贮藏后，对于某些食品，特别是短期贮藏食品，就相当于上述分析提高了制冷系统的蒸发温度，从而也就提高了制冷压缩机的制冷量。

(3) 冻结间配用双速或变速风机。食品在冻结过程中，实际上是释放热量不均匀的发热过程，相应地对冷却设备的需冷量亦是不均匀的。食品冻结过程可以分为三个阶段，第一阶段冷却阶段，食品的温度由大于0℃降至0℃左右；第二阶段冰晶生成阶段，食品的温度由0℃降至−5℃左右；第三阶段冻结降温阶段，食品的温度由−5℃降至−18℃左右。从以上分析可知，食品冻结的三个阶段中，第二个阶段所需制冷量最大，此时冻结间的所有设备所需全部投入工作，而在首尾两个阶段，由于单位时间内热负荷较小，可以适当降低冷风机的风速，减少风量，以达到节约电能的目的。如果冻结间采用的冷风机仅是一种转速，不可调，那样就会影响冻结过程中循环风量和市内吹风速度的调节，从而增加电能的消耗。

（4）在冷库设计中减少冷库围护结构单位热流量的指标。低温冷库的外墙的单位热流量一般采用 11.63 瓦左右，若能将单位热流量降至 6.9 瓦，则对于一座 5000～10000 吨级的低温冷库，动力费可以降低 10%左右。当然，单位热流量指标的降低，也就意味着围护结构的隔热层要加厚，一次性的投资费用也提高了，但与冷库运行费用的减少相比较，无论从经济角度还是从技术管理角度来考虑，采用降低冷库围护结构单位热流量指标还是合理合算的。

3. 加强科学管理

一是要坚持填写设备运行日记。主要填写内容包括压缩机、氨泵、水泵、风机等动力设备的启动及停机时间，定时记录各种制冷设备工作的温度、湿度、压力状况、室内外温度等，以便检查各种设备的工作状态和工作效率。

二是制定单位冷量耗电量定额。单位冷量耗电量定额是考核压缩机操作管理是否正常合理的指标。压缩机的蒸发温度应当根据库房温度要求掌握。蒸发温度过低或者压缩机无负荷运转，都会导致单位冷量耗电量增加。而单位冷量耗电量定额就是按照库房设计温度要求达到的蒸发温度来计算的单位冷量耗电量。

三是制定单位产品耗电量定额。单位产品耗电量是按每吨产品耗电量来计算的。单位产品耗电量是衡量冷库耗电的综合指标，它不仅反映制冷设备的设计、运行和管理情况，而且还反映冷库结构的设计、使用情况以及冷库贮藏货物的管理情况。

4. 合理堆垛，提高库房利用率

对商品进行合理堆垛，正确安排，能使库房增加装载量，提高库房的利用率，在设计许可条件下，改进堆垛方式或者提高堆垛技术可提高商品堆垛密度；另外在使用过程中采用勤整理、巧安排等办法，减少零星货堆，缩小货堆的间隙，适当扩大货堆容量，提高库房有效容积利用率。

第八章　冷链物流认证体系

第一节　冷链质量指标标准认证

一、冷链质量指标标准概述

（一）标准制定的背景

美国冷链协会由航空公司、卡车运输商、地面搬运商和设备生产商组成，是业内主要的非营利组织。协会主要研究易腐货物的相关问题，为运输温控货物制定标准化的指导原则，其宗旨是协调全球易腐食品及对温度敏感产品的处理及运输，以保障服务商及顾客利益。

任何两条冷藏链都是不同的，然而PTSP（易腐食品和对温度敏感产品）的物流绩效评估管理系统以及公司之间的可比较性都需要识别和依赖于冷链的基本要素。这些基本要素将每条冷藏链分裂成不同的操作环节，这样便于对不同链条之间的相似操作环节进行比较分析。基于此，美国冷链协会（CCA）联合德国劳氏船级社认证公司（GLC）于2004年发布了《冷链质量指标标准（CCQI）》，并于2005年、2008年和2009年先后对标准进行修订；CCQI认证由德国劳氏船级社（GLC）专门执行。前期冷链质量指标标准在推出初期进展虽然比较缓慢，但有越来越多公司及顾客对CCQI产生兴趣。截至2012年6月，美国冷链协会会员达到39家，这些会员单位通过的认证环节分布如表8-1所示。

表8-1　冷链质量指标标准各环节认证会员分布

编号	标准类别	会员数量
1	预冷	2
2	卡车和拖车运输	11
3	长期储存	2

续 表

编号	标准类别	会员数量
4	短期储存	24
5	航空运输	5
6	集装箱服务	19
7	机场停机坪处理	2
8	集装箱航运	0
9	集装箱船	0
10	集装箱码头	0
11	冷藏集装箱	12
12	冷藏航运公司	0
13	冷藏船	0
14	海港码头	1
15	零售商店	0

美国冷链协会和德国劳氏船级社不能保证通过冷链质量指标标准（CCQI）认证的公司在任何情况下都遵守本标准的规则，对通过认证公司的行为或事故造成的损失或伤害不承担任何责任。通过冷链质量指标标准（CCQI）认证的公司根据自身责任经营其业务。

（二）标准的作用

冷链质量指标标准（CCQI）是基于风险评估和管理系统构成而建立的一个可审计的质量管理体系。冷链质量指标标准详细地阐述了冷链企业应有的质量管理体系，可以用来测试运输、处理和储存易腐货物的企业的可靠性、服务质量和熟练度，对各项技术、方法和人员进行量化评估，为整个易腐货物供应链的认证奠定基础。

它侧重于预防，目的在于保证 PTSPs（易腐食品及对温度敏感产品）在整个冷链过程中处于最优的或者特定的环境中，提高冷链质量。企业不仅可以与竞争者就冷链物流的表现进行比较，而且可以依据标准对自己的运营进行持续改进。

（三）认证对象及权利义务

可以申请冷链质量指标标准（CCQI）证书的企业：积极和直接参与 PTSPs（易腐食品及对温度敏感产品）有关物流业务并自有或长期租用冷链相关设备的企业。申请该标准认证的企业，必须证明其有稳定可靠的能力来提供冷链相关服务，并持续性地进行自我要求与改善，追求高质量的服务标准。

通过冷链质量指标标准（CCQI）认证组织的权利：认证成功后，组织将被授予有效时间内的冷链质量指标标准（CCQI）证书和标识的使用权，有效期为 12 个月，证书和附件可以通过第三方副本的形式发布；有权利在组织的信笺、提货单以及其他地方使用冷链质量指标标准（CCQI）标识，保证全部内容清晰可辨，如果存在误导，则不可以使用标识。

通过冷链质量指标标准（CCQI）认证组织的义务：保持冷链质量管理体系并定期更新冷链质量指标标准（CCQI）主表变化；确保在任何时候都要始终满足冷链质量指标标准（CCQI）的相关准则。

（四）标准细分及 CCQI 主表

冷链质量指标标准（CCQI）将冷链操作环节进行了细分，目前已发布了 15 个环节的标准，分别为预冷、卡车和拖车运输、长期储存、短期储存/分销中心、零售商店、航空运输、集装箱服务、机场停机坪处理、集装箱航运公司、集装箱船、集装箱码头、冷藏集装箱、冷藏船运公司、冷藏货船、港口码头标准。每一个冷链质量指标标准（CCQI）证书可以被用于一个或多个操作环节的认证。冷链质量指标标准准许不同组织或企业之间在同一类型的操作上统一标准。标准涉及如下几方面：承运商（航空公司、公路运输企业）；处理剂；代理服务商；易腐中心；机场和港口；仓库（长期和短期的冷库）；设备（车辆、船舶、集装箱）；物流活动（预冷、储存、运输）等。

每个环节的标准都有相应的 CCQI 主表，CCQI 主表列出了相关的风险控制措施和对每个操作环节相应的效力，主要从组织机构、设施设备和技术方法三个方面进行质量测评。对于组织已经确定的每一个冷链相关操作必须由一个冷链质量指标标准（CCQI）主表来完成 CCQI 值的确定。

CCQI 主表涉及的内容主要有：编号、地点位置、质量指标描述、分值范围以及最大值、指标的解释性说明、评分意见、授予分值等（以卡车和拖车运输 CCQI 主表举例说明，详见附录）。组织应填写适用于 CCQI 认证企业单位经营列表中提到的所有操作的冷链质量指标标准（CCQI）主表，并对其进行检查和评估。

二、冷链质量指标标准构成

冷链质量指标标准是由两部分组成的质量管理体系：冷链质量指标和冷链质量一致性要求。这两部分组合在一起形成一个激励，是改善冷链操作的高品质标准，同时对不同组织执行相同类型的操作进行比较。冷链质量指标标准（CCQI）体系结构如图 8 - 1所示。

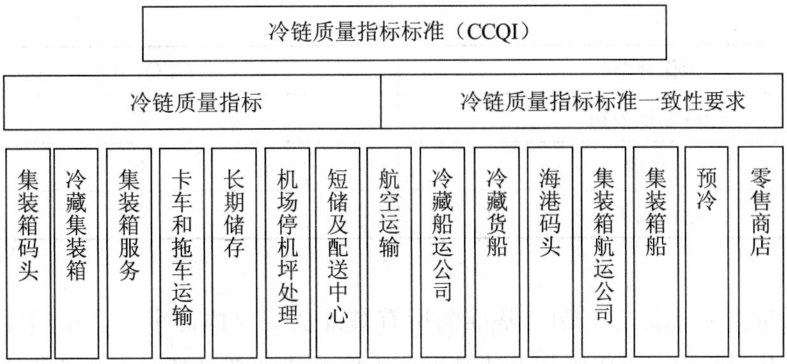

图 8－1　冷链质量指标标准体系结构

（一）冷链质量指标（以卡车和拖车运输为例）

冷链质量指标，即 CCQI 值，单个环节的冷链质量定量评估结果。基于风险分析方法同时考虑 PTSPs（易腐食品及对温度敏感产品）的相关危害，确定了 CCQI 值。CCQI 值由冷链质量指标标准主表和 CCQI 分值范围来决定，其分值可以从 0（低品质冷链操作、高风险的温度偏差）到 100（高品质冷链操作、低风险的温度偏差），分数越低，意味着冷链运营质量越低，温控方面存在的风险越大。冷链质量指标标准对于每个操作环节的 CCQI 值要求不得低于 CCQI 基准水平，如表 8－2 所示。

表 8－2　　冷链质量指标标准（CCQI）基准

运作环节	CCQI 基准
预冷	65
卡车和拖车运输	60
长期存放	60
短期储存/配送中心	65
零售商店	60
航空运输	65
集装箱服务	65
机场停机坪处理	55
集装箱航运公司	70
集装箱船	70
集装箱码头	70
冷藏箱	70

续 表

运作环节	CCQI 基准
冷藏船运公司	75
冷藏船	60
港口码头	70

冷链质量指标标准（CCQI）基准的所有基准值需要内部审计合格后才能成功通过。如果运作过程中 CCQI 值与上述基准值不匹配或者超过基准水平的将不在证书的附件中显示，并且该操作环节的 CCQI 值不被计入整体 CCQI 值的计算中。

针对每一种操作类型（例如航运物流）的 CCQI 分值为所有操作地区的分值总和除以数量（取算数平均值）。对于该平均化过程，只有匹配或者超过 CCQI 基准值的操作才会被考虑在内，计算的结果取临近整数的最高值。个别操作或者非常重要的操作过程不计入计算结果。表 8-3 为某公司冷链质量指标标准（CCQI）主表示例的 CCQI 得分如下。

表 8-3　冷链质量指标标准（CCQI）主表

操作类型	CCQI 值
卡车和拖车服务	76 分
航空运输	71 分
机场停机坪处理	68 分
短期储存	79 分

下面以卡车和拖车运输标准为例，详细说明冷链指标 CCQI 值计算过程：

卡车和拖车运输冷链质量指标标准适应于长途/国际道路运输或者是当地的配送服务。该标准并不适用于直接附属于另外一个冷链物流运作的交通运输，例如，停机坪上卡车和拖车运输和一个仓库内的货物运输。

卡车和拖车运输主表包含以下几个部分：

A. 组织机构；

B. 运输设备/交通工具（车辆总数）；

B1. 用于长途运输/国际运输的运输设备；

B2. 用于当地物流配送的运输设备。

如果，运输车辆同时应用于长途运输（含国际运输）和当地配送，那么 B1 和 B2 应同时被完成。B1 和 B2 部分适用于单独配送车辆或者是同一类型并且是同一配件范围的车辆组。对于不同车辆组，表 B1 和 B2 应包含说明相关配送车辆独特性的说明表（例如车牌号）。

案例：

冷链质量指标标准（CCQI）中总共包含 70 辆卡车和拖车。其中 50 辆车（分 3 种类型）用于长途运输，20 辆车（分两组）用于当地的配送服务，那么计算方法如表 8－4 所示。

表 8－4　冷链质量指标标准（CCQI）主表

指标类型	单位数量	分值
组织机构		28 分
配送设备 A 组（长途）	25 辆车	48 分
配送设备 B 组（长途）	15 辆车	43 分
配送设备 C 组（长途）	10 辆车	50 分
配送设备 D 组（短途）	12 辆车	40 分
配送设备 E 组（短途）	8 辆车	22 分
卡车和拖车 CCQI 分值＝28＋（25×48 ＋15×43 ＋10×50＋12×40＋8×22）/70＝70.9 分		

CCQI 的计算方法为组织机构得分与配送设备平均分的总和，并按遇小数取临近数值最高分（例如，计算分数为 70.1～70.9 分，那么最终得分为 71 分）的原则计算最后得分。因此该案例中 CCQI 的最终得分为 71 分。

总的来说，所有用于运输 PTSPs 的车辆，无论使用程度如何频繁，在计算 CCQI 分值时都应被计算在内。

（二）冷链质量一致性要求

冷链质量一致性要求，即为实现合格而进行的冷链质量一致性检查。一致性要求是根据易腐货物运输业的需求而制定，为冷链运营提供了强制性以及高质量的冷链操作管理建议。任何企业如果希望通过德国劳氏船级社的 CCQC 认证，必须把这些标准贯彻到内部的管理系统中，据此制定出企业内部操作守则。

冷链质量一致性要求包括：政策、强制性法规/冷链控制条件、培训（冷链相关人员名单、培训主题）、职责和权利（冷链经理、具体职责和权限）、冷链相关分包商和供应商、不符合情况的索赔以及客户投诉、控制文件（记录、文献）、内部审计、管理评审等。

三、冷链质量指标标准认证过程

第一步：将本标准对于冷链的说明文件与该组织的管理系统相关联（即纳入组织的“内部手册”中）；

第二步：在整个组织内实现冷链相关的管理体系，这包括对自有/长期租用的硬件以及相应的冷链操作环节等实施冷链质量指标标准（CCQI）主表中的所有一致性要求；

第三步：由组织自身开展内部审核和管理评审；

第四步：外部审核。外部审核通过的前提是由德国劳氏船级社（GL）审计师证明冷链质量指标标准（CCQI）主表完成正确、CCQI值计算正确、所有CCQIs值均达到基准并且符合冷链质量一致性要求；

第五步：正式通过认证，由德国劳氏船级社（GL）为完全符合认证要求的这部分企业签发证书。

冷链质量指标标准认证过程中，外部审计是其核心内容，下面就外部审计的相关事项进行详细说明。

1. 外部审计流程

第一步：提交德国劳氏船级社（GLC）认证申请；

第二步：德国劳氏船级社（GLC）提名首席审计师；

第三步：由首席审计师设计审计环节，并与冷链经理安排审计具体工作；

第四步：在审计开始前，现场公布详细的审计计划；

第五步：在审计结束后，以书面形式将审计结果报告给高层管理人员，如有需要大调或者微调的不符合项将报告给冷链经理。

微调不符合项是指与标准要求存在微小偏差的项目，不危及组织的冷链运作，微调不符合项应在3个月内予以纠正。如果在未来审计时微调不符合项仍然存在，则自动转成严重不合格项。

大调不符合项是指偏离一致性要求的项目，真正威胁到组织的冷链运作，众多微调不符合项可以合并成一个大调不符合项。大调不符合项存在时，将不签发或者收回冷链质量指标标准（CCQI）证书，待其重新通过审核后再恢复其证书。

2. 外部审计的前期准备工作

（1）确定外部审计时间表（见表 8-5）。

表 8-5　外部审计时间

冷链人员数量	≤5	6～20	21～50	51～100	101～200	201～500	501～1000	1001～2000	2001～5000	5001～10000
审查天数	1	1.5	2	2.5	3	4	5	6	7	8
位置数量	1～3	4～10	11～20	21～30	31～50	51～100	101～200	201～300	301～400	401～500
被审查的位置	1	2	3	4	5	6	7	8	9	10
现场附加审核天数	0.5	1	1.5	2	2.5	3	3.5	4	4.5	5

以上时间表的设定是以假设组织已做好审计的准备工作为前提。

（2）在组织的管理系统文件中反映出来冷链质量指标标准（CCQI）规定的所有要求。此文件是一个包含引用冷链质量指标标准（CCQI）要求的详细文档的交叉引用表。

（3）所有冷链相关部门和冷链相关操作环节的内部审计都已经完成冷链质量指标标准（CCQI）要求的所有检查，并且没有严重不合格记录存在。

（4）所有相关冷链质量指标标准（CCQI）主表已经仔细正确填写。

（5）每个操作环节的整体 CCQI 值计算准确。

（6）最高管理层进行冷链相关的管理审查。

（7）在配制不当、外部审计或检测不合格的情况下，将额外需要的重新审核时间以及实际需要的审计时间添加到时间表中。

3. 外部审计认证期限

外部审计成功后将得到每个操作环节的整体 CCQI 值（0～100），此整体 CCQI 值在审计最后一天公布之后的 12 个月内有效。年度外部审计通过后可以进行冷链质量指标标准（CCQI）证书的续期，有效期从最新的冷链质量指标标准（CCQI）年度审计时间开始计算。

第二节　药品经营质量管理规范

一、GSP 概述

GSP 是《药品经营质量管理规范》的英文缩写，是药品经营企业统一的质量管理准则。药品经营企业应在药品监督管理部门规定的时间内达到 GSP 要求，并通过认证取得认证证书。

GSP 是控制医药商品流通环节所有可能发生质量事故的因素从而防止质量事故发生的一整套管理程序，医药商品在其生产、经营和销售的全过程中，由于内外因素作用，随时都有可能发生质量问题，必须在所有这些环节上采取严格措施，才能从根本上保证医药商品质量。因此，许多国家制定了一系列法规来保证药品质量，在实验室阶段实行 GLP，新药临床阶段实行 GCP，在医药商品使用过程中实施 GUP，GSP 是这一系列控制中十分重要的一环。

GSP 药品经营质量管理规范的核心是通过严格的管理制度来约束企业的行为，对药品经营全过程进行质量控制，保证向用户提供优质的药品对于连锁零售药店来讲，政府部门现行的 GSP 认证并不是一劳永逸的行为，自觉抓好日常经营管理中的科学监管规范经营行为才是保证药品安全，提高企业经营管理水平，促进企业发展的核心。

我国的第一部 GSP 是 1984 年 6 月由中国医药公司（现国药集团股份）发布的《医药商品质量管理规范》，经过若干年试行后进行了系统修改，于 1992 年 3 月 18 日由国家医药管理局再次发布，成为我国的第二部 GSP。我国现行 GSP 是 2000 年 4 月 30 日由国家药品监督管理局发布的，自 2000 年 7 月 1 日起施行。随后，国家药品监督管理局又于 2000 年 11 月 16 日印发《药品经营质量管理规范实施细则》（GSP 实施细则）。此后分别于 2008 年和 2010 年对 GSP 进行修订，并于 2012 年 4 月公布征求意见稿，新修订的《药品经营质量管理规范》（简称 GSP）于 2013 年 6 月 1 日起正式实施。

二、GSP 修订说明

《药品经营质量管理规范》是规范药品经营质量管理的基本准则。现行 GSP 自 2000 年颁布实施后，经过十年的实践，对提高药品经营企业素质，规范药品经营行为，保障药品质量安全起到了十分重要的作用。但随着我国经济与社会的快速发展，现行 GSP 已不能适应药品流通发展和药品监管工作要求，主要表现在：一是与《药品管理法》等法律法规以及有关监管政策存在不一致的地方；二是一些规定已不能适应药品流通发展的状况，如购销模式的改变、企业管理技术和物流业的发展等；三是不能适应药品市场监管新的发展需要，如对购销渠道的规范管理、储存温湿度的控制、高风险品种的市场监管、电子监管的要求等；四是GSP的标准总体上已不适应药品许可管理要求，落后于推进产业发展的目标，降低了市场准入的标准，不利于保证药品安全。尤其是《国家药品安全“十二五”规划》《“十二五”期间深化医药卫生体制改革规划暨实施方案》等一系列重要文件的发布，对药品流通改革提出了更明确的要求，现行GSP已不能适应医改工作的发展和药品监管工作的需要，修订十分必要。

从2005年起，国家食品药品监管局着手开展调查研究，探索在GSP修订中如何贯彻科学监管理念，有效提高监管工作效能，2009年正式启动修订工作。在修订过程中，广泛借鉴了世界卫生组织以及一些发达国家和地区药品流通监管政策，全面调查了我国药品流通行业状况，多次召开地方食品药品监管部门、药品生产与经营企业以及相关部门代表座谈会，三次上网征求意见，同时征求了商务部、工信部、卫生部、国家税务总局、国家中医药管理局等部门和相关行业协会的意见，最终形成了GSP修订草案，提交卫生部部务会，经卫生部部务会通过并正式发布施行。

1. 新修订GSP的适用范围

新修订GSP是药品经营企业从事经营活动和质量管理的基本准则，同时也规定：“药品生产企业销售药品、药品流通过程中其他涉及储存与运输药品的，也应当符合本规范相关要求。”将药品生产企业销售药品、涉药物流等的相关活动纳入适用范围，是GSP为适应新的要求，弥补监管工作空白，实现对药品流通全过程监管的重要修订。国家食品药品监管部门将依据这一规定，制定相应的具体政策措施，加强对药品生产企业、社会物流企业相关活动的监管，消除各种影响药品安全的风险隐患。

由于使用环节药品质量管理的差异性，此次新修订GSP没有将医疗机构药品采购、储存等活动纳入适用范围，但鉴于医疗机构药品使用的质量管理与经营质量管理密切相关以及药品监管职能的要求，新修订GSP规定了：“医疗机构药房和计划生育服务机构的药品采购、储存、养护等质量管理规范有国家食品药品监督管理局另行制定。”

2. 相关配套文件的制定和施行

对于药品经营质量管理过程中的一些技术性、专业性较强的规定或者操作性要求需要更加详细、具体的内容，如计算机系统、仓储温湿度监测系统、药品收货和验收、冷藏和冷冻药品的储存、运输等管理规定，将由国家食品药品监督管理局制定相应细化的管理文件，以GSP附录的形式另行发布，作为GSP组成部分一并监督实施。

三、GSP关于药品冷链管理的相关内容

新修订GSP共4章，包括总则、药品批发的质量管理、药品零售的质量管理、附则，共计187条。新修订GSP集现行GSP及其实施细则为一体，虽然篇幅没有大的变化，但增加了许多新的管理内容。如新修订GSP借鉴了国外药品流通管理的先进经验，引入供应链管理理念，结合我国国情，增加了计算机信息化管理、仓储温湿度自动检

测、药品冷链管理等新的管理要求，同时引入质量风险管理、体系内审、验证等理念和管理方法，从药品经营企业人员、机构、设施设备、文件体系等质量管理要素的各个方面，对药品的采购、验收、储存、养护、销售、运输、售后管理等环节做出了许多新的规定。本书主要就药品冷链管理的相关内容进行详细说明。

1. 药品冷链管理的目标及要求

目标：完善药品冷链管理的法律法规，制定严密科学的冷链强制标准，全面提升冷链设施条件，全面推进技术应用，强化冷链监督措施及要求，扶持药品专业冷链物流发展。

要求：企业经营冷藏、冷冻药品的，应在收货、验收、储存、养护、发货、配送、运输等环节实施严格的冷链管理。

2. 药品冷藏储存设备

（1）库房冷藏设备的数量及面积应与经营品种的规模相适应。

（2）冷库应配有自动监测、调控、显示温湿度记录的状况以及报警设备，配有备用发电机或安装双路电路、或配有备用制冷机组。

（3）库房各个门均应设空气幕等隔离措施，库房结构严密、地面、墙壁光滑平整。

3. 冷藏运输设备

（1）应配备与经营品种、配送规模相适应的冷藏车、冷藏箱。

（2）冷藏车、冷藏箱应符合规定，具有自动除霜、自动温湿度监控记录功能。

（3）冷藏车、冷藏箱温度的数据上传。

4. 冷链收货验收管理

（1）收货时检查运货方的运输方式、运输时间、运输设备及温度状况等并记录，对不符合运输温度要求的拒收。

（2）使用冷藏车运输的应将药品直接卸至冷藏库内待验。

（3）使用车载冷藏箱运输的，应将冷藏箱运输至冷藏库内验收。

5. 冷链储存的管理

应制订冷藏储运管理应急预案，对发生断电、故障等有相应的措施。

6. 冷链药品的出库管理

（1）冷链药品拣选应在冷库中进行。

（2）药品不得直接接触冷媒。

（3）运输时，应先对冷藏车、冷藏箱进行预冷。

7. 冷链运输的管理

（1）建立冷链药品运输应急机制（发生意外时可联系供货商网点就近连接）。

（2）对于配送、托运、调拨的冷藏药品，达不到要求的不得发货。

8. 冷藏药品的退货管理

无质量问题不得退货（客户须主动提供运输等的温度监控记录，不提供不得退货）。

第三节　良好操作规范

GMP（Good Manufacturing Practice）即良好的操作规范，最早是美国国会为了规范药品生产而于1963年颁布的，这也是世界上第一部GMP。由于GMP在规范药品的生产，提高药品的质量，保证药品的安全方面效果非常明显，FDA即美国食品药品管理局于1980年颁布了食品GMP以规范食品的生产。当前除美国已立法强制实施食品GMP外，其他如日本、加拿大、新加坡、德国、澳洲、中国等国家均采取劝导方式、辅导业者自动自发实施。

一、GMP在中国的发展历程

我国食品行业应用GMP始于20世纪80年代。1984年，为加强对我国出口食品生产企业的监督管理，保证出口食品的安全和卫生质量，原国家商检局制定了《出口食品厂、库卫生最低要求》。该规定是类似GMP的卫生法规，于1994年卫生部修改为《出口食品厂、库卫生要求》。1994年，卫生部参照FAO/WHO食品法典委员会CAC/RCP Rev. 2—1985《食品卫生通则》，制定了《食品企业通用卫生规范》（GB 14881—1994）国家标准。随后，陆续发布了《罐头厂卫生规范》《白酒厂卫生规范》等19项国家标准。

虽然上述标准均为强制性国家标准，但由于标准本身的局限性、我国标准化工作的滞后性、食品生产企业卫生条件和设施的落后状况，以及政府有关部门推广和监管措施力度不够，这些标准尚未得到全面的推广和实施。为此，卫生部决定在修订原卫生规范的基础上制定部分食品生产GMP。2001年，卫生部组织广东、上海、北京、海南等部分省市卫生部门和多家企业成立了乳制品、熟食制品、蜜饯、饮料、益生菌类保健食品五类GMP的制、修订协作组，确定了GMP的制定原则、基本格式、内容等，不仅增强了可操作性和科学性，而且增加并具体化了良好操作规范的内容，对良好的生产设备、合理的生产过程、完善的质量管理、严格的检测系统提出了要求。人用药方面，1988年在中国大陆由卫生部发布，称为药品生产质量管理规范，后几经修订，最新的为2010年修订版。

中国兽药行业GMP是在20世纪80年代末开始实施。1989年中国农业部颁发了《兽药生产质量管理规范（试行）》，1994年又颁发了《兽药生产质量管理规范实施细则（试行）》。1995年10月1日起，凡具备条件的药品生产企业（车间）和药品品种，可按申请药品GMP认证。取得药品GMP认证证书的企业（车间），在申请生产新药时，卫生行政部门予以优先受理。至1998年6月30日，未取得药品GMP认证的企业（车间），卫生行政部门将不再受理新药生产申请。

2002 年 3 月 19 日，农业部修订发布了新的《兽药生产质量管理规范》（简称《兽药 GMP 规范》）。同年 6 月 14 日发布了第 202 号公告，规定自 2002 年 6 月 19 日至 2005 年 12 月 31 日为《兽药 GMP 规范》实施过渡期，自 2006 年 1 月 1 日起强制实施。

目前，中国药品监督管理部门大力加强药品生产监督管理，实施 GMP 认证取得阶段性成果。现在血液制品、粉针剂、大容量注射剂、小容量注射剂生产企业全部按 GMP 标准进行，国家希望通过 GMP 认证来提高药品生产管理总体水平，避免低水平重复建设。已通过 GMP 认证的企业可以在药品认证管理中心查询。《药品生产质量管理规范（2010 年修订）》已于 2010 年 10 月 19 日经卫生部部务会议审议通过，现予以发布，自 2011 年 3 月 1 日起施行。

二、实施 GMP 认证的好处

（1）为食品生产提供一套必须遵循的组合标准。

（2）为卫生行政部门、食品卫生监督员提供监督检查的依据。

（3）为建立国际食品标准提供基础，例如：HACCP、BRC、SQF。

（4）满足顾客的要求，便于食品的国际贸易。

（5）为食品生产经营人员认识食品生产的特殊性，提供重要的教材，由此产生积极的工作态度，激发对食品质量高度负责的精神，消除生产上的不良习惯。

（6）使食品生产企业对原料、辅料、包装材料的要求更为严格。

（7）有助于食品生产企业采用新技术、新设备，从而保证食品质量。

三、GMP 验证的一般步骤

1. 设计确认

由设计、咨询单位专家、本企业高层领导和专业技术人员参加，对设计进行审查和确认。

2. 安装确认

安装确认是对供应商所提供的技术资料核查，设备、备品备件的检查验收，设备的安装检查，以确认其是否符合 GMP、厂商的标准及企业特定技术要求的一系列活动。

3. 运行确认

运行确认试验指通过按草拟的标准操作规程进行单机或系统的运行试验，即试车。

4. 性能确认

性能确认是为了证明设备、系统是否达到设计标准和 GMP 有关要求而进行的系统性检查和试验。

第四节　危害分析和临界控制点

危害分析和临界控制点（Hazard Analysis and Critical Control Point，HACCP）是20世纪60年代由皮尔斯伯公司联合美国国家航空航天局（NASA）和美国一家军方实验室（Natick地区）共同制定的，体系建立的初衷是为太空作业的宇航员提供食品安全方面的保障。近年来，随着全世界人们对食品安全卫生的日益关注，食品工业和其消费者已经成为企业申请HACCP体系认证的主要推动力。世界范围内食物中毒事件的显著增加激发了经济秩序和食品卫生意识的提高，在美国、欧洲、英国、澳大利亚和加拿大等国家，越来越多的法规和消费者要求将HACCP体系的要求变为市场的准入要求。一些组织，例如美国国家科学院、国家微生物食品标准顾问委员会，以及WHO/FAO营养法委员会，一致认为HACCP是保障食品安全最有效的管理体系。

一、HACCP的定义

HACCP确保食品在消费的生产、加工、制造、准备和食用等过程中的安全，在危害识别、评价和控制方面是一种科学、合理和系统的方法，但不代表在健康方面是一种不可接受的威胁。识别食品生产过程中可能发生的环节并采取适当的控制措施防止危害的发生。通过对加工过程的每一步进行监视和控制，从而降低危害发生的概率。

危害的含义是指生物的、化学的或物理的代理或条件所引起潜在的健康的负面影响。食品生产过程的危害案例包括金属屑（物理的）、杀虫剂（化学的）和微生物污染，如病菌等（生物的）。今天的食品工业所面临的主要危害是微生物污染，例如，沙门氏菌、生态氧157：H7、防腐剂、胚芽菌、峻菌、肉菌等。

二、HACCP运作原理

在HACCP中，有七条原则作为体系的实施基础，它们分别是：

（1）分析危害。检查食品所涉及的流程，确定何处会出现与食品接触的生物、化学或物理污染体。

（2）确定临界控制点。在所有食品有关的流程中鉴别有可能出现污染体的、并可以预防的临界控制点。

（3）制定预防措施。针对每个临界控制点制定措施将污染预防在临界值或容许极限内。

（4）监控。建立流程，监控每个临界控制点，鉴别何时临界值未被满足。

（5）纠正措施。确定纠正措施以便在监控过程中发现临界值未被满足。

（6）确认。建立确保HACCP体系有效运作的确认程序。

（7）记录。建立并维护一套有效系统将涉及所有程序和针对这些原则的实施记录，并文件化。

三、HACCP 的特点

在食品的生产过程中，控制潜在危害的先期觉察决定了 HACCP 的重要性。通过对主要的食品危害，如微生物、化学和物理污染的控制，食品工业可以更好地向消费者提供消费方面的安全保证，降低食品生产过程中的危害，从而提高人民的健康水平。

传统的食品安全控制流程一般建立在“集中”视察、最终产品的测试等方面，通过“望、闻、切”的方法去寻找潜在的危害，而不是采取预防的方式，因此存在一定的局限性，举例来说，在规定的时间内完成食品加工工作、靠直觉去预测潜在的食品安全问题、在最终产品的检验方面代价高昂，为获得有意义的、有代表性的信息，在收集和分析足够的样品方面存在较大难度。

而在 HACCP 管理体系原则指导下，食品安全被融入设计的过程中，而不是传统意义上的最终产品检测。因而，HACCP 体系能提供一种能起到预防作用的体系，并且更能经济地保障食品的安全。部分国家的 HACCP 实践表明实施 HACCP 体系能更有效地预防食品污染。例如，美国食品药品管理局的统计数据表明，在水产加工企业中，实施 HACCP 体系的企业比没实施的企业食品污染的概率降低了 20%～60%。

实施 HACCP 体系有以下特点：

（1）强调识别并预防食品污染的风险，克服食品安全控制方面传统方法（通过检测，而不是预防食物安全问题）的限制，有完整的科学依据；

（2）由于保存了公司符合食品安全法的长时间记录，而不是在某一天的符合程度，使政府部门的调查员效率更高，结果更有效，有助于法规方面的权威人士开展调查工作；

（3）使可能的、合理的潜在危害得到识别，即使以前未经历过类似的失效问题。因而，对新操作工有特殊的用处；

（4）有更充分的允许变化的弹性。例如，在设备设计方面的改进，在与产品相关的加工程序和技术开发方面的提高等；

（5）与质量管理体系更能协调一致；

（6）有助于提高食品企业在全球市场上的竞争力，提高食品安全信誉度，促进贸易发展。

四、HACCP 应用情况

1977 年，美国水产界的专家 Lee 首次将 HACCP 概念用于新鲜和冻结的水产品。

1986 年，美国国会授权商务部的国家海洋大气管理局（NOAA）根据 HACCP 概念设计改善水产品的监督体制。以后，许多机构合作，以 HACCP 为基础制定对水产品监督检验方案。

20 世纪 80 年代美国在水产品的安全性方面进行了广泛的研究，进一步推动 HACCP 的推广应用。

1991 年，美国推出 FDA/NOA 新的推荐性海产品检验规范（草案），并在北美、欧洲、亚洲分别举办区域性研讨会介绍推行新草案。

1992—1993 年，FDA 起草以 HACCP 为基础的《水产品的危害与控制导则》(*Fish and Fishery Products Hazards&Controls Guide*)，于 1994 年发出初稿，征求意见；于 1996 年 9 月公布第一版。

1995 年 12 月，美国发布联邦法规《水产与水产加工品生产与进口的安全与卫生的规范》(21 *CFR Part* 123 *and* 1240 *Procedures for the safe and sanitary Processing and Importing of Fish and Fishery Products Final Rule*)。该法规又简称为：海产品 HACCP 法规，它规定自 1997 年 12 月 18 日开始在美国水产品加工业及水产品进口时强制推行 HACCP，这不仅对美国国内水产业，而且对于进入美国的外国水产品及其生产者都产生了巨大影响。1997 年 12 月 18 日该法规正式实行。至此，美国基本完善了在水产界推广应用 HACCP 的法规体制。

对大多数 HACCP 成功的使用者来说它可用于从农场到餐桌的任何环节。在农场上，可以采用多种措施使农产品免受污染。例如，监测好种子、保持好农场卫生、对养殖的动物做好免疫工作等。在食品加工厂里的屠宰和加工过程中也应做好卫生工作，当肉制品和家禽制品离开工厂时，还应做好运输、贮存和分发等方面的控制工作。在批发商店里，确保合适的卫生设施、冷藏、存贮和交付活动免受污染。最后，在餐馆、食品服务机构和家庭厨房等地方也应做好食品的贮藏、加工和烹饪的工作，确保食品安全。

第五节 食品质量安全认证

食品质量安全（Safety Quality Food，SQF）保障体系模式。SQF 体系标准借鉴 CAC 法典框架，以 HACCP 体系、国家食品微生物规范咨询委员会（NACMCF）理论为应用基础，同时还参考了 ISO 9001：2000、质量管理（QM）。由于 HACCP 计划 SQF 1000 体系，是对真正实现“农田到餐桌”全程管理控制的完善。

SQF 标准每 3 年修订 1 次，并于修订后重新发布。到目前为止，已对 1995 年正式发布的第 1 版 SQF 2000 做了 4 次修订，2000 年正式发布的第 1 版 SQF 1000 因需要已修订 3 次。

SQF 体系是用以识别产品风险、验证并监控食品安全的标准。其主要由两部分构成，SQF 1000 厘米标准（或 SQF 1000）及 SQF 2000 米标准（或 SQF 2000），分别代表两种质量代码，另外，还有关于申请 SQF 前所具备资格等附属文件。

一、SQF 2000 体系标准

SQF 2000 标准是整个 SQF 体系的核心与主体，并适用于整个食品供应链生产及销售过程，与 GMP 相似。该体系涉及人员相当广泛，包括初级农产品生产者、食品加工者、零售商、代理商及进出口商。

SQF 2000 标准总体框架分为食品质量计划及食品安全计划，相对 HACCP 体系而言，它更强调文件记录的重要性。具体文件为 SQF 一线管理人员记录、培训计划记录、农产品生产记录、农产品供应记录、产品认证记录、消费者投诉记录、最终产品抽样与检测分析记录、产品追溯及召回记录等。就每个记录文件，SQF 2000 标准给出了 3 个认证层次，达到何种层次，SQF 2000 体系都做了详细说明与规定，并只有达到第三层才能获许在其产品上贴 SQF 认证商标。

二、SQF 1000 体系标准

SQF 1000 标准主要是为进入 SQF 2000 标准前针对该产品供应商的第三方审核需要而开发，并专门提供给初级农产品加工生产者，使其执行的食品质量安全计划，旨在控制初级鲜活农产品田间质量安全，相当于我们通常意义下的 GAP。

SQF 1000 与 SQF 2000 相似，包括所有 SQF 2000 框架内容，只是应用对象及应用范围不同，实施难度相对 SQF 2000 简单。SQF 1000 也分为 3 个层次，初级农产品生产者也可根据提供的 3 个层次认证标准，提出相应的产品认证。

三、SQF 体系专家队伍建设

SQFI 通过采取自身专家队伍建设来实现对 SQF 体系的管理及发展，为此 FMI 建立了《专家标准》和为此标准作修订及完善工作的技术委员会（Technical Committee），以确保专家队伍与全球食品发展趋势相适应。

专家可在权限范围内分为代表申请及应用 SQF 体系客户利益的咨询专家和在 FMI 注册并负责修订与完善 SQF 体系的内部专家。专家研究领域涉及食品工业所有相关领域。每位专家在 SQFI 均有详细的专门备案（该信息可通过 SQFI 官方网站查证及监督），且具备 ID 身份证，该身份证具有有效期。

另外，对于专家队伍的类型及资格认定还依据 SQF 1000 及 SQF 2000 体系的 3 个层次分别注册其咨询或权限范围，资格可分为一般行业专家及高风险行业评估专家。

四、SQF 体系的相关认证

SQF 体系由 FMI 制定及管理，FMI 应其零售商成员的要求采用 SQF 体系。该体系被全球食品安全促进会（Global Food Safety Initiative，GFSI）所接受，其具体规程指南在国际认证论坛（International Accreditation Forum）上推广为国际性应用标准。在拥有 SQF 体系标准商标的同时也可获得 GFSI 认证商标。

（一）对赋予 SQF 体系外审员资格认证机构的认证

该认证机构所针对的认证对象为外审员资格认证机构，认证执行主体为独立的第三方认证机构。其必须按照《ISO/IAF 指南》65 号文件及其他一些附加条款《ISO/IEC 指南》1996 年 65 号文件及 2004 年最新《授予 SQF 认证资格的认证机构行为指南》（第 4 版）文件执行。以上文件主要包括认证机构及其人员的公证性、认证能力及信用相关要求等，并在互联网上加以共享，以提供给不同国家的认证机构相互交流。

（二）对 SQF 体系外审员的认证

认证对象主要为外审员，认证执行主体为外审员资格认证机构。培训 SQF 体系外审员至少需要 6 个月，该审核人员及实验室必须能很好地履行其职责，其认证资格也必须经过年度审核（外审员必须通过由某国委派的认证机构，依照 ISO 组织相关认证标准所认可）。另外，对外审员进行资格认证的机构在一定时间，会通过一定方式将获得外审资格的人员名单对外公示。

（三）对 SQF 体系的认证

认证对象为企业所申请的 SQF 体系。该认证是一个独立运作的过程，认证执行者为外审人员，通过认证的食品生产者即被授权生产、销售其产品，同时为食品生产者提供食品质量及安全管理的保障措施。SQF 体系涉及农产品包括蔬菜、水果、水产品、畜产品、罐头食品及软包装饮料等。

对于农产品生产者及消费者而言，所共同关注的是产品的质量与安全。为此，SQF 体系的认证相当严格，但具备很高的可操作性。外审员在就产品企业认证过程中，具体要求认证内容如下：

（1）培训记录。其中，培训计划的首要要求需任命 1 名培训督导，该督导必须由注册培训机构（Registered Training Organization，RTO）所培训并授权；其次还必须具备管理并熟知食品生产操作过程；最后该督导被赋予特权，可就食品生产工人的生产行为给予咨询，并在操作人员违规操作时给予一定处罚。

（2）加工过程记录。加工过程必须严格按照 SQF2000 体系中的要求作好相关记录，该记录与 HACCP 体系中要求的记录非常相似，只是其中的完善、记录、纠偏、记录的保存等是通过 SQF 相关人员来完成的。

（3）体系自检记录。SQF 体系要求其中涉及的一切文件记录必须每年都要更新 1

次，认证要求该文件中必须指明对该自检记录进行更新的人是谁，并将更正过程进行记录。

(4) 食品召回记录。对 SQF 体系认证要求，必须附加召回附录，包括具体召回时间、内容、人员、处理过程及意见等。

对以上主要记录文件，认证要求至少保持 1 年，且必须完整，不能缺失，更不能伪造。

五、SQF 体系的应用现状

目前，SQF 体系在 80 多个国家和地区，包括美国、澳大利亚、新西兰、日本、韩国、新加坡等的 4000 多家农产品生产厂实施，SQF 资深专家及外审员遍布全球，在各个不同农产品生产行业发挥着自身的作用。

虽然 SQF 是基于 HACCP 体系而建立的，但并非一个强制执行标准，与 ISO 标准一样，该体系提供给田间农产品种植者、加工者及食品生产者是一个自愿执行的标准。其应用范围包括新鲜果蔬的种植、鲜活水产品的养殖、成品包装及其运输和销售等，在一定程度上弥补了 HACCP 体系在鲜活农产品种植阶段应用困难的缺陷。另外，SQF 体系力图尽量消除和协调生产、销售过程的许多相关但不一致性，且 SQF 体系认证费用较少、时间较短，一个已通过 ISO 9000 体系及 HACCP 体系的企业通过 SQF 体系认证只需 3 个月。

目前，SQFI 致力于 SQF 体系的研发、拓展及消费者参与工作，并通过加强与食品生产及销售企业的合作来达到普及推广 SQF 体系的目的。2004 年 FMI 在墨西哥全国范围内推行的 SQF 体系得到墨西哥农业部及卫生部的大力支持，同时 FMI 也派出 100 名专家加入此次浩大的培训工作中。在中国，SQF 体系已初步运用到软饮料的生产，但是相对于农产品从“农田到餐桌”整个过程实施而言，应用范围及力度仍显得相当不够。

六、SQF 体系发展前景

SQF 体系被推荐为最全面适合“农田到餐桌”全程质量安全监控的体系之一，被喻为“黄金标准”。

(1) SQF 体系发展历程较短，加之不同产品在不同过程实施的难度，使 SQF 体系应用仍需不断完善。其中，SQF 1000 体系应用范围及可操作性还不如 SQF 2000 体系。所以在一定程度上 SQF 体系可开发的空间相当广阔。

(2) 体系的发展与农产品质量安全现状及其他相关条件是密不可分的，如社会道德与责任感强化，生态环境良好，动物福利得到足够重视及微生物危害风险降低等。所以，只有以上所列举因素的提高才能有效促进 SQF 体系的发展与实施。

(3) 目前，在一个国家获得 SQF 商标的产品，在另一个国家，未必被该国所认可，也不被其消费者所信赖。诸如在美国本土生产的产品获得 SQF 认证商标，但该产品出口到其他国家就未必会被认可。因此，SQF 体系在国际上的认可度还有待扩大。

第六节　其他相关认证

一、ISO 22000 食品安全管理体系认证

ISO 22000：2005 是由 ISO/TC34 农产食品技术委员会制定的一套专用于食品链内的食品安全管理体系。ISO 22000 是在 HACCP、GMP（良好操作规范）和 SSOP（卫生标准操作规范）的基础上，同时整合了 ISO 9001：2000 的部分要求而形成的。

ISO 22000：2005 采用了 ISO 9000 标准体系结构，将 HACCP（危害分析和临界控制点）原理作为方法应用于整个体系；明确了危害分析作为安全食品实现策划的核心，并将国际食品法典委员会（CAC）所制定的预备步骤中的产品特性、预期用途、流程图、加工步骤和控制措施和沟通作为危害分析及其更新的输入；同时将 HACCP 计划及其前提条件—前提方案动态、均衡的结合。本标准可以与其他管理标准相整合，如质量管理体系标准和环境管理体系标准等。

1. 食品安全管理体系关键原则

ISO 22000 国际标准规定的食品安全管理体系，包括以下元素：

(1) 互动交流。为了确保食品链每个环节中所有相关的食品危害均得到识别和充分控制，组织在食品链中的上游和下游的组织间需要进行沟通，与顾客和供方关于确定的危害和控制措施的沟通有助于澄清顾客和供方的要求。

(2) 系统管理。最有效的食品安全体系在已构建的管理体系框架内建立、运行和更新，并将其纳入组织的整体管理活动中，ISO 22000 与 ISO 9001 相协调，以加强两者的兼容性，也可独立于其他管理体系标准单独使用，其实施可结合或整合组织已有的相关管理体系要求，同时也可利用现有的管理体系建立一个符合本准则要求的食品安全管理体系；整合了 HACCP 的实施步骤，并依据 ISO 2200：2005 中可审核的要求，将 HACCP 计划与前提方案结合。

(3) 前提方案。在危害分析中，组织通过前提方案（PRP）、操作性前提方案（OPRP）和 HACCP 计划的组合，确定采用的策略，以确保危害得到控制。

(4) HACCP 原则。

许多科学对上述元素已经进行了批判性评论，沿着食物链的沟通是必不可少的，以确保所有相关的食品安全危害在食品链中的每一环节有足够的控制，这意味着食品链中的上游和下游组织之间需要有充分的沟通。沟通与客户及供应商确定的危害及控

制措施将有助于澄清与客户和供应商的要求。

ISO 22000：2005标准既是描述食品安全管理体系要求的使用指导标准，又是可供食品生产、操作和供应的组织认证和注册的依据。

ISO 22000：2005表达了食品安全管理中的共性要求，而不是针对食品链中任何一类组织的特定要求。该标准适用于在食品链中所有希望建立保证食品安全体系的组织，无论其规模、类型和其所提供的产品。它适用于农产品生产厂商，动物饲料生产厂商，食品生产厂商，批发商和零售商。它也适用于与食品有关的设备供应厂商，物流供应商，包装材料供应厂商，农业化学品和食品添加剂供应厂商，涉及食品的服务供应商和餐厅。

2. 食品安全管理体系认证过程（见图8-2）

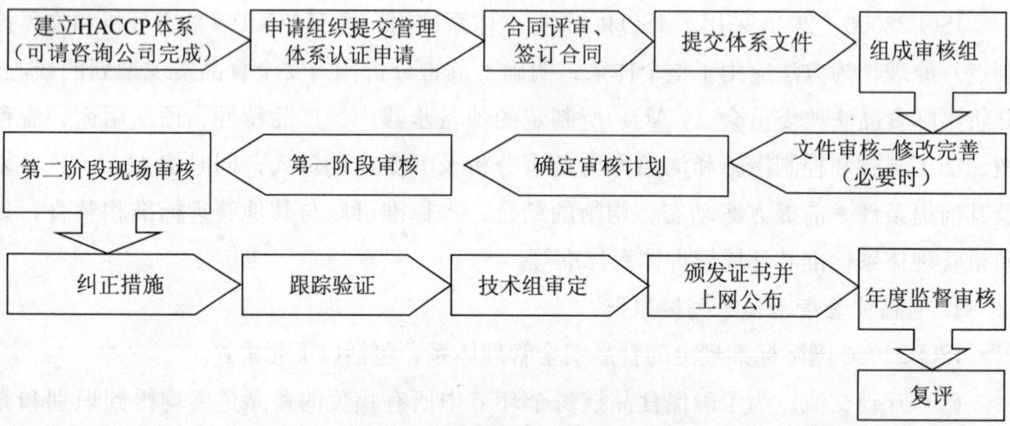

图8-2 ISO 22000食品安全管理体系认证流程

（1）认证的前提条件。

首先，产品生产企业应为有明确法人地位的实体，产品有注册商标，质量稳定且批量生产；其次，企业应按GMP和HACCP基本原理的要求建立和实施质量管理体系，并运行有效；再次，企业在申请认证前，HACCP体系应至少有效运行三个月，至少做过一次内审，并对内审中发现的不合格实施了确认、整改和跟踪验证；最后，在正式申请认证时，申请者应按认证机构的要求填写申请表，提交SSOP、HACCP计划书及其他有关证实材料（例如，危害分析、HACCP计划表、确定CCP点的科学依据、程序文件、厂区平面图、生产工艺流程图、车间布局图等。）

（2）认证阶段。

第一阶段：认证申请阶段。企业申请HACCP认证必须注意选择经国家认可的、具备资格和资深专业背景的第三方认证机构。在我国企业应该选择经过CNAB（中国国家进出口企业认证认可委员会）认可的认证机构从事HACCP的认证工作。认证机构将对申请方提供的认证申请书、文件资料、双方约定的审核依据等内容进行评估。认证机构将根据自身专业资源及 CNAB 授权的审核业务范围决定受理企业的申请，并与申请方签署认证合同。

第二阶段：认证审核阶段。认证审核阶段由两部分组成：文件审核（包括 SSOP 计划、GMP 程序、员工培训计划、设备保养计划、HACCP 计划等）和现场审核（主要评价 HACCP 体系、GMP 或 SSOP 的适宜性、符合性、有效性）。认证机构受理申请后将确定审核小组，并按照拟定的审核计划对申请方的 HACCP 体系进行初访和审核，鉴于 HACCP 体系审核的技术深度，审核小组通常会包括熟悉审核产品生产的专业审核员，专业审核员是那些具有特定食品生产加工方面背景并从事以 HACCP 为基础的食品安全体系认证的审核员。必要时审核小组还会聘请技术专家对审核过程提供技术指导。申请方聘请的食品安全顾问可以作为观察员参加审核过程。

第三阶段：认证证书保持阶段。鉴于 HACCP 是一个安全控制体系，因此其认证证书有效期通常最多为一年，获证企业应在证书有效期内保证 HACCP 体系的持续运行，同时必须接受认证机构至少每半年一次的监督审核。如果获证方在证书有效期内对其以 HACCP 为基础的食品安全体系进行了重大更改，应通知认证机构，认证机构将视情况增加监督认证频次或安排复审。

第四阶段：复审换证阶段。认证机构将在获证企业 HACCP 证书有效期结束前安排体系的复审，通过复审认证机构将向获证企业换发新的认证证书。

二、ATP 易腐食品运输及装备认证

ATP 即易腐食物国际运输及其特种运输设备协议认证。此协议被称为 ATP 协议（最初为法国易腐物品运输协议），1970 年 7 月 1 日由欧洲联合经济委员会内陆运输委员会起草，并于 2003 年修订为《易腐食品国际运输及其设备公约》，其附录专门对冷冻食品的运输，包括冷冻食品运输设备、温度测量等具体内容进行了详细规定。

ATP 协议适用于所有关于易腐产品的运输，可用于第三方或自我声明。ATP 协议适用于当运输货物装载和卸载地点处于不同国家地区且货物卸载地点处于 ATP 协议受控范围，且此协议专门针对铁路运输、公路运输或则两种运输方式相结合的运输方式进行管控。

除非运输车辆已经通过 ATP 认证，在两个不同国家之间（任何一个或均为 ATP 协议签约国）国家领域之间越界运输易腐食物将视为违法行为。一旦违法，货物将可能被扣留、遣回并且会承受大笔的罚款。

ATP 规定的易腐食品如下：冰冻食品、黄油、兽肉、即食罐装牛奶（经过巴氏消毒或未经过巴氏消毒的）、工业用牛奶、乳制品（酸奶、开菲乳、奶油干酪、清爽干酪）、鱼肉、贝类（烟熏、盐腌、晾干或则活鱼、活贝类除外）、肉类产品（腌制的、

烟熏的、晾干或则灭菌产品除外）、家禽肉和兔肉等。

ATP认证产品：冷藏机、动车辆冷藏集装箱、冷冻单元、隔热运输箱、冷藏车、冷藏柜、冷藏箱、冷藏半挂车、保温半挂车、冷藏车厢、保温车厢、保温车、保温箱、制冷机组、铁路冷藏车厢、蓄冷冷库、蓄冷车、蓄冷空调。

三、SSOP卫生标准操作规范

食品标准操作程序（Sanitation Standard Operation Procedure，SSOP）是食品生产企业为了使其加工的食品符合卫生要求，制订的指导食品加工过程中如何具体实施清洗、消毒和卫生保持的作业指导文件，以SSOP文件的形式出现。

（一）SSOP八项主要内容

（1）与食品接触或与食品接触物表面接触的水（冰）的安全；
（2）与食品接触的表面（包括设备、手套、工作服）的清洁度；
（3）防止发生交叉污染；
（4）手的清洗与消毒，厕所设施的维护与卫生保持；
（5）防止食品被污染物污染；
（6）有毒化学物质的标记、储存和使用；
（7）雇员的健康与卫生控制；
（8）虫害的防治。

（二）SSOP与GMP、HACCP的关系

SSOP指企业为了达到GMP所规定的要求，保证所加工的食品符合卫生要求而制定的指导食品生产加工过程中如何实施清洗、消毒和卫生保持的作业指导文件。它没有GMP的强制性，是企业内部的管理性文件。

GMP的规定是原则性的，包括硬件和软件两个方面，是相关食品加工企业必须达到的基本条件。SSOP的规定是具体的，主要是指导卫生操作和卫生管理的具体实施，相当于ISO 9000质量体系中过程控制程序中的“作业指导书”。制订SSOP计划的依据是GMP，GMP是SSOP的法律基础，使企业达到GMP的要求，生产出安全卫生的食品是制订和执行SSOP的最终目的。SSOP计划一定要具体，切忌原则性的、抽象的论述，要具有可操作性。

根据CAC制定的《HACCP体系和应用准则》和美国FDA的HACCP体系应用指南中的论述，GMP、SSOP是制订和实施HACCP计划的基础和前提。没有GMP和SSOP，实施HACCP计划将成为一句空话。SSOP计划中的某些内容也可以列入HACCP计划内加以重点控制。

GMP、SSOP 控制的是一般的食品卫生方面的危害，HACCP 重点控制食品安全方面的显著性的危害。仅仅满足 GMP 和 SSOP 的要求，企业要靠繁杂的、低效率和不经济的最终产品检验来减少食品安全危害给消费者带来的健康伤害（即所谓的事后检验）；而企业在满足 GMP 和 SSOP 的基础上实施 HACCP 计划，可以将显著的食品安全危害控制和消灭在加工之前或加工过程中（即所谓的事先预防）。GMP、SSOP、HACCP 的最终目的都是为了使企业具有充分、可靠的食品安全卫生质量保证体系，生产加工出安全卫生的食品，保障食品消费者的食用安全和身体健康。

第九章　冷链物流标准化建设

第一节　冷链物流标准化建设现状及存在问题

随着冷链物流在我国快速发展，系统地推进冷链物流标准化建设工作成为当前的一项重要任务。冷链物流标准化建设不仅直接影响着冷链物流相关企业内部和企业之间业务运作效率，更关系到冷链物流对象产品的流通效率，尤其是关系到民众生活和健康的食品、药品的流通安全。在我国，冷链物流尚处于快速发展的起步阶段，加强冷链物流标准化建设将极大地推动冷链物流朝着标准化、合理化和现代化方向发展。特别是随着全球经济一体化和物流国际化的发展，冷链物流标准化和规范化越来越重要，对于促进我国冷链物流与国际接轨，提高物流服务质量和效率，规范冷链物流市场秩序具有重要意义。

一、冷链物流标准化组织建设现状

我国已经建立了一套以全国标准化委员会领导下的标准化研究管理机构体系，全国物流标准化委员会是专门负责物流领域标准化工作的机构，下设专业委员会，其中，全国物流标准化委员会冷链物流分技术委员会是冷链物流标准化领域的管理协调机构。

近年来，冷链物流标准化组织建设有质的突破。随着国内冷链物流市场的发展，冷链标准化建设工作被政府、协会和相关企业提上管理日程。上海、广东等经济发达地区，相继成立了地方性的冷链物流标准化技术委员会，制定或颁布了地方性冷链物流标准。食品行业率先成立了食品冷链物流标准化技术委员会，食品冷藏、冷冻物流标准进入探索研究阶段。2009 年由中国物流技术协会负责筹建的“全国物流标准化技术委员会冷链物流分技术委员会”（简称冷标委）经过充分准备，筹备组已正式挂牌办公。2009 年 9 月 11 日国家标准化管理委员会批复，冷标委 11 月 30 日正式成立，标志着全国冷链物流标准化制定工作迈上了法制化建设轨道。冷标委下设物流服务、医药、食品、水产品、乳制品、果蔬花卉、畜牧产品、化工危险品、连锁超市、冷库、技术装备（GPS、冷藏车、冷藏机组、冷藏保温箱、温度仪表、附属设备等）、军事冷链物流 12 个工作组。设立冷标委，为我国冷链物流标准体系的建设提供了组织保证。

二、冷链标准体系现状

我国目前标准体系由国家标准、行业标准、地方标准、企业标准这四层级标准组成，通过对现有冷链标准的整理得知，我国已有冷链物流标准近 200 项，引用相关标准 200 余项，这些标准分别由不同行业和部门制定。

上述标准按属性分为：冷链物流基础标准、冷链物流作业技术与管理规范、冷链物流服务质量管理标准、冷链技术方法标准、冷链设施设备标准、冷链物流服务信息标准、冷链物流安全、环保卫生标准及检验、试验等其他相关标准（见表 9－1）。

从标准的分类看，作业与管理规范和冷链物流技术设备两大类标准的数量所占比例最大。

表 9－1　　冷链物流标准分类统计

序号	标准类别	数目
1	冷链物流基础标准	5
2	冷链物流作业与管理规范	57
3	冷链物流服务质量管理标准	3
4	冷链技术方法标准	13
5	冷链设施设备标准	54
6	冷链物流服务信息标准	4
7	安全、环保标准	10
8	卫生标准	45
9	相关标准（检验、实验、产品）	约 230

从已颁布标准的属性结构看，国家标准有 70 项，地方标准有 35 项，行业标准有 86 项（见表 9－2）。

表 9－2　　已颁布冷链物流标准层次分类

标准层次 / 标准类别	国家标准	地方标准	行业标准	合计
冷链物流基础标准	2	1	2	5
冷链物流作业与管理规范	14	16	27	57
冷链物流服务质量管理标准	1	0	2	3
冷链技术方法标准	4	8	1	13

续 表

标准类别 \ 标准层次	国家标准	地方标准	行业标准	合计
冷链设施设备标准	18	1	35	54
冷链物流服务信息标准	0	0	4	4
冷链物流安全、环保标准	3	1	6	10
冷链物流卫生标准	28	8	9	45
合计	70	35	86	191

从冷链物流流程分析，冷链物流标准分布情况如表 9-3 所示，其中原材料获取、冷藏销售、信息和人员标准所占比例较低，如批发、信息环节标准缺失。

表 9-3　　按冷链物流流程标准统计

冷链物流过程	国家标准	地方标准	行业标准	合计
原料获取环节标准			1	1
冷冻加工环节标准	2	4	10	16
冷藏	10	5	14	29
运输	3		2	5
冷藏销售环节标准	1			1
包装标准		1	2	3
信息追溯标准			4	4
技术设备	17		35	52
安全标准	1		6	7
卫生标准	28	8	9	45
环保标准	1	1	1	3
综合标准	4	3	4	11
人员	1		1	2
合计	66	18	78	162

依据标准性质划分，强制性标准 41 条，推荐性标准 150 条（见图 9-1），其中强制性标准中安全和卫生类标准居多。

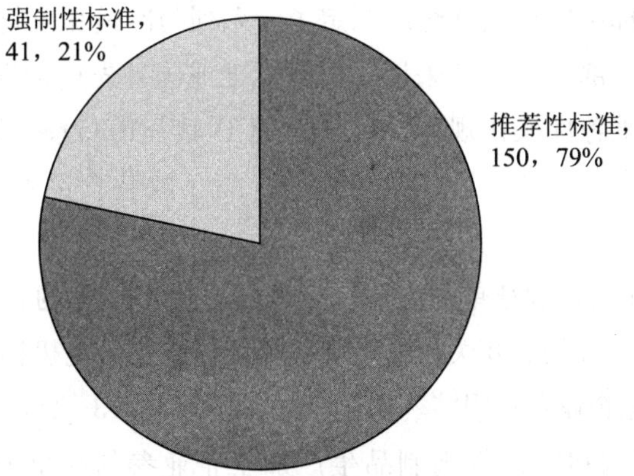

图 9-1 标准属性分类统计

从标准颁布时间分布来看，2005 年以后颁布的标准为 113 项占 59%，2000—2005 年之间颁布的标准为 32 项占 17%，2000 以前颁布的标准为 46 项占 24%（见图 9-2）。

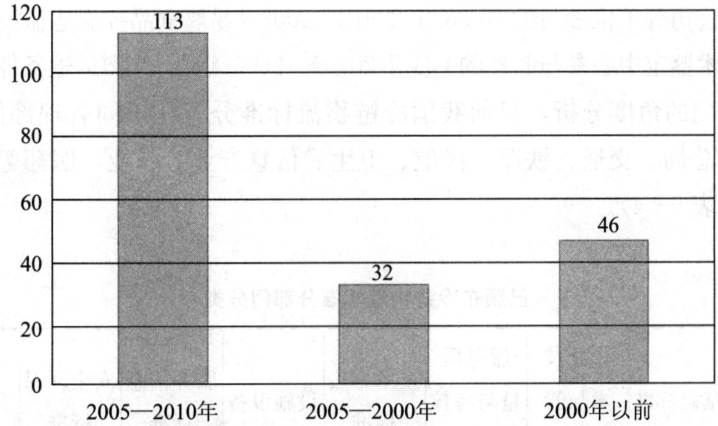

图 9-2 已颁布冷链物流标准时间分布

从指定标准的主体来看，我国冷链物流标准主体呈现多元化趋势。目前，冷链物流相关企业、科研院所、高等院校等积极投入到了这项研究工作当中。如，北京松冷冷链物流有限公司、九州通医药有限公司、浙江英特医药、广州标准化研究院、湖北省物资流通研究所等纷纷参与医药冷链相关标准的制定；福建省标准化研究所、福建农林大学食品科学学院、上海标准化研究院、北京夏晖食品有限公司、北京二商集团东方食品配送公司、中铁联合物流有限公司、北京冷藏网、山东荣庆物流有限公司、北京快行线食品物流有限公司等积极参与食品冷链物流相关标准的制定。

从标准涉及行业的行政归属看，分别隶属于铁道部、交通部、民航总局、工信部、商务部、农业部、卫生部、国家检验检疫总局等行业主管部门。这些部门根据其管理职能，从各自管理目标出发提出并组织制定了一系列与冷链相关物流标准。

现有标准中，有一部分标准还采用了国际标准或国外先进标准，例如，《新鲜热带果蔬包装与运输国际推荐性操作规程》（CAC/RCP 44—1995）、《延长包装冷藏食品贮藏期限卫生操作规范》（CAC/RCP 46—1999）、《散装食品和半包装食品的运输》（CAC/RCP 47—2001）等。

从冷链起草单位来看，起草单位主要包括冷链过程中相关的企业（生产企业、物流企业和商业流通企业）、高校、相关行业协会、社会标准化研究机构、相关政府管理部门等。例如，由医药商业企业浙江因特药业起草的DB33/T 713—2008《药品冷链物流技术与管理 规范》；由雨润和双汇等肉制品生产加工企业参与起草的GB/T 21735—2008《肉与肉制品物流规范》；由农副产品批发企业北京锦绣大地农业股份有限公司起草的GB/T 9828—2008《水果和蔬菜冷库中物理条件定义和测量》；由上海市食品协会、上海市冷冻食品行业协会、上海冷藏库协会等协会单位共同起草的DB33/T 388—2007《食品冷链物流技术与管理规范》；由福建省标准化研究所牵头、上海标准化研究院等科研单位参加的GB/T 24616—2009《冷藏食品物流包装、标志、运输和储存》；由广东大学、中铁特货运输有限公司等单位参与的GB33/T 22918—2008《易腐食品控温运输技术要求》；由商务部屠宰技术鉴定中心参与起草的GB/T 20799—2006《鲜、冻肉运输条件》。

从分管部门的角度分析，目前我国冷链物流标准分布在不同管理部门所辖领域，包括国家质检总局、交通、铁路、民航、卫生、信息产业、农业、医药等代表政府的行业部门（见表9-4）。

表9-4　　　　已颁布冷链物流标准分部门分类

行业部门	基础标准	作业技术与管理规范	服务质量与考核标准	技术方法标准	设施设备	服务信息标准	安全环保标准	卫生标准	合计
国家质检总局	3	18	1	4	17		2	28	73
信息产业部					1				1
交通			1		1				2
农业	1	6		3	5	4			19
水产		3		1	4		1		9
林业		4							4
商业		8	1	4	8		4	9	34
轻工业		1					1		2

续 表

行业部门	基础标准	作业技术与管理规范	服务质量与考核标准	技术方法标准	设施设备	服务信息标准	安全环保标准	卫生标准	合计
机械	1				6		1		8
质监		15		1			1	8	25
民航		1							1
铁路					2				2
汽车					2				2
医药					2				2
船舶					3				3
其他		1			3				4
合计	5	57	3	13	54	4	10	45	191

三、冷链物流标准化建设存在的问题

(一) 冷链标准化建设缺乏系统性

冷链物流标准化体系建设由部门、地区条块分割管理，缺乏统一性和协调性。现行的标准化体系以部门为主，制约了冷链物流各相关产业标准化之间的统一性和协调性。目前，我国冷链物流管理部门除了国家统一的标准管理机构，还有交通、铁路、民航、卫生、信息产业等代表政府的行业部门。而冷链物流行业涉及的各个产业技术组织、科研机构，则分散在各个政府部门、各个行业中，标准运作之间的政府部门缺乏协调机构，标准化技术组织与科研机构按照传统的分工在各自的产业领域进行标准化工作，相互之间难以交流和配合，形不成统一的规划。

例如，与冷链物流有关的机构和企业多数由传统企业的流通部门转换而来，分布于铁路、公路、水路、航空等不同运输部门，各有各的管理部门，如铁路运输由铁道部管、公路运输由交通部管、航空运输由民航总局管等，冷链物流企业的主管部门相互割裂，行政管理分散；另外，尽管国家标准的行政主管部门是国家质量监督检验检疫总局，但标准的归口管理大多数设在各个部门的标准化分技术委员会，冷链物流标准化工作被人为地分散在各个不同的管理部门。例如，《香蕉包装、贮藏与运输技术规程》由农业部热带作物及制品标准化技术委员会归口、《黄瓜贮藏和冷藏运输》由中国商业联合会提出并归口、《冷藏食品物流包装、标志、运输和储存》则由全国物流标准化技术委员会提出并归口。

现有的管理体制增加了标准协调的工作量和管理难度，难以形成统一的管理体系，阻碍了冷链物流标准化的推进。同时，这种落后的标准化管理体制，也造成冷链物流标准化对政府部门依靠程度高，标准技术组织与行业协会不能充分发挥应有作用，造成一些物流标准化的具体问题被提出后，往往长期得不到解决。

（二）冷链物流标准中概念缺乏统一性

已颁布标准中部分标准中涉及的同一概念不统一甚至矛盾。由于冷链物流基础术语标准还没有形成，不同起草单位在标准中对其中涉及的基本术语定义也不统一，使标准之间缺乏统一性，不利于标准的执行和推广。例如，上海市地方标准 DB31/T 388—2007《食品冷链物流技术与管理规范》中冷藏食品定义：“指食用农产品或加工食品，通过前处理或深度加工，产品在 7℃以下（部分蔬菜、水果 10℃以下）、冻结点以上贮藏、运输、批发、配送、销售。”GB/T 24616—2009《冷藏食品物流包装、标志、运输和贮藏》中对冷藏食品的定义：“在物流过程中，中心温度始终维持在 8℃以下、冻结点以上，并最大限度保持原有品质和新鲜度的这类食品称为冷藏食品。”

（三）冷链物流标准之间缺乏协调性

从目前已颁布的冷链标准分析可以看出我国冷链标准化建设中存在的一些突出问题：①标准起草承担单位不同和归口部门不同，导致标准中对同一物流过程规范的角度、范围和内容有较大差异；②有些标准从大类出发制定标准，有些标准从小类出发制定标准，在口径和表述上风格不同，内容衔接性和兼容性较差。例如，GB/T 22918—2008《易腐食品控温运输技术要求》、GB/T 24616—2009《冷藏食品物流包装、标志、运输和贮藏》、上海市地方标准 DB31/T 388—2007《食品冷链物流技术与管理规范》三个标准中都涉及冷藏运输环节作业和管理标准，但标准之间没有统一的协调性，一些具体的规定也不统一。在标准推广过程中这些标准如何协调将是一个难题。

（四）社会冷链物流标准化意识淡薄

我国标准化建设工作虽然早已起步，但公众对标准化意识不强，对冷链物流标准化工作了解更是一知半解。公众没有认识到冷链物流标准化建设对冷链物流对象产品的质量安全的重要意义，更认识不到标准化建设与其自身的健康息息相关，因此，标准化建设缺乏最根本的需求动力——公众对标准化建设的需求。

企业对冷链物流标准认知度不高。企业采用标准主要是出于市场竞争的需要，因此，冷链物流标准化要以市场的发育成熟度作为其制定的基本条件。我国冷链物流相关企业发展水平处于不同的层次，其规模和管理水平也相差较大，很多中小冷链企业出于成本的考虑，对一些标准执行的积极性不高。从我国国民经济的发展前景来看，我国冷链物流市场的潜在需求是巨大的，但冷链物流市场实际需求的不足，这与物流市场的潜在需求和物流业的急速膨胀形成了巨大的反差，直接影响到物流标准化的应用与推广。当然，已经制定的冷链物流标准不完善，有些存在与企业实际脱节，不能满足企业实际操作需要，企业置换成本太高等，也是企业对冷链物流标准化的需求不足的重要原因。

（五）冷链物流设施和设备标准化程度低

我国的冷链物流业起步较晚，市场需求还没有形成足够的规模，很多冷链物流企业都是从传统行业转型过来的中小企业，多数现有冷库和车辆是由原来的常规仓库和车辆改装而来，企业之间的设备参差不齐，难以实现行业标准化。此外，由于冷链物流服务需求企业对冷链物流运营特点缺乏全面认识，对冷链物流的运营的高成本性认识不足，冷链物流企业服务价格难以提高，冷链物流服务企业为了降低服务成本，而追求设施和设备的低成本化，甚至降低设施和设备的规格，从而造成物流设施和设备标准化程度低。

（六）标准化基础性研究比较落后

在我国冷链物流标准化建设刚刚起步，相关基础研究相对滞后，有部分研究力量也分布在不同领域，如医药行业、食品行业相关科研机构和大学有不同的相关研究。冷链运营需要的专用设施设备技术参数技术含量较高，不同产品对象的温度和卫生条件也需要根据专业研究和试验验证。标准化构成中指定的相关标准需要的条件和研究都需要有科学的依据，虽然一些技术参数可以借鉴国外，但从长远发展和行业发展出发，需要构建系统的基础研究，以推动标准化建设科学、系统地向前发展。

（七）国际标准采用比例较低

随着经济全球化的发展，冷链物流面对的是全球化的市场环境，冷链物流标准化具有非常强的国际性，要求与国际物流标准化体系相一致。在长期计划经济的影响下，我国的标准包括物流相关标准在制定过程中较少考虑与国际标准的一致性。尽管权威机构制定了一些相应标准，以便与国际标准接轨，但是这些冷链物流标准所占比例很低，这必将为我国的冷链物流企业与国际企业接轨设下壁垒。

（八）标准信息交流渠道不畅

标准化法规定，现行有效的行业标准应当在国家标准化管理委员会备案，备案管理是有法可依的。但是信息交流的不畅，带来标准体系中标准层次及内容混乱，亟待提高标准信息交流，构建标准体系，如GB33/T 22918—2008《易腐食品控温运输技术要求》、GB/T 24616—2009《冷藏食品物流包装、标志、运输和贮藏》、上海市地方标准DB31/T 388—2007《食品冷链物流技术与管理规范》等标准之间对冷链食品界定不一，标准层次定位和内容混乱。

针对我国目前存在的标准管理不够规范，标准信息交流不畅等问题，除了建立健全相关的法律法规进行规范外，还要加强标准化管理信息化和现代化步伐，加强标准信息资源共享系统的建设，加强标准信息服务体系建设及标准出版的管理，使政府各部门及企业标准化活动的信息交流更加通畅等。

第二节　冷链物流标准化体系建设发展思路

一、构建科学的冷链物流标准体系

从我国当前标准化建设现状来看，由于缺乏整体发展框架，标准之间协调性差，标准制定的口径和标准的管理较为混乱。因此，构建科学合理的冷链标准体系势在必行。其中一项重要的工作就是制定冷链物流标准体系表。通过制定标准体系表，明确标准之间的相互关系，增强标准整体的协调性，为完善冷链物流标准体系，有步骤地开展新标准的制定和旧标准的修订，以及为整合工作奠定基础。

二、推进基础标准研究、制定工作

制定基础标准是当务之急。目前我国冷链市场混乱的一个重要原因就是基础标准的缺失。例如，由于基础行业准入标准的缺失，企业采用的设备和技术参差不齐，一些企业投资建设冷链基础设施，以提供优质的冷链服务，但由于一些企业投机取巧，以牺牲服务质量，甚至不顾服务安全，采用价格手段争夺市场，使投资建设企业投资成本难以回收，挫伤一些正规企业的积极性。此外，由于基础标准的缺失，如术语标准，一些已颁布的标准对基本概念的界定不清或不同标准中同一术语相差甚远，使已颁布标准形同虚设，难以在企业中推广。因此，为了推进我国冷链标准化建设工作的有序开展，急需制定基础标准。

三、明确冷链标准化工作的参与主体与分工

（一）企业

冷链相关企业是起草冷链标准的主体之一，包括相关的冷链物流服务商、冷链技术装备商。参与冷链物流标准的制定企业应该走出企业看企业，积极整合社会资源，

这样才能够在制定标准的过程中“站得高，看得远”，制定出的标准才能得到多数行业企业的认可。

（二）政府部门

部门分割是目前亟待解决的问题，因为资源管理的体制性障碍直接造成了物流标准化管理工作的落后。尽管国家标准的行政主管部门是国家质检总局，但由于物流产业跨越了行业，标准的归口管理大多数设在各个管理部门的标准化技术委员会。而这些标准要达成统一，需要进行很多协调工作，衔接难度非常大。政府部门在标准制定和推广方面加大协调力度，保证标准工作的有序推进。

（三）行业协会

标准的最终目的是推动行业有序发展，有了共同的目标，就应该有共同的行动。冷链物流标准的制定和实施需要多方努力方能发挥其作用，尤其需要充分发挥行业协会的组织、引导作用。企业的积极配合和支持也是协会开展工作的主要条件。

（四）科研机构和高校

一些院校和研究机构都已经参与到标准的起草中来，这些机构有一定的研究基础，在标准制定过程中起到指导作用，在思路和框架的构建中扮演重要角色。但是，制定标准要力求切合实际和操作性强的原则，高效和科研机构要深入一些企业去进行调查研究，收集这方面的意见，真正做到产学研结合，只有这样才能发挥科研机构和高校的科研优势，制定出适用、科学的冷链物流标准。

四、引导企业积极参与物流标准化的制定与执行

根据我国的实际情况。首先，要对企业进行冷链物流标准化重要性的宣传和培训，让企业转变观念，自觉参与标准化的工作。企业可以提供自身物流运作中总结的经验，以及企业本身对标准化的需求，为国家标准的制定提供良好的素材。这样不仅可以使制定的冷链物流标准体系真正符合企业的需求，同时也可以采纳一些企业已经应用较好的标准，使冷链物流标准的应用率得到提高。其次，政府和行业协会也可以出台各种政策和措施引导和鼓励冷链相关企业参与冷链物流标准化工作。除了效仿国外在立法和政府采购中引用标准，还可以通过经费资助、税收减免、银行贷款优惠等多种方式鼓励企业积极参与冷链物流标准化制定与执行。最后，应该把标准化研究的成果首先用于一些企业的实践中，待取得良好效果之后，再进行大范围的推广。所以要选择好作为标准化切入点的核心企业，形成示范和连锁效应。

五、协调冷链物流系统各分管部门关系

冷链物流标准化建设是一项涉及多部门的系统工程，理顺冷链物流系统内部管理部门的关系对顺利推进冷链物流标准化建设工作意义重大。尽管国家标准的行政主管部门是国家质检总局，但由于冷链物流跨越了行业，冷标委成立之前标准的归口管理大多数设在各个管理部门的标准化技术委员会，而这些标准要达成统一，需要进行很多协调工作，衔接难度非常大。

六、提升社会冷链物流标准化意识

冷链物流在我国处于起步阶段，政府、企业、公众对冷链物流及标准化认识不足，这是冷链物流标准化建设起步阶段的一大障碍。冷链物流相关协会的宣传对提升企业和相关部门的冷链物流意识起到了很大的推动作用。但仅靠协会一己之力是难以持久推进我国冷链物流标准建设的。社会冷链物流标准化意识的提升需要政府从政策上支持、公众和企业的积极参与和贡献。

第三节　冷链物流标准特性分析

冷链物流本身具有对象产品特殊性、设备专用性、运作流程高度协调性、高成本性等行业特点，使冷链标准化体系的构建具有一定的特殊性。此外，冷链物流标准化分技术委员会成立较晚，冷链物流涉及的产品和设备等领域的标准化分技术委员会先于冷链物流标准化分技术委员成立，这也造成冷链物流标准呈现多维度交叉的特点。

一、冷链物流标准系统性分析

我国冷链物流起步较晚，原来的冷链物流活动归属在不同的产业领域，根据我国的政府管理职能分工，这些冷链物流活动管理职能也分布在不同的行业管理部门。例如，生鲜农产品冷链物流活动归属农业相关部门管理、疫苗、血液制品等医药冷链活动归属医药监管部门管理、加工食品冷链物流活动属于食品工业管理部门等。

虽然我国成立了全国标准化技术委员会统筹管理标准化建设工作，但标准化技术组织与科研机构按照传统的分工在各自的产业领域进行标准化工作，按照冷链产品对象划分，水产、肉禽蛋制品、果品、蔬菜等标准化分技术委员会在冷链分技术委员会之前成立，这些大类商品标准化分技术委员会都参与所属行业部分产品冷链物流标准的制定工作。从目前已颁布的冷链物流标准来看，尽管国家标准的行政主管部门是国家质量监督检验检疫总局，但标准的归口管理大多数设在各个部门的标准化技术委员会，物流标准化工作被人为地分散在各个不同的管理部门，使冷链物流标准的系统性

较差。从冷链物流标准分类现状分析我们可以看出，目前冷链物流标准呈现出多维交叉的特点，给冷链物流标准体系的构建带来了人为障碍。

冷链物流分技术委员会由于成立较晚，要整合冷链物流标准化建设工作需要整合目前分散的力量，统筹规划，同时，需要加强各相关分技术委员会之间的交流和合作，使冷链物流标准体系建设更具系统性，以推动冷链物流标准化工作向前发展。

二、冷链物流标准规范性分析

规范性是冷链物流标准的基本要求。但是我国冷链物流标准化建设才刚刚起步，规范性是一个需要改进的工作方向。冷链物流概念的统一是冷链标准化规范性的一个重要体现。冷链物流概念的统一有利于人们对冷链物流认识的统一，也是标准化体系建设的基础工作。从我国目前已颁布的冷链物流标准来看，标准中引用或界定的概念统一性还不够。例如，上海市地方标准 DB31/T 388—2007《食品冷链物流技术与管理规范》中冷藏食品定义："指食用农产品或加工食品，通过前处理或深度加工，产品在7℃以下（部分蔬菜、水果 10℃以下）、冻结点以上贮藏、运输、批发、配送、销售。"GB/T 24616—2009《冷藏食品物流包装、标志、运输和贮藏》中对冷藏食品的定义："在物流过程中，中心温度始终维持在 8℃以下、冻结点以上，并最大限度保持原有品质和新鲜度的这类食品称为冷藏食品。"

此外，与国际冷链标准的接轨也是我国冷链标准化建设规范性的一大体现。国外冷链物流起步较早，一些管理规范或标准已经相当完善，我们可以采用一些适合国情的标准，既有利于我国冷链物流与国际企业的接轨，也可以使我国标准化建设工作少走弯路。但从我国冷链物流标准统计分析来看，我国采用国际标准的比例较低，冷链物流企业与国际冷链物流合作还存在一定标准障碍。

三、冷链物流标准适用性分析

标准化建设工作是以制定标准、贯彻标准并随着发展的需要而修订标准的活动过程，是一个不断循环，螺旋上升的过程。而冷链物流标准化的效果只有通过在社会实践中实施标准才能表现出来。在物流标准化活动中，贯彻实施标准是一个关键性环节。首先，相关物流企业要提高贯彻执行物流标准的自觉性，企业应自我规范，根据国家标准来规范和发展自己。其次，冷链物流标准的适用性也是标准执行情况的基础。冷链物流标准化管理部门应组织相关企业和研究机构，重点抓好一批基础性的关键物流标准的制定和推广工作，有条不紊地建设我国冷链物流标准体系。

从已颁布的冷链物流相关标准的分类结构，已颁布的近 200 项标准中冷链物流基础标准仅 5 项，"冷链物流作业技术与管理规范""冷链物流设施设备标准"和"冷链物流卫生标准"三类标准所占比例较大。从对企业的调研来看，已颁布的冷链物流标准执行情况普遍不够理想。我国已颁布的冷链物流标准企业的认可性较差，很多标准没有起到标准应有的作用。从企业对冷链物流标准的需求来看，存在着颁布标准与多数企业对冷链物流标准需求不匹配的情况，也从一个侧面反映出冷链物流标准存在适用性问题。

因此，我国冷链物流标准化建设过程中要关注标准适应性这一问题，加强企业实地调研，构建合理的标准体系框架，从企业需求出发，制定满足企业、政府等多方需求的实用标准。

四、冷链物流标准科学性与先进性分析

冷链物流也是在我国不同产业物流领域不断分化和成长起来的专业物流领域。我国冷链物流标准体系的构建和冷链物流相关标准的制定都处于探索阶段，很多重要技术参数多引用国外研究或实验数据。从目前国外冷链物流标准现状来看，国外有许多先进的标准需要我们借鉴和参考。目前，美国、加拿大、德国、意大利、澳大利亚、日本、韩国等国家已经形成了完整的农产品冷链物流体系，并且标准认证体系已经得到企业的认可。从目前我国已颁布冷链物流相关标准分析来看，在概念引用、内容协调和推广应用等方面还存在一定的不足。因此，需要标准化建设参与主体加强标准建设基础研究，统筹冷链标准化建设，科学有序地推动冷链标准化体系建设向前发展。

五、冷链物流标准化与法律法规

（一）冷链物流标准与冷链物流相关法律法规的关系

我国的国家标准按其属性分为强制性标准和推荐性标准。我国颁布的标准以及制、修订标准必须遵守国家的各项法律、法规，体现国家的政策，为生产者、使用者和消费者服务。

1. 强制性标准与法律法规的关系

强制性标准具有明显的法律约束性，但其本身不是法律，其法律约束力来源于有关立法的确认。强制性标准与法律法规（技术法规）的差异如表 9－5 所示。

表 9－5　强制性标准与法律法规（技术法规）的差异

	行为主体	强制源	制定主体	制定程序	审查	批准
强制性标准	民间行为 政府批准	法律、法规赋予	标准化主管部门	共议协商	专家相关方	标准化主管部门
法律法规（技术法规）	政府强制行为	法律自身性质决定	政府职能部门	立法程序	政府部门	政府职能部门、立法机构

2. 推荐性标准与法律法规的关系

我国推荐标准具有指导意义，并不强制企业执行，也不具有法的约束性。但推荐性标准一旦被法律或强制性标准引用，也具有一定的强制性。

（二）冷链物流标准化与相关法律法规关系

目前，我国涉及冷链物流法规的管理部门主要是有关食品安全管理部门卫生部、农业部、质量监督检验检疫总局、国家工商行政管理总局。这些部门主要是从食品质量安全出发，为保障人民生活和促进社会稳定制定了一系列法规，构成了目前的冷链物流法规体系。如表 9－6 所示。

表 9－6　冷链物流相关法律法规

部门	法规名称	实施日期
国务院及卫生部门	中华人民共和国食品安全法	2009.02.28
国家工商行政管理总局	食品流通许可证管理办法	2009.07.30
国家工商行政管理总局	流通环节食品安全监督管理办法	2009.07.30.
国务院	生猪屠宰管理条例	2008.08.01
国务院	乳品质量安全监督管理条例	2008.10.06
农业部	生鲜乳生产收购管理办法	2008.11.07
畜牧兽医行政主管部门	中华人民共和国畜禽法	2006.07.01
各级政府及农业部门	中华人民共和国农产品质量安全法	2006.11.01
工商行政管理部门	中华人民共和国产品质量法	2000.09.01
地方行政管理部门 中国包装技术协会	中华人民共和国食品包装法	1999.01.01
商检部门	出口水产品检验管理规定	1996.04.12
卫生行政部门	中华人民共和国食品卫生法	1995.10.30
出入境检验检疫局农业部	中华人民共和国进出境动植物检疫法	1992.04.01

在冷链物流标准化建设过程中要严格遵循相关法律法规。同时，标准的制定、实施和执行情况的监督需要相关法律法规提供保证。冷链物流相关法律法规赋予冷链物流标准是一定的法律效力，在冷链物流监管、安全等方面冷链法律法规以其法律权威性弥补标准的不足。冷链物流标准体系构建基本组成元素是标准，但相关法律法规也是冷链物流标准体系的主要支撑和补充，两者是管理冷链物流市场有序运行的两种必备的手段，两者之间在一定的范围和领域内是相互依存、相互渗透、相互交叉和相互支持的。

第四节 冷链物流标准体系表编制

冷链物流标准体系表是对冷链物流现行标准和未来拟制定标准，按其内在联系，形成的科学、有机整体。研究和编制冷链物流标准体系表是行业标准化的一项基础工作，是推进标准化建设和健全标准体系的起点。冷链标准体系表构建对推进冷链物流行业发展，促进冷链物流设备和技术创新、加强冷链物流质量管理、提高冷链物流效率、提升冷链物流行业竞争力有着重要作用。

一、冷链物流标准体系表的范围

冷链物流标准体系表的组成单元是标准，冷链物流标准的涉及范围包括冷链物流术语和冷链物流企业分类等基础标准，冷链物流技术和设备及其应用领域标准、冷链物流信息标准、冷链物流服务质量管理标准、冷链物流作业与管理标准；这一系列标准涉及的冷链物流客体包括肉及肉制品、水产品及其制品、禽蛋及其制品、果蔬产品、乳及乳制品、糕点、糖果类食品、油脂品、速冻食品、冷冻饮品药品（生物制剂、各类针剂、药剂、疫苗）等。

二、冷链物流标准体系结构图

本标准体系框架是在研究涉及冷链物流领域相关标准和各有关方面已有工作的基础上，充分吸收已有研究成果，对冷链物流运营现状和特点进行较为系统的分析、研究，经过多方反复讨论、修改之后，按照国家标准体系表的编制要求构建的体系结构。冷链物流标准体系涉及以下几大类标准：冷链物流基础标准、冷链物流作业技术与管理规范、冷链物流服务质量管理标准、冷链技术方法标准、冷链设施设备标准、冷链物流服务信息标准、冷链物流安全、环保、卫生标准、其他相关标准（检验、实验）。

在确定冷链标准体系表的结构、层次时，根据这七个方面再结合冷链物流客体管理和运营的特殊性，以服务标准为核心，以作业流程为主线构建层次合理，脉络清晰的物流冷链标准化体系。具体构建思路是按照标准化对象划分标准体系中的第一层大类，然后按基础性、通用性、专业性、门类和具体对象，再对每一大类作进一步分层、分类。

三、冷链物流标准体系主要层次及内容

第一层，该层属于标准体系专业通用标准层。依据冷链物流标准化对象将冷链涉及标准从横向上标准划分为八个类别：冷链物流基础标准，冷链物流作业技术与管理规范，冷链物流服务质量管理标准，冷链技术方法标准，冷链设施设备标准，冷链物

流服务信息标准，冷链物流安全、环保、卫生标准，其他相关标准。

第二层，该层属于门类通用标准层。依据第一层标准类别划分，从一定范围内的若干个标准中，提取共性特征形成共性标准，将此共性标准安排在标准体系第二层。与第一层分类相对应，冷链物流基础标准第二层包括：冷链物流术语和冷链产品包装标识标志。冷链物流作业技术与管理规范是体现冷链物流标准重要特征的一类标准，其对应第二层标准横向划分依据是冷链物流一体化作业流程，以保证冷链物流无缝衔接，该类标准第二层包括：冷链产品包装贮藏、运输及加工配送技术与管理规范、生产加工环节冷链物流作业技术与管理规范、零售店铺冷链产品销售技术与管理规范、批发市场冷链产品销售技术与管理规范、冷库操作技术与管理规程。当前我国冷链物流服务市场秩序混乱，服务质量参差不齐，冷链物流服务质量管理标准是规范冷链物流服务市场秩序和冷链物流服务质量重要依据，该类第二层包括：冷链物流服务质量要求、冷链物流服务质量考核办法、冷链物流企业分类及资质等级。冷链物流作为专业物流，其技术方法较为复杂，是标准化规范的重要领域，该类第二层标准包括：冷链物流过程温度检测技术方法、冷加工技术方法、冷链物流包装技术方法。冷链物流设施设备是冷链物流特征的一大体现，也是冷链物流高效运营的保证手段，该类标准第二层标准包括：冷藏运输设备分类及技术要求、冷藏冷冻设备分类及技术要求、冷链物品包装器具分类及技术要求、冷链物流温控系统（设备）分类及技术要求。冷链物流信息化是冷链物流一体化运营的重要保证，该类第二层标准包括：冷链物流信息管理规范、冷链物流数据格式、源数据标准。冷链物流以安全为第一服务目标，冷链物流安全、环保、卫生标准第二层包括：冷链物流作业安全规范、冷链物流环保规范、冷链物流卫生规范。其他相关标准属其他体系（行业、专业）而受冷链物流体系直接采用并关系密切的标准，其他相关标准第二层包括：冷藏设施设备技术参数标准、冷链储存与运输技术条件、检验规则等引用标准。

第三层，该层属于个性标准层。该层主要是结合冷链客体对象自身属性特点，制定针对性强的个性化标准。该层由于涉及冷链物流客体对象种类较多，包含标准较多，不易在体系框架列出，仅需从结构中示意该层标准与上两层的衔接对应关系，以保证冷链物流标准各个环节的匹配性。

四、冷链物流标准化工作实施

（一）推进冷链物流标准化工作的主要任务

1. 建立和完善冷链物流标准化体系

当今，冷链物流企业正处于快速发展的关键阶段。标准化工作远远跟不上冷链物流发展的需求。特别是冷链物流标准体系的缺失，使冷链物流企业缺乏对物流标准化体系的系统认识，各冷链物流企业往往把精力集中在开展业务和硬件设施投入上，而在物流标准化体系的技术支撑方面关注不够。因此，如何在现有站场、仓储、人员、设施等基础上，通过建立和完善标准化体系来优化行业资源的配置、技术改造和功能调整，是目前冷链物流标准化工作的当务之急。

2. 建立冷链物流全流程标准

冷链物流由多个环节组成，从食品原料的种植和采购、加工、流通和配送，直至零售和消费的全过程，是一项复杂的低温系统工程，确保各环节的质量安全问题是冷链物流的核心。目前，欧盟各国均建立了产品追溯系统，加拿大、美国和日本也采用了全程标识追溯系统，从政府机构到消费者群体，都在食品生产和食品供应链中应用可追溯测量方式。制定一系列涉及农产品生产、加工、销售、包装、运输、储存等全流程有关标准和规定，确保物品冷链物流全流程安全是标准化工作一项紧迫和艰巨的任务。

3. 加强企业标准化工作实施力度

在标准化工作实践中，一个较突出的问题是标准化工作得不到足够的重视和推广。这种现象的广泛存在，从侧面也反映了我国冷链物流标准化工作滞后的现状。因此，通过建立科学的冷链物流标准体系，研制符合企业需求的标准，清理当前已颁布的不合理标准，是实施冷链物流标准化工作的一个重要前提，也是推进企业标准化工作的一项主要任务。

4. 加快标准化基础建设

全面清理现行标准，加强冷链物流标准化工作的统一领导和管理。冷链物流标准的制定和实施需要多方努力方能发挥其作用，尤其需要充分发挥行业协会的组织、引导作用。我国已经建立了一套以全国标准化委员会领导下的标准化研究管理机构体系，全国物流标准化委员会是专门负责物流领域标准化工作的机构，下设专业委员会，其中，全国物流标准化委员会冷链物流分技术委员会是冷链物流标准化领域的管理协调机构。冷标委需要从制度建设、标准化研究、标准宣贯等方面推进冷链物流标准化工作。

5. 加强标准化国际合作，扩大对外交流

扩大标准化国际交流与合作，积极推动国内机构参与国际标准化活动；尽管一些机构制定了一些相应标准，以便与国际标准接轨，但是这些冷链物流标准所占比例很低，这必将为我国的冷链物流企业与国际企业接轨设下壁垒。因此，加强标准化国际合作，扩大对外交流也是我国冷链物流行业发展的需要。

（二）推进冷链物流标准化工作的重点领域

1. 生鲜、易腐食品冷链物流

生鲜、易腐食品物流环节多、作业复杂，包括食品原料的采购、运输、加工、贮藏、配送、销售等，各环节的技术、设备、能力、作业及其协调性对食品安全均有重要影响。由发达国家的经验可以得知，要解决上述问题，迫切需要有合理的食品冷链物流运作标准为其提供指导和规范，指导行业有序、规范发展，保障食品品质与安全，促进国民经济发展。针对我国生鲜食品从供应商到消费者的流通过程中在保障食物安全质量上存在处理不规范、责任不分明的情况，必须依据供应链编制食品冷链物流的标准规范，对各环节的服务资格条件、服务规范和行为准则、工作流程和过程规范、质量控制和测量方法、服务质量要求、质量评价指标和评价方法等予以明确，使供应链相关各方在共同保证食品安全方面标准统一、依据明确、责任分明，以有效推动食品物流行业的行业规范、行业自律、行业发展，促进食品冷链物流行业健康发展。

2. 农产品冷链物流

重点制定和推广一批农产品冷链物流操作规范和技术标准，建立以 HACCP 为基础的全程质量控制体系，积极推行质量安全认证和市场准入制度。一是制订各类生鲜农产品原料处理、分选加工与包装、冷却冷冻、冷库贮藏、包装标识、冷藏运输、批发配送、分销零售等环节的保鲜技术和制冷保温技术标准，制定冷链各环节有关设施设备、工程设计安装标准；二是围绕生鲜农产品质量全程监控和质量追溯制度的建立和发展，制定数据采集、数据交换、信息管理等信息类标准；三是建立符合国际规范的 HACCP、GMP、GAP（良好农业规范）、ISO（国际标准化组织）等质量安全认证制度和市场准入制度；四是对于肉类、水产品等密切关系居民消费安全的产品，执行国家强制性标准。

3. 医药冷链物流

目前医药冷链物流标准化工作重点是制定和推广冷库、冷藏车的制冷效率、能耗标准，构建低碳、环保型冷链物流系统，进而提高我国医药冷链物流效率，降低运营成本。对于疫苗等温度条件要求高的药品制定全流程产品信息的公开、透明和可追溯标准，保证流通过程的安全。

（三）冷链物流标准发展计划

为解决冷链物流标准中存在的这些问题，按照国家标准化法的要求，根据食品安全工作需要、国内外科学技术发展水平，对现行的冷链物流标准进行系统性、科学性、实用性、先进性和协调性分析，提出了对现行肉和肉制品加工标准和计划项目继续有效、修订（修改）、合并或废止的建议，为今后一段时期冷链物流标准计划和规划提供参考依据。如表 9－7 所示。

表 9-7　冷链物流急需标准

序号	标准	备注
	基础标准	
1	冷链物流基本术语	拟制订
2	冷链物流分类及基本要求	立项制订
	冷链物流作业技术与管理规范	
1	零售店铺冷链物流商品销售技术与管理规范	拟制订
2	批发市场冷链物流商品销售技术与管理规范	拟制订
	冷链物流服务质量管理标准	
	冷链物流服务规范	拟制订
	冷链技术方法标准	
	冷链物流过程温度检测技术方法	
	冷链物流信息标准	
	冷链物流信息管理规范	
	冷链物流卫生标准	
	冷链物流卫生规范	

从目前我国已颁布标准的制定、修订思路来看，第一种思路是从大类产品的角度和物流作业流程的角度制定综合标准。从抽象大类产品冷链物流共同属性，制定共性标准，在标准中将不同小类产品特殊要求列出，不再按照小类商品一一制定相应品类标准。同时，在标准中将包装、运输、仓储、设备等过程要素涵盖在内，以期达到冷链物流全程适用。如上海市地方标准 DB31/T 388—2007《食品冷链物流技术与管理规范》，将不同食品的温度要求列出，从而形成食品大类通用标准。

第二种思路，从流程的角度将冷链物流过程每一环节分解，制定单一环节标准。同时，从对象角度，制定产品类标准。如，GB/T 20799—2006《鲜、冻肉运输条件》、SB/T 10359—2003《肉品品质检验人员技能要求》、SB/T 10448—2007《热带水果和蔬菜包装与运输操作规程》、SN/T 1886—2007《进出口水果和蔬菜预包装指南》、SB/T 10449—2007《番茄冷藏和冷藏运输指南》、GB/T 18518—2001《黄瓜贮藏和冷藏运输》、NY/T 983—2006《苹果贮运技术规范》。

（四）推进冷链物流标准化工作的主要措施

1. 加大宣贯力度

我国冷链物流才刚刚起步，管理部门、企业和公众对冷链物流的认识还不够深入，对冷链物流标准的认识更是一知半解，因此，冷链物流标准的宣传是冷链物流标准化建设的一项重要基础工作。推进冷链物流标准化建设，需要加大冷链物流标准的宣传贯彻力度，加强对标准管理人员以及相关从业人员的培训，提高管理部门、企事业单位对服务标准的认识，大力推进标准在行业的实施工作，推动冷链物流标准化工作的全面展开。

2. 完善运行机制

从我国冷链物流标准的现状看，参与标准制定的主体包括冷链物流行业管理部门、相关行业协会、冷链物流相关企业、高校和标准化科研院所等。我国冷链物流标准化分技术委员会刚成立不久，工作尚未全面开展。冷链物流标准化建设是一个不断完善的过程，需要发挥政府职能部门的统筹协调职能，充分发挥企业、科研机构、大专院校和中介组织的各自优势，共同做好标准的制（修）订工作。

3. 重视基础研究工作

冷链物流标准体系的建设是一项复杂的系统工程，冷链物流行业和涉及的技术设备专业性强，这些都给冷链物流标准化建设工作提出不少新的挑战。冷链物流涉及领域和行业较多，科研力量较分散，对冷链物流标准的制定缺乏基础研究支撑。冷链物流标准化管理部门应充分发挥组织协调职能，整合分散的科研力量，组织开展冷链物流标准基础研究工作，跟踪国际标准和国外先进标准的发展趋势，结合行业实际和发展需要，推进冷链物流标准化研究工作。

4. 加强政策引导

政府和行业协会可以出台各种政策和措施引导和鼓励冷链相关企业参与冷链物流标准化工作。除了效仿国外在立法和政府采购中引用标准，还可以通过经费资助、税收减免、银行贷款优惠等多种方式鼓励企业积极参与物流标准制订与执行工作。

5. 注重体系维护

冷链物流标准化建设是一个逐步推进，不断完善的过程。冷链物流标准体系需要适应冷链物流不断变化和发展的需要，通过制定、修订机制的完善，实时跟踪、定期评估冷链物流标准体系的适应性，及时对体系进行维护和更新，保证冷链物流标准体系的科学性和系统性，以便更好地发挥体系表对冷链物流标准化工作的指导作用。

参考文献

[1] 王树祥．中国农产品现代物流发展战略研究［M］．北京：科学出版社，2012.

[2] 黄德林，安岩．农产品流通研究［M］．北京：中国农业科学技术出版社，2010.

[3] 邓汝春．冷链物流运营实务［M］．北京：中国物资出版社，2007.

[4] 刘佳霓．冷链物流系统化管理研究［M］．武汉：湖北教育出版社，2011.

[5] 李学工．农产品物流框架体系构建［M］．北京：中国物资出版社，2009.

[6] 李碧珍．农产品物流模式创新研究［M］．北京：社会科学文献出版社，2010.

[7] 刘芳，SHERRI D. CLARK，等．易腐品冷链百科全书［M］．2 版．上海：东华大学出版社，2011.

[8] 中国物流与采购联合会冷链物流专业委员会，全国物流标准化技术委员会冷链物流分技术委员会，中国物流技术协会．中国冷链物流发展报告（2012）［M］．北京：中国物资出版社，2012.

[9] SHERRI. D. CLARK，周水洪，欧阳军．易腐食品冷链百科全书［M］．上海：东华大学出版社，2009.

[10] 李晓锦．现代农产品物流组织模式研究［M］．北京：中国农业出版社，2008.

[11] 中国物流与采购联合会．中国物流统计年鉴（2012）［M］．北京：中国财富出版社，2012.

[12] 中国物流与采购联合会冷链物流专业委员会，全国物流标准化技术委员会冷链物流分技术委员会，中国物流技术协会．中国冷链物流发展报告（2011）［M］．北京：中国物资出版社，2011.

[13] 中国物流与采购联合会冷链物流专业委员会，全国物流标准化技术委员会冷链物流分技术委员会，中国物流技术协会．中国冷链物流发展报告（2011）［M］．北京：中国物资出版社，2010.

[14] 兰红杰，李援朝，等．北京市冷链物流报告［M］．北京：中国财富出版社，2012.

[15] 孙红菊．农产品冷链物流浅析［J］．物流技术，2009（3）：158－159.

[16] 郝教敏．肉制品贮藏与加工［M］．北京：中国社会出版社，2008.

[17] 兰红杰．食品冷链物流系统协同对象与过程研究［J］．中国流通经济，2009，23（2）：20－23.

[18] 焦必方，方志权．中日鲜活农产品流通体制比较研究：从生产者到消费者［M］．上海：上海财经大学出版社，2002.

[19] 孙明燕，兰洪杰，黄锋权．冷链定义浅析［J］．物流技术，2007（10）：29－32.

[20] 张琳．乳制品企业冷链物流共同配送研究［J］．企业经济，2011（12）：70－71.

[21] 叶勇．中国冷链物流的最新发展和对策研究［J］．华中农业大学学报（社会科学版），2009（1）：69－72.

[22] 李宛蒸．冷链物流：农产品市场建设的重中之重［J］．农业经济，2012（1）：127－128.

[23] 丁俊发．农产品物流与冷链物流的价值取向［J］．中国流通经济，2010（1）：9－11.

[24] SYMANTHA HOLBEN. 美国冷链标准发展的历史概况以及冷链标准的制定及实施［J］．中国食品工业，2010（10）：78－80.

[25] 王强．国外冷链物流发展的做法与主要经验［J］．物流技术与应用，2007（2）：15－17.

[26] 苏凌．我国食品冷链物流发展刍议［J］．经济师，2008（10）：40－41.

[27] 周丹．我国农产品冷链物流的现状与发展［J］．企业研究，2008（8）：69－71.

[28] 徐剑，姜跃．我国物流服务标准化实施研究［J］．中国高新技术企业，2009（23）：68－70.

[29] 齐睿．标准化助力冷链物流发展［J］．品牌与标准化，2009（18）：35－37.

[30] 毋庆刚．我国冷链物流发展现状与对策研究［J］．中国流通经济，2010（4）：24－28.

[31] 徐莎莎．第三方食品冷链物流的发展（利润）空间研究［J］．物流科技，2011，34（9）：109－111.

[32] 叶勇，张友华．中国冷链物流的最新发展和对策研究［J］．华中农业大学学报（社会科学版），2009（1）：69－72.

[33] 孙红菊．农产品冷链物流浅析［J］．物流技术，2009（3）：158－159.

[34] 张革．当前我国冷链物流存在的问题及完善对策［J］．科技情报开发与经

济，2009（4）：128－130.

[35] 周乾．我国冷链物流业的经营目标、模式与对策［J］．科技创业月刊，2008（11）：70－71.

[36] 彭欣．全球经济发展中的国际物流标准化研究［J］．技术与市场，2009（7）：77.

[37] 杜宁．关于当下中国的物流标准化［J］．物流工程与管理，2009（10）：66－67.

[38] 万宇．中国物流标准化基础仍然薄弱［J］．市场周刊（新物流），2009（4）：16－17.

[39] 何劲，祁春节．中外果蔬冷链物流比较与借鉴［J］．世界农业，2009（6）：34－36.

[40] 李学工．我国农产品冷链物流现状及发展趋势［J］．综合运输，2010（4）：6－7.

[41] 刘卫战．中国冷链物流发展状况分析［J］．物流技术与应用，2009，14（1）：82－86.

[42] 潘福斌．对物流标准化建设主要问题的思考［J］．厦门理工学院学报，2007（3）：76－80.

[43] 田红英，黄远新，杨竟洵．试论SCM时代我国物流标准化建设［J］．中国市场，2008（36）：46－48.

[44] 叶健恒．冷链物流管理［M］．北京：北京师范大学出版社，2011.

[45] 白世贞，曲志华．冷链物流［M］．北京：中国财富出版社，2012.

[46] 谢晶．食品冷冻冷藏原理与技术［M］．北京：化学工业出版社，2005.

附录一　冷链物流典型案例

案例一　麦当劳冷链物流标准化管理

1990年，麦当劳公司在深圳开设了中国的第一家餐厅，也就是从那时起，在我国多数人还没有听过“物流”这个名词的时候，麦当劳就将其先进的物流模式带进了中国。随着多年的发展，其提供的食品质量受到消费者普遍的赞誉，这主要是因为麦当劳很成功地运行了自己的冷链物流，保证了食品的质量。

麦当劳对其食品冷链物流的管理不是采取自营模式，而是将业务外包给夏晖公司进行管理。麦当劳之所以将冷链物流的管理业务进行外包，除了想为自身赢得更全面、更专业化的服务外，还能在解决本企业资源有限的同时，更专注于核心业务的发展以及带来增值性服务。

据了解，麦当劳的冷链物流标准，涵盖了温度记录与跟踪、温度设备控制、商品验收、温度监控点设定、运作系统SOP的建立等领域。即便是在手工劳动的微小环节，也有标准把关。在中国，麦当劳还在考虑应用一些国家制定的物流业服务标准和技术标准，以便把工作细化到MRP或者VMI系统的各个节点，进而对整个流程实施控制和跟踪。除此之外，麦当劳对其所有的餐厅实行统一的标准化管理，从对员工的要求到对店长的要求，从对食品制作的要求到对食品运输的要求来讲，麦当劳在全球范围内自始至终执行着一整套的标准化管理。

麦当劳不仅是对于食品运输、储存有着严格的要求，对于货物装卸过程也有着严格的标准要求。在搬运货物的时候，搬运人员并不是直接与货物接触，而是将货物放在托盘上，进行整体性的搬运。这样做，不仅能避免人员接触对食品的污染，而且能快速地搬运大量物品，从而也保证了在严格控制时间内完成装卸货的任务。

在不少企业还把标准化当作一种技术来处理时，麦当劳已经利用它们构建起了一套有效的食品安全管理系统。在麦当劳来看，凡是在生产、储存中有要求的地方，不论普通食品还是冷冻食品，都应该设置这种标准。目前，麦当劳正在积极引入一套由美国食品物流协会开发的认证体系，并希望把这种适用于美国航天员的食品标准，逐步扩展到整个食品行业。

麦当劳公司通过对夏晖公司冷链物流的过程管理，从而实现对自己餐厅销售的食品质量的控制。一般麦当劳公司通过订单管理和库存与配送管理进行管理。

麦当劳餐厅的经理需要预先估计安全库存，一旦库存量低于安全库存，便进入订货程序。麦当劳采取在网上下订单，将订单发往配销中心。夏晖公司在接到订单之后，便能够在最短的时间内完成装货、送货一系列过程。每天，餐厅经理都要把订货量与进货周期对照，一旦发现问题，立刻进入紧急订货程序。虽然紧急订货不被鼓励，但一经确认，两个小时后货品就会被送到餐厅门口。麦当劳通过对其订单的有效管理，实现了仓库储备的货物总能保证在安全库存之上，保证随时能够满足消费者对食品的任何要求。

麦当劳对夏晖公司的库存与配送也有很高的要求，提出了“保证准时送达率、保证麦当劳的任何一个餐厅不断货、保持每一件货物的质量处在最佳状态”三点基本要求。其中，保证货物的新鲜度是难度较大的环节。在接到订单后，夏晖公司就开始准备装车的工作。所有需要的货物都在夏晖公司位于北京市大兴区经济开发区的物流配送中心进行配送作业。在装货的过程中，冷冻、冷藏运输车辆停靠在装货的车道内，能与冷库实现完全的密封性对接。两个公司为了保证营业期间食品的新鲜，冷藏库坚持“先进、先出”的进出货方式，并对物品入库和提出环节也制定了严格的标准。

当食品运到麦当劳餐厅时，麦当劳餐厅经理首先会提前做一系列准备工作。例如，检查冷藏和冷冻库温是否正常，抽查产品的接货温度，检验产品有效期，检查包装是否有破损和污染等情况，如果任何一个环节不符合要求，货品都要退回夏晖公司。

为了满足麦当劳冷链物流的要求，夏晖公司在北京地区投资建立了一个占地面积达12000平方米、拥有世界领先的多温度食品分发物流中心，配备了专业的三温度（冷冻、冷藏、常温）运输车辆。中心内设有冷藏库、冷冻库及干货库，各个库区都有极其严格的温度、湿度的要求，从而保证产品的品质。

案例分析

在这个案例中，不仅涉及了麦当劳作为一个连锁企业的自身物流管理过程，还包含了其供应商夏晖公司的第三方物流运作模式。案例包含了供应物流、生产物流跟销售物流三方面，而对供应物流和销售物流来说，夏晖公司特别之处在于，它不仅扮演了第三方物流公司的角色，而且还承担着供应商的责任。一方面可以说是麦当劳采用了委托第三方物流代理的方式为其制造、库存、配送及管理，另一方面他完全采用了供应商代理的形式，由供应商掌握麦当劳的库存，采购也是由夏晖公司来完成，而麦当劳和其供应商夏晖公司的关系也就完全成为了伙伴型的，不管夏晖是作为第三方物流公司也好，作为供应商也好，它无疑都在整个物流运作过程中起到了不可忽视的作用。

强　势

（1）麦当劳遵从了企业物流合理化近距离的原则上。从夏晖公司为麦当劳建立面包厂和在北京地区投资5500多万元人民币建立了一个占地面积达12000平方米、拥有世界领先的多温度食品分发物流中心为例可以看出。同时，这种做法也大大地减少了麦当劳的库存，满足了在制品库存最小原则。

（2）夏晖采用了准时供应方式。供应物流活动的主导是麦当劳，它可以按照最理想的方式选择供应物流，而供应物流的承担者夏晖，必须以最优的服务才能被用户所接受。这也是麦当劳和夏晖之间能保持几十年合作关系的原因。麦当劳因为夏晖的供应而节约了巨大的物流成本，下回也因此有生意可做，两家企业互相扶持，形成了坚不可摧的伙伴型关系。

（3）夏晖还采用了供应链采购。麦当劳只需把自己需求信息向供应商连续及时传递，由供应商根据用户的需求信息，预测用户未来的需求量，并根据这个预测需求量制订自己的生产计划和送货计划，主动小批量多频次向用户补充货物库存，既保证满足用户需求又使货品库存量最少、浪费最小。这种VMI采购的最大受益者是麦当劳，它可以摆脱烦琐的采购事务，从采购事务中解脱出来，甚至连库存负担、运输进货等负担都由夏晖承担，而服务率还特别高。

（4）麦当劳与夏晖的这种合作关系既属于长期目标型，又属于渗透型。我们都知道与供应商保持长期的关系是十分重要的，他们为了双方的共同利益对改进各自的工作感兴趣，并在此基础上建立起超越买卖关系的合作。像麦当劳对物流服务的要求是比较严格的，在食品供应中，除了基本的食品运输之外，麦当劳要求物流服务商提供其他服务，比如信息处理、存货控制、贴标签、生产和质量控制等诸多方面；麦当劳要求夏晖提供一条龙式物流服务，包括生产和质量控制在内。这样，在夏晖设在中国台湾的面包厂中，就全部采用了统一的自动化生产线，并采用了更先进的设施。这样，既满足了麦当劳对产品质量的严格要求，又使夏晖能在技术创新和发展上促进企业的产品改进，所以这样做对双方都有利，从而更增加了企业的外部竞争力。

弱　势

麦当劳只有一家主要原料的供应商，会使产品原料单一，难以满足顾客越来越挑剔的要求，顾客会需要多元化的产品出现，麦当劳只有出现不断变化的产品才能拥有竞争力。

机　遇

拥有大陆这块广泛的市场，只要好好利用，还会取得更好的成绩，当然，物流是非常重要的一部分。

威 胁

物流的理念和实践都发展得很快，其他快餐连锁如果响应得快，就会把麦当劳吞掉，像肯德基等，无疑是麦当劳的一大威胁。

不断货是麦当劳的另外一个要求。这听起来很简单，但具体运作却非常麻烦。想象一下麦当劳在全国有多少家连锁店，尽管通过 POS 机能够实时知道每一种商品的销售情况，但是如何运输、怎样在全国范围内建物流中心、如何协调社会性物流资源、如何在运输的过程中做到严格的质量控制（麦当劳的很多产品都需要严格的冷藏运输），这些非常复杂的工程，需要有极好的供应链管理能力。

案例二　雨润集团全自动化控制冷藏系统

近年来，江苏雨润集团在秉承“食品工业是道德工业”的经营理念的同时，紧绷食品安全这根弦，不断强化、完善“肉类蔬菜流通追溯体系”“中国食品全产业链监管”的建设，为消费者买到、吃上“放心”肉制品筑起了安全屏障。

作为国家级重点农业产业化龙头企业，严格的食品安全管控使江苏雨润在 2011 年度一举斩获两块金牌——低温肉制品、冷鲜肉的市场占有率均列全国第一。回眸雨润的食品安全模式，可谓：在可“追溯”统领下的“三线并进”。

从源头到餐桌，把控全产业链

为保证雨润食品在流通市场销售中的安全，雨润创造性地提出了肉食品行业全产业链经营的概念，即：纵向覆盖种植、饲料、育种、养殖、屠宰、精深加工、生鲜连锁、熟食专卖和电子商务等；横向延伸到生物制药、冷链物流、农产品电子交易平台等；产业遍及猪、牛、羊、鸡、鸭、鹅、兔等，使企业在“从源头到餐桌的全链经营”中做大做强。

在上游，雨润通过发展现代养殖业，确保原材料的安全；在加工环节，通过全程质量控制体系，确保生产过程产品出厂的安全；在下游，通过全程 0℃～4℃的全程冷链运输体系，确保产品安全到达终端和消费者手中；在研发环节，通过不断的技术创新，不断向消费者提供更多、更健康、更美味的食品。

目前，雨润已经逐渐形成从良种繁育、科学饲养、屠宰到肉制品深加工和市场流通服务立体化的产业链经营模式。

建立冷链物流，实现“无缝接轨”

为保障食品安全，雨润集团自购了数百辆各种型号的全自动控制冷藏车辆。所有冷藏车辆全部采用进口制冷设备，可以根据产品所需温度先行设定，保障产品在途恒温运输。同时，为有效监督车辆送货途中冷链运行状况，所有车辆安装了温度跟踪仪。通过温度跟踪仪反馈的数据，对产品在途温度控制做到了全程监控。并通过物流 ERP 系统、车辆 GPS 定位系统，做到冷链物流科学管理，冷藏车辆实时控制。

与此同时，雨润还充分利用社会资源，与第三方冷藏物流紧密合作，整合冷链资源。全方位的冷藏保障措施，使雨润冷鲜肉从原料检疫、屠宰、快冷分割到剔骨、包装、运输、贮藏、销售的全过程始终处于严格监控下，防止了可能的污染发生。雨润也因此打造出“从源头到终端”的全程雨润食品安全监控体系，做到“源头有保障，全程有冷链”。

基本实现了无库存的订单式生产—储运—销售的“无缝接轨”质量管理链，推动了肉类生产、加工、销售诸环节的有机结合。“无缝接轨”质量管理链是采用冷藏物流、冷链管理的科学运营体系，在仓储和销售方面则采用由冷藏库、冷藏车和冷藏柜组成的“冷链”系统，高标准地把握储运、销售环节中的每个细节，保证消费者可以吃到更高品质、更新鲜的雨润安全食品。

目前，雨润集团以 300～500 千米为销售半径，通过冷链物流系统，在 12 小时内为全国的消费者提供新鲜美味的雨润食品。为体现集团旗下各品牌低温肉制品的新鲜美味，雨润集团始终坚持把产品保质期控制在“0℃～4℃条件下 30 天”，远低于国内同行业中的 60～90 天的销售周期。

同时，产品保质期的缩短也造成了一定的退货，雨润专门设立了“退货管理办公室”，距离保质期还有 3 天的产品，企业负责收回。对于退回的产品，一律不允许送到各分公司，而是送到退货办做就地销毁处理。

完善追溯机制，探索安全模式

早在 2007 年，雨润就建立了雨润食品的“追溯机制”。在雨润食品的“追溯机制”中，雨润为每一批产品建立“户口档案”并存档保存。产品档案中记录着从原料检验、杀菌、腌制到包装再到出库等各个环节的原始数据及批次号。

2010 年，商务部规定：“要用 3 年左右的时间，在全国 36 个大城市以及部分有条件的城市率先建成肉类、蔬菜流通可倒追体系。”

雨润集团完整的可追查体系及其实践，无疑为我国食品追溯制度的建立和完善做出了积极探索和尝试，并提供了一个可供借鉴的样本。

案例三　上海可的便利店冷链物流管理创新

上海可的便利店有限公司基本情况

上海可的便利店有限公司（以下简称可的便利店）是一家从事便利店连锁经营的商业零售公司，前身是上海可的食品公司，由上海光明乳业股份有限公司（A 股股票代码 600597）控股投资组建而成（其中上海光明乳业股份有限公司占有 81% 股份）。公司从 1996 年开始从事便利店连锁经营，目前已拥有便利连锁店 1300 多家，分布于上海、江苏、浙江、广东四省（直辖市）的 21 个城市中。在过去的十年中，持续在华东地区的市场份额保持第一。

基于食品安全的冷链物流管理提出的背景

一是满足消费者对冷链食品数量和质量要求的需要；二是实现企业差异化经营提高核心竞争力的需要；三是降低企业损耗提高供应链组织与控制程度的需要；四是增强企业辐射能力，服务长三角市场的需要。

基于食品安全的冷链物流管理就是围绕食品安全，以供应链管理思想和系统化管理思想为核心，以效率优先为指导原则，在危害分析及关键控制点确定的基础上，通过组织重组和业务流程再造，综合应用现代管理方法、现代信息技术、节能技术、温度监控技术，对冷链食品原材料采购、生产加工、运输配送，一直到上柜销售等供应链各环节进行全程安全管理与监控，实现投入产出比最优、作业质量和效率最佳、作业成本最低的冷链物流管理效果，最终形成可的便利店具有核心竞争力的冷链食品管理优势。

基于食品安全的冷链物流管理成果内容

一是更新观念，建立冷链物流管理的战略理念；二是确定目标，统一制定冷链物流总体发展规划；三是寻找战略合作伙伴，构建冷链物流管理基础；四是组织结构重组，构建适应食品安全监控的集成管理平台；五是业务流程再造，建立安全、快速、高效的协作链条，关键环节的流程改进措施：进货验收方面、库内作业方面、配送方面、门店交接方面；六是现代信息技术的充分应用，实现对冷链物流管理有力支撑；七是建设现代化冷链配送中心，导入卓越绩效模式，实施 5S 现场管理方法。

基于食品安全的冷链物流管理的运行效果

一是确立公司冷链管理者的主导地位，增强了公司对环境的应变能力；二是主要效率指标超越国内先进企业，达到国际先进水平，通过对冷链物流的管理，可的便利店在关键指标上已经达到或超过业内国际领先企业日本的“7-11”；三是示范辐射作用明显，形成了可推广的冷链导入模式；四是经济效益明显提高，经济效益比整合前有大幅度提高，实现了低温食品销售量利润增幅167%，投入产出率1∶3，劳动生产率增幅144%的结果；五是高回报率，通过本项目的实施，目前可的冷链食品配送费率维持在5%左右，而国内同行业内的配送费率在7%～8%；此外，冷链物流管理体系的建设有效地支持了可的在长三角的市场拓展，加强了可的市场地位，使可的便利店在江浙两地可的冷链食品的销售额平均每年增长30%以上。

案例四 中集集团冷链运输装备

中集青岛冷藏产业基地是由青岛中集冷藏箱制造有限公司、青岛中集特种冷藏设备有限公司和青岛中集冷藏运输设备有限公司组成。青岛中集冷藏运输设备有限公司成立于2007年，主要业务为研发、制造各类冷藏半挂车、冷藏厢式车和其他运输设备，是目前国内唯一一家瞄准海外高端市场的冷藏设备研发、制造企业。产品逐步进入北美、欧洲等海外市场，现已设计出5大类涵盖北美市场近80%需求的冷藏半挂车，今年也开始介入国内市场。目前中集有9大块业务板块，其中主要是集装箱板块、道路运输车辆板块及能源化工装备板块等，中集不停地在升级每一个板块的产品服务系列。

冷链运输产品及应用

主要有冷藏半挂车和厢式车，都具备温度调节和保温功能。半挂车和厢式车最大的区别在于，挂车适合城际间长途运输，厢式车适合短距离运送。冷藏厢式车分为大、中、小型，中型有较好的灵活性，小型车基本上用于市内的配送。中集是一个国际化企业，由于熟悉国际化营运标准，有很好的发展规划，成熟的技术，清楚的营运链条，中集面对的是国际市场，目前在北美收购了一个挂车公司，且建立了基地，拥有整个北美的市场资源。

中集研发的冷藏运输产品

产品一：中国冷藏挂车。

中集结合欧美标准冷藏车的特性研发了中国的车辆，将国外冷藏车的先进技术与国内的实际相结合，该产品技术含量高，代表了行业的先进水准，因此这款产品面对的是高端市场。

产品二：液态牛奶冷藏车。

液态牛奶的运输工具是罐装车，但罐装运输不可避免地在回程过程中空载，且罐装运输不易控制温度。于是中集和日本北海道企业签订了关于牛奶的软袋包装液态运输的课题研发的协议，联合日本YKK公司创造了软袋包装运输模式，这种模式避免车辆空载，省了一半的油，还便于清洗、消毒、回收。然而很遗憾，中国还没有达到国外发达的物流水平。

产品三：质量及轻的冷藏箱系列。

南美客户DOLE和CHIQUITA订制了专门运输香蕉产品冷藏集装箱，要求比常规集装箱轻一吨。于是中集采用高强钢，减轻壁厚，用复合材料代替不锈钢，生产出及轻的集装箱。中集能够根据顾客的要求设计具有特色的产品，直接带来的利益表现在：2009年中集青岛所生产的1万7千台产量中该种系列产品销量达5000台。

产品四：深冷箱。

可以快速制冷，最低温保持在−50℃。

产品五：交换体箱。

农产品现场采摘后入库前预冷是冷链中十分重要的环节，否则将在运输中形成断链，农产品得不到冷藏保护。当农产品从产品采摘到入库贮藏这个阶段存在断链的危险，目前中集为了响应国家《农产品冷链物流发展规划》，参与研发交换体箱的课题。

产品六：公铁联运冷藏车。

目前中国铁路的冷藏运输依靠冰冷车和机冷车，它们存在的一个共同缺点是无法实现门到门的服务。中集结合公、铁联运的运营模式，同时考虑铁路的客观条件限制，结合铁路的特殊要求，提出相对应的解决方案，目前已经为铁路营运部门设计出符合铁路运输现状、公铁联运模式的冷藏箱。

冷链运输产品的应用

冷链运输产品的应用——装载。“现代物流和以前物流的根本性区别不是能够简单的把某个东西完成就行，还需要一个系统的解决方案。”根据冷链运输设备不同的气流方式，货物的装载情况不同。冷箱式主要为下送风上回风的气流方式，这样能够使货物都均匀地获得冷气，得到最充分的冷却。冷车采用上送风下回风的气流方式，经常调节出风口。

冷链运输产品的应用——过程监控。中集结合智能产品，通过数据采集和实时传递，实现箱类环境准确监测，在货物运输途中实现实时报警，以及远程监测。在冷链物流和罐式物流中都应该应用过程监控。

冷链运输产品的应用——多式联运。集装箱直接从卡车上直接转移到船上，再从船上直接转移到牵引车上变成挂车，如果实际需要，再把集装箱转移到铁路上，实现了公路铁路水路的多式联运。

中集的海外冷藏车 CKD 模式实践

传统模式认为，由于油耗等成本、风险因素，冷藏车交货半径应在 1000 千米以内，中集要将产品交付到海外市场，就必须要突破这个瓶颈，中集创新了冷藏车海外 CKD 的新模式。

为了开拓美国市场，中集着力实践海外 CKD 模式，从冷藏车的设计开始，我们就考虑到了 CKD 模式的营运，就是说冷藏车采用了高度模块化的设计，整车共分为相对独立的六大模块，青岛冷藏基地对海外市场的主要任务就是量产这六大部件，CKD 的任务就是将这些重新设计冷藏车的散件结构从而使包装、装箱合理化，7 个 53 英尺集装箱可以配合 18 台冷藏半挂车，大大降低了运输空间，节约了运输成本，且保障了产品各部件的完好保存，将冷藏车 90%的工作在中国完成，再运到中集在美国的工厂进行最后组装和销售。在中集的 CKD 模式运营中，模块化和标准化的生产提高了订单的反应速度，迅速满足客户不同的需求。此外，此模式下的冷藏车结构方面的创新设计使中集获得 14 项专利，使中集冷藏车的技术含量远高于同类产品。CKD 模式使中国冷藏车有机会到海外竞争市场，颠覆了行业之传统制造模式。

案例五　伊利冷藏运输模式

冷藏运输是伊利未来销售市场的原动力，不同温控下的产品冷藏运输运作模式做到随机应变，并确保了食品安全。众所周知，伊利集团的产品分为液态奶、冷饮和奶粉三大类，其产品流通绝大部分归属于冷藏运输范畴。在国内运输标准缺失，冷藏运输受社会环境约束的条件下，伊利冷藏运输如何运作？

作为全国资源型的龙头企业，内蒙古伊利实业集团股份有限公司（以下简称伊利集团）在业界一直以货物运输量大而众所周知，其产品流通大部分归属于运输范畴。

兵分两路

数年前，伊利集团产品运输全部是从内蒙古向外输送，运作方式耗时耗力。随着其在各地工厂建设完毕，大大节省了运输成本，提高了冷藏运输效率，进一步保证了产品的质量和新鲜度。

伊利集团拥有国内乳品行业最完整、最丰富的产品线，销售地域宽广，具体运输方式包括海洋运输、铁路集装箱、冰保车、机保车、集装箱五定班列运输、公路运输、铁海联运、公海联运以及行包发运等。他介绍说，伊利的冷藏运输配送近年来一直是领先行业，具体运作方式在不同区域视产品特点不同而定。

以伊利液态奶产品为例，其冷藏运输有两大特点：货量大、多种运输方式并存。由于奶制品对产品新鲜度、实时性和安全性要求极高，市场对产品的可追溯性要求也非常严格。目前，伊利集团对社会冷藏运输资源进行了有效整合调度。

伊利液态奶事业部"兵分两路"进行冷藏运输配送。一方面从工厂直接送达客户；另一方面则在全国重点城市布局分仓，通过分仓配送满足中小客户的需求。例如，伊利集团在武汉设立分仓，通过五定班列、车皮、零散集装箱等方式直接将产品运输到分仓，然后各分仓再按照客户所处的位置以铁路中转或公路配送到客户的手中。

运输是保证产品质量的关键，是消费者拿到产品前的重要环节。因此，伊利在这方面一向不惜成本，对于承运商有着特别严格的管理规定和考核标准。伊利公司的冷藏运输配送全部交由第三方冷藏运输公司运作。部门在对第三方冷藏运输公司进行统一招标时，往往要审定对方的资质，要求具备一定的运输能力和资金周转能力。同时，冷藏运输的特殊性也决定了他们对冷藏运输供应商的人员素质提出高要求。

对于承运商而言，运量大意味着回报大，伊利集团的销售规模使其具备了整体优势，并因此实现挑选承运商的可能。例如，－18℃的低温条件是最起码的要求，承运商都能达到。另外，对于整个配送过程的恒温要求，伊利集团自有一套体系进行控制。比如，进行相应的数据采集和跟踪管理，不定期对第三方冷藏运输公司进行评估等，达不到要求者就出局。

由于伊利的冷饮销量每年平均增幅超过30％，行业发展速度较快，因此，总体上来说，每年新加入的承运商要比被淘汰的数量多。尽管如此，公司每年还是会有大约15％的承运商由于各种原因出局。

不同事业部对承运商的要求不一。伊利集团对配送环节保质保量的要求特别高。如对配送的温度、湿度和卫生条件要求非常严格。同时，对于车辆是否符合管理规定，他们一方面安排运输管理人员在装、卸货和运输环节加强控制，另一方面将这些内容归入对承运商的考核制度。事实上，由于我国冷藏硬件设备严重不足，因此，即便是伊利集团这样的大企业，也时常听到第三方冷藏运输公司抱怨冷藏车辆资源紧张。

"织网"计划

自去年开始，伊利集团开始在全国范围内实施一项"织网"计划，这是一个通过战略布局调整降低冷藏运输成本的典型案例。所谓"织网"计划，其核心就是实现生产、销售以及市场的一体化运作，并对每个市场进行精耕细作。

目前，伊利集团已在全国十多个销售大区设立了现代化乳业生产基地。在这样的布局条件下，伊利在四川、山东、安徽、湖北等地的生产基地不仅可以供给本区域内的市场需求，还可以供应周边地区，从而形成一个庞大的网络体系，大大降低了冷藏运输成本，同时也大大增强了对食品安全的保障。

近年来，由于伊利集团冷藏运输量的逐年增加，原有的运输资源已经对产品流通产生了制约。自2005年开始，伊利集团新增三种冷藏运输运作方式，也就是海洋运输、五定班列和分仓建立。

海洋运输特点是远距离、运量大，但效率较低，并且受地域限制。目前，伊利集团在广东、海南、中国香港、中国澳门和海外市场已经全面引入海洋运输形式，目前已占据大约15%的比例，承担了非常重要的一部分运输送任务。

另外，随着伊利集团的市场逐步向内陆和西部延伸，拓展铁路运力势在必行。于是，在铁道部中铁集装箱总公司的大力支持下，伊利集团五定班列也正式开通。这种方式增大了铁路运输能力，有力保障并弥补了原有铁路运力的不足。现在，伊利集团已经开通了呼和浩特市至广州、成都、上海、宁波，包头至广州、上海，东北至武汉、长沙，以及巴盟至成都等一系列五定班列，为伊利集团的冷藏运输系统提供了极大的保障。其中，五定班列的运量已经占到整个伊利集团运量的55%，成为伊利冷藏运输名副其实的中坚力量。

此外，伊利集团分仓的建立则弥补了中小型客户的需求，极大地开拓了旗、县级市场，增加了伊利集团的市场份额及销售收入，对整个销售市场起到了积极的补充和调剂作用，成为不可或缺的一部分。

目前，伊利集团冷藏运输成本占整个集团成本体系的比例为6.5%左右，与前些年相比有了明显降低。但是，由于油价上涨以及生产成本不断提高等因素，近年来，伊利集团的冷藏运输成本也呈现出回升的趋势。降低冷藏运输成本关键在于创新。在保证食品安全的前提下，通过产业布局调整和提高冷藏运输技术来降低冷藏运输成本，已经成为一项新任务。冷藏运输作为衔接生产和销售的中间环节，是未来销售市场原动力，其在企业发展中的积极作用不可小觑。具体的冷藏运输运作模式应随机应变，根据不同产品种类制订出合适方案，并且要切实可行的保证食品安全。

伊利集团对冷藏运输工作的重视，体现在人力资源保障和组织架构的完善两个方面。首先，该公司对人才流失控制得非常好。伊利集团除了给予工作人员法定的福利外，还提供额外具有竞争力的福利待遇。同时，伊利还为员工提供双轨晋升制，充分调动员工的潜能，从而成为企业发展最好的助推器。其次，伊利集团一直保持着环境、组织和战略的动态适应，以实现企业持续发展。正如冷藏运输形式的不断变迁一样，伊利集团的组织结构也在发生着细微的调整和变化。

关于伊利集团冷藏运输管理的下一步规划，应该考虑的重要问题是如何用冷藏运输服务赢得市场，增加市场占有率和收益。今后，伊利集团将进一步“两手抓”冷藏运输工作。“一手”要使冷藏运输成为销售实力的具体体现，为市场提供及时、安全、快捷的服务；“另一手”则不断探索新的冷藏运输模式，尽快发挥分仓作用，实现客户和产品之间“零”距离。

案例六　林德特巧克力的全球冷链配送

林德特巧克力公司属于国际控股集团公司，目前林德特巧克力公司欧洲公司年产品销售总额为12亿3千万美元，其巧克力加工制造厂除了瑞士本土外，还遍布欧洲地区的法国、德国、英国、意大利、奥地利和美国等国，是世界上生产巧克力最负盛名的企业。而林德特公司巧克力加工厂规模最大、产量最高的是在瑞士本土。瑞士林德特巧克力加工制造厂的巧克力最近几年的年产量达到5584吨，分装为20英尺集装箱250只和40英尺集装箱250只，全部都是冷藏集装箱设备。林德特巧克力公司以“林德特”（Lindt Chocolate）命名的绝大部分巧克力产品从欧洲出口到美洲、澳大利亚、亚洲和中东海湾地区，通常使用远洋班轮冷藏集装箱运输，空运巧克力不超过出口巧克力集装箱运量的1%，这是公司考虑到价格本来就不菲的巧克力不要再增加运输成本，以便世界各地更多的平民百姓能够品尝到瑞士林德特牌的巧克力。

瑞士林德特牌巧克力的最大优势当然是其质量上乘，无论在何处生产，其巧克力生产工艺、程序和配方完全一致，质量规范相同，深受世界各地消费者的认同，多少年来林德特牌巧克力享誉全球的真正秘密就是其质量久经考验，可以说从1845年其创始人戴维（David）和其儿子罗道夫（Rudolph）在苏黎世开设第一家巧克力作坊以来的一个多世纪中，质量一直是这家古老的瑞士巧克力公司朝夕不离的生命线，如果说瑞士林德特牌巧克力有什么变化的话，那就是其物流配送中心从原来的家庭作坊发展成覆盖全球市场的大型专业食品集团公司，根据当前国际市场发展需要，其巧克力物流配送中心分别设置在英国、奥地利、加拿大、西班牙、波兰、中国香港；在美国和中东地区的阿联酋迪拜设立巧克力销售办事处，在全球范围内各国和地区所经营的林德特牌巧克力营销和配送等业务全部由独立分销商网络负责操作，这样做使物流成本居高不下，可是为了避免假冒伪劣产品混入，确保林德特牌巧克力产品的质量决不含糊而不得已而为之，现在世界各地的消费者只要在专卖店和独立分销商买到林德特牌巧克力都会放心地确信这是真正地道的瑞士林德特牌巧克力，就像在专卖店和分销商那里购买瑞士生产的品牌钟表一样。

林德特巧克力公司物流中心设立在瑞士苏黎世湖附近的阿尔腾道夫镇（Allenfor），拥有32家配送物流专业队，该中心的仓储实力强大，仅仅托盘，即用来装载巧克力产品或者巧克力制作原料或者包装材料等货物用的平板式货台就有11500套，此外还有数量没有确切透露的集装箱卡车，装卸工具系列等，但是林德特巧克力公司的物流中心似乎与众不同，因为其主要职责除了负责从荷兰鹿特丹港进口原料运送到瑞士阿尔腾道夫加工厂之外，还把巧克力产品从阿尔腾道夫的工厂源源不断地输送到欧洲其他国家和世界各地，因此对所有的配送物流公司实施严格的质量管理，其中包括运输车辆的卫生检疫，车辆驾驶员和物流服务操作人员的健康证明，冷藏集装箱温度控制机械系列的技术保障，交通运输安全和食品法规考核等。

物流中心不乏食品专家、卫生检疫专家和报关经纪人，凡是有可能影响到林德特牌巧克力质量和信誉的海陆空物流服务项目都被纳入该物流中心管辖范围内，尤其是卡车的集装箱运输是质量管理的重点。因为从瑞士出口的巧克力大多是用冷藏集装箱卡车运输到欧洲各地的，因此必须从阿尔腾道夫出发直至欧洲任何国家收货人的冷藏集装箱对产品的运输，其中还包括温度、包装、配送、分销到零售商的各物流服务项目等均被实施全程监控。由于林德特巧克力是瑞士的拳头产品，与瑞士名表一样对瑞士经济贡献巨大，因此获得瑞士海关当局验放优惠服务，凡是在出厂的时候完成海关清关手续的巧克力产品在出境的时候，只要单证齐全，没有其他问题，一律免于海关检验，从而加强了林德特牌巧克力的市场竞争力。

无论是在瑞士本土阿尔腾道夫还是在欧洲其他国家工厂生产的林德特牌巧克力，凡是出口到欧洲其他国家，通常都是用冷藏集装箱卡车从巧克力加工制造厂运送到靠近荷兰鹿特丹港的奥德贝杰仑德（OudBeijerland）物流中心，因为在陆地上集装箱卡车运输成本尽管比铁路运输昂贵，但是容易管理，而且机动灵活，运到鹿特丹港附近的奥德贝杰仑德物流中心以后，该中心根据与客户的合同规定，负责安排集装箱班轮的适当冷藏箱舱位，即所谓订舱，支付运费，办理集装箱的装船手续。

林德特巧克力公司的巧克力产品的出口贸易总量大约60%是以工厂交货条款（ex-works）或者离岸价格条款（FOB）成交，即卖方以货物装船前的出口价格，卖方在合同规定的装运港负责将货物装上买方指定的船上，并且负责货物装到船上为止的一切费用和风险，由此林德特巧克力公司就没有必要为集装箱船舶和航线的选择而煞费苦心了，其余一切，如把货物运抵卸货港或者最终目的港等过程均受制于“国际贸易条件解释通则”，但是出于林德特巧克力质量保证的考虑，奥德贝杰仑德物流中心在为买方选择远洋承运人，班轮订舱和安排码头泊位的时候必须与瑞士苏黎世湖附近的阿尔腾道夫镇的（Altenfor）林德特巧克力公司物流中心保持全面沟通，根据双方签订的协议，前者必须向后者报告有关集装箱船舶及其冷藏集装箱舱位信息和承运条款，并且必须取得后者同意，否则一旦发生林德特牌号巧克力质量问题，林德特巧克力公司就不会承担经济赔偿或者补偿责任。

目前从瑞士和其他欧洲国家出口到全球各个角落的林德特牌巧克力基本上由铁行渣华航运（P&O Neelloy）旗下的集装箱班轮承运。而负责装船的荷兰鹿特丹港的奥德贝杰仑德（OudBeijerland）物流中心和负责从工厂发货的瑞士苏黎世湖附近的阿尔腾道夫镇林德特巧克力公司物流中心直接的关系非常密切，这种关系一直发展和延伸到远洋承运人的集装箱班轮，卸货港和收货人，以保证质量为重中之重，在高度发达的信息技术的支持下，林德特牌巧克力集装箱物流供应链上的每一个环节都是相互支持，配合默契，多少年来一直没有发生过林德特牌巧克力质量的责任性事故。

瑞士原产的巧克力在全球广大消费者心目中无异于“棕褐色黄金”(Brown Gold)，是生活享受中的高档饮食消费品，因此本土不生产可可豆的瑞士却从进口可可豆加工制造成瑞士品牌的林德特巧克力的过程中创造出巨大的财富，其赖以生存和发展的秘密其实就是严守产品质量100多年不变，经营管理信誉经得起考验，集装箱物流中心配送程序的严格规范操作，归根结底是“质量”原则高于一切并贯穿于其全过程，其中包括林德特巧克力公司的集装箱物流，没有物流服务持之以恒的质量保证，所谓瑞士林德特巧克力名扬天下只会变成泡影。

附录二　冷链物流重要政策文件

政策一　《农产品冷链物流发展规划》

农产品冷链物流是指使肉、禽、水产、蔬菜、水果、蛋等生鲜农产品从产地采收（或屠宰、捕捞）后，在产品加工、贮藏、运输、分销、零售等环节始终处于适宜的低温控制环境下，最大程度地保证产品品质和质量安全、减少损耗、防止污染的特殊供应链系统。近年来，随着农业结构调整和居民消费水平的提高，生鲜农产品的产量和流通量逐年增加，全社会对生鲜农产品的安全和品质提出了更高的要求。加快发展农产品冷链物流，对于促进农民持续增收和保障消费安全具有十分重要的意义。为落实《物流业调整和振兴规划》，促进农产品冷链物流快速健康发展，特制定本规划。规划期为 2010—2015 年。

一、现状与形势

（一）发展现状

我国现代农产品贮藏、保鲜技术起步于 20 世纪初，自 20 世纪六七十年代开始在生鲜农产品产后加工、贮藏及运输等环节逐步得到应用。进入 21 世纪以来，我国农产品贮藏保鲜技术迅速发展，农产品冷链物流发展环境和条件不断改善，农产品冷链物流得到较快发展。

（1）农产品冷链物流初具规模。我国是农业生产和农产品消费大国，目前蔬菜产量约占全球总产量的 60%，水果和肉类产量占 30%，禽蛋和水产品产量占 40%。近年来我国生鲜农产品产量快速增加，每年约有 4 亿吨生鲜农产品进入流通领域，冷链物流比例逐步提高，目前我国果蔬、肉类、水产品冷链流通率分别达到 5%、15%、23%，冷藏运输率分别达到 15%、30%、40%，冷链物流的规模快速增长。

（2）农产品冷链物流基础设施逐步完善。目前全国有冷藏库近 2 万座，冷库总容量 880 万吨，其中冷却物冷藏量 140 万吨，冻结物冷藏量 740 万吨；机械冷藏列车 1910 辆，机械冷藏汽车 20000 辆，冷藏船吨位 10 万吨，年集装箱生产能力 100 万标准箱。

（3）冷链物流技术逐步推广。生鲜农产品出口企业率先引进国际先进的 HACCP（危害分析和临界控制点）认证、GMP（良好操作规范）等管理技术，普遍实现了全程低温控制。大型肉类屠宰企业开始应用国际先进的冷链物流技术，从屠宰、分割加工、冷却成熟等环节低温处理起步，逐渐向贮藏、运输、批发和零售环节延伸，向着全程低温控制的方向快速发展。适应我国国情的低能耗、低成本的冷链处理技术广泛推广，推动水产品和反季节果蔬为代表的高价值量农产品冷链迅速兴起。

（4）冷链物流企业不断涌现。中外运、中粮等社会化第三方物流企业强化与上下游战略合作与资源整合，建立国际先进的冷链设施和管理体系，积极拓展冷链物流业务；双汇、众品、光明乳业等食品生产企业，加快物流业务与资产重组，组建独立核算的冷链物流公司，积极完善冷链网络；大型连锁商业企业完善终端销售环节的冷链管理，加快发展生鲜食品配送。我国冷链物流企业呈现出网络化、标准化、规模化、集团化发展态势。

（5）农产品冷链物流发展环境逐步完善。国家高度重视冷链物流发展，在近几年下发的中央一号文件中均强调要加快农产品冷链物流系统建设，促进农产品流通。一些冷链物流的国家标准、行业标准和地方标准先后颁布实施，《食品安全法》等重要法律法规逐步完善。农产品冷链物流的重要性进一步被消费者认识，全社会对“优质优价”农产品的需求不断增长。但是，我国农产品冷链物流发展仍处于起步阶段，规模化、系统化的冷链物流体系尚未形成，与发展现代农业、居民消费和扩大农产品出口的需求相比仍有差距。突出表现在：一是鲜活农产品通过冷链流通的比例仍然偏低。目前我国鲜活农产品冷链流通的比例远低于欧美发达国家水平（欧、美、加、日等发达国家肉禽冷链流通率已经达到 100%，蔬菜、水果冷链流通率也达 95%以上），大部分生鲜农产品仍在常温下流通；冷链物流各环节缺乏系统化、规范化、连贯性的运作，部分在屠宰或贮藏环节采用了低温处理的产品，在运输、销售等环节又出现“断链”现象，全程冷链的比率过低。二是冷链物流基础设施能力严重不足。我国设施整体规模不足，人均冷库容量仅 7 千克，冷藏保温车占货运汽车的比例仅 0.3%，与发达国家差距较大；现有冷冻冷藏设施普遍陈旧老化，国有冷库中近一半已使用 30 年以上；区域分布不平衡，中部农牧业主产区和西部特色农业地区冷库严重短缺，承担全国 70%以上生鲜农产品批发交易功能的大型农产品批发市场、区域性农产品配送中心等关键物流节点缺少冷冻冷藏设施。三是冷链物流技术推广滞后。生鲜农产品产后预冷技术和低温环境下的分等分级、包装加工等商品化处理手段尚未普及，运输环节温度控制手段原始粗放，发达国家广泛运用的全程温度自动控制没有得到广泛应用。四是第三方冷链物流企业发展滞后。在农产品冷链物流发展过程中，优质优价的机制仍没有形成，冷链物流的服务体系尚未完全建立，服务水平有待进一步提高，第三方冷链物流企业发展滞后。现有冷链物流企业以中小企业为主，实力弱，经销规模小，服务标准不统一，具备资源整合和行业推动能力的大型冷链物流企业刚刚起步。五是冷链物流法律法规体系和标准体系不健全。规范冷链物流各环节市场主体行为的法律法规体系尚未建立。冷链物流各环节的设施、设备、温度控制和操作规范等方面缺少统一标准，冷链物流各环节的信息资源难以实现有效衔接，在发达国家普遍推行的相关管理办法和操作规范在我国尚处于推广的起步阶段。

(二) 面临的形势

从国际农产品流通产业发展的经验看，发达国家已经建立了“从田间到餐桌”的一体化冷链物流体系，不仅确保了产品质量，而且提高了农业效益。随着我国经济和社会的快速发展，对加快发展农产品冷链物流提出了更高的要求。

(1) 加快冷链物流发展是适应农产品大规模流通的客观需要。经过改革开放 30 年的发展，我国农业结构调整取得显著成效，区域和品种布局日益优化，使农产品流通呈现出了大规模、长距离、反季节的特点，对农产品物流服务规模和效率提出了更高的要求。一是随着农产品区域生产布局的细化，农业特色产区加快发展，生鲜农产品的区域规模化产出，迫切需要加快发展农产品跨地区保鲜运输；二是农产品反季节销售加快发展，急需进一步提高低温贮藏保鲜水平。从今后一段时期农业结构加快调整优化的需要看，加快发展农产品冷链物流也是适应我国生鲜农产品大规模流通的客观需要。

(2) 加快冷链物流发展是满足居民消费的必要保证。随着城乡居民消费水平和消费能力的不断提高，我国生鲜农产品的消费规模快速增长，居民对农产品的多样化、新鲜度和营养性等方面提出了更高要求，特别是对食品安全的关注程度不断提高。加快发展农产品冷链物流已经成为提升农产品消费品质，减少营养流失，保证食品安全的必要手段，是满足居民消费需求的必要保证。

(3) 加快冷链物流发展是促进农民增收的重要途径。长期以来，我国农产品产后损失严重，果蔬、肉类、水产品流通腐损率分别达到 20%～30%、12%、15%，仅果蔬一类每年损失就达到 1000 亿元以上；同时，受到生鲜农产品集中上市后保鲜储运能力制约，农产品“卖难”和价格季节性波动的矛盾突出，农民增产不增收的情况时有发生。发展农产品冷链物流，既是减少农产品产后损失，间接节约耕地等农业资源，促进农业可持续发展的重要举措，也是带动农产品跨季节均衡销售，促进农民稳定增收的重要途径。

(4) 加快冷链物流发展是提高我国农产品国际竞争力的重要举措。我国生鲜农产品生产具有较强的比较优势，但是由于冷链发展滞后，我国蔬菜、水果出口量仅占总产量的 1%～2%，其中，80%是初级产品，在国际市场上缺乏竞争力。特别是随着近年来欧盟、日本、美国等发达国家不断提高进口农产品准入标准，相关质量、技术和绿色壁垒已经成为制约我国农产品出口的重要障碍。加快发展农产品冷链物流，已经成为提高出口农产品质量，突破贸易壁垒，增强国际竞争力的重要举措。

二、指导思想、基本原则和发展目标

（一）指导思想

按照全面贯彻落实科学发展观、推进社会主义新农村建设和构建和谐社会的要求，紧紧围绕构建农业增产增效和农民持续增收的长效机制，适应城乡居民生活水平提高和保障居民食品安全的需要，以市场为导向，以企业为主体，加快冷链物流技术、规范、标准体系建设，完善冷链物流基础设施，培育冷链物流企业，建设一体化的冷链物流服务体系，以降低农产品产后损失和流通成本，促进农民增收，确保农产品品质和消费安全。

（二）基本原则

（1）科学规划，合理布局。根据农产品生产规模与布局状况，分析产品流量、流向及其储运的技术要求，综合考虑居民消费水平、消费习惯以及交通区位等条件，制定农产品冷链物流发展规划，优化冷链物流发展布局。

（2）因地制宜，分类指导。针对我国东中西部地区、大中城市和广大农村、产地与销地之间，在经济社会发展、居民收入水平、消费习惯方面的差异，结合果蔬、肉类、水产品等生鲜农产品的不同特点，因地制宜发展特色农产品冷链物流。

（3）市场运作，政府扶持。充分发挥企业的主体作用，坚持投资主体多元化、经营管理企业化、运作方式市场化。政府要加强发展规划、法律法规体系、标准体系和检验检测体系建设，对重点冷链物流项目给予扶持，为冷链物流发展营造良好环境。

（4）重点突破，扶优扶强。借鉴发达国家冷链物流发展经验，选择对消费安全影响大以及价值量高、生产规模相对集中的农产品优先发展冷链物流。当前要优先发展猪肉等肉类产品和水产品冷链物流，鼓励果蔬产品根据国内市场消费变化和出口产品品质要求逐步发展。要集中资金重点支持经营规模大、带动作用强的大型冷链物流企业，鼓励冷链物流企业做强做大。

（三）发展目标

到 2015 年，建成一批效率高、规模大、技术新的跨区域冷链物流配送中心，冷链物流核心技术得到广泛推广，形成一批具有较强资源整合能力和国际竞争力的核心冷链物流企业，初步建成布局合理、设施先进、上下游衔接、功能完善、管理规范、标准健全的农产品冷链物流服务体系。肉类和水产品冷链物流水平显著提高，食品安全保障能力显著增强；果蔬冷链物流进一步加快发展。果蔬、肉类、水产品冷链流通率分别提高到 20%、30%、36%以上，冷藏运输率分别提高到 30%、50%、65%左右，流通环节产品腐损率分别降至 15%、8%、10%以下。

三、主要任务

（一）推广现代冷链物流理念与技术

进一步加大对全程冷链重要性的宣传力度，提高公众对生鲜农产品冷链的认知度，营造促进品牌生鲜农产品销售的商业氛围，促进优质优价，扩大销售规模。鼓励农产品生产企业利用冷链物流理念与技术，在产后商品化处理、屠宰加工环节实现低温控制，促进生鲜农产品质量等级化、包装规格化，加强与下游企业的冷链对接，稳妥推进冷链物流服务外包。鼓励流通和冷链物流服务企业运用供应链管理技术与方法，实现生鲜农产品从产地到销地的一体化冷链物流运作。加强各相关企业温度监控和追溯体系建设，实现农产品在生产流通各环节的品质可控性和安全性。

（二）完善冷链物流标准体系

重点制定和推广一批农产品冷链物流操作规范和技术标准，建立以 HACCP 为基础的全程质量控制体系，积极推行质量安全认证和市场准入制度。一是制订各类生鲜农产品原料处理、分选加工与包装、冷却冷冻、冷库贮藏、包装标识、冷藏运输、批发配送、分销零售等环节的保鲜技术和制冷保温技术标准。制定冷链各环节有关设施设备、工程设计安装标准。二是围绕生鲜农产品质量全程监控和质量追溯制度的建立和发展，制定数据采集、数据交换、信息管理等信息类标准。三是建立符合国际规范的 HACCP、GMP、GAP（良好农业规范）、ISO（国际标准化组织）等质量安全认证制度和市场准入制度。四是对于肉类、水产品等密切关系居民消费安全的产品，执行国家强制性标准。

（三）建立主要品种和重点地区农产品冷链物流体系

鼓励肉类农产品冷链物流发展。积极发展覆盖生产、储存、运输及销售整个环节的冷链，建立全程“无断链”的肉类冷链物流体系。重点发展猪肉冷链物流，减少生猪活体的跨区域运输，积极发展从中部、华南地区到珠三角、长三角、中国港澳等沿海地区，从东北地区到京津地区的冷链物流体系。围绕肉类屠宰加工企业，加快大中城市猪肉冷链配送发展，推广品牌冷鲜肉消费。积极发展牛羊肉冷链物流，逐步完善从中部地区到京津、环渤海和长三角地区，西北地区到中亚和中东市场，西南地区到华南地区的牛羊肉冷链物流体系。

加快推广水产品冷链物流体系建设。积极培育长三角、珠三角和环渤海地区为重点的水产品产销集中区，进一步完善水产品超低温贮藏、运输、包装和加工体系，促进远洋等高端水产品消费。积极推动黄淮海、东南沿海、长江流域等水产品优势产区到中西部大中城市的水产品冷链物流体系，提高内陆居民水产品消费量。

逐步推进果蔬冷链物流发展。适应市场需要，选择部分高价值的特色蔬菜、水果，推广产后预冷、初加工、储存保鲜和低温运输技术，发展一体化冷链物流，建立跨地区长途调运的冷链物流体系，促进反季节销售。积极推动苹果、柑橘、葡萄、香梨、热带水果等特色水果产区到大中城市的水果冷链物流体系，以及蒜薹、芦笋等反季节蔬菜和特色蔬菜的南菜北运、东菜西输冷链物流体系建设。积极推进乳制品、冰激凌、速冻产品等其他产品的冷链物流发展。

（四）加快培育第三方冷链物流企业

培育一批经济实力雄厚、经营理念和管理方式先进、核心竞争力强的大型冷链物流企业。鼓励大型生鲜农产品生产企业从生产源头实现低温控制，积极发展冷链运输和低温销售，建立以生产企业为核心的冷链物流体系。鼓励企业在产地、销地建设低温保鲜设施，实现产地市场和销地市场冷链物流的高效对接。鼓励大型零售企业加快生鲜食品配送中心建设，在做好企业内部配送的基础上逐步发展为社会提供公共服务的第三方冷链物流中心。

（五）加强冷链物流基础设施建设

鼓励冷链物流企业加快各类保鲜、冷藏、冷冻、预冷、运输、查验等冷链物流基础设施建设。从关键环节入手，重点加强批发市场等重要农产品物流节点的冷藏设施建设，在大中城市周边加快规划布局一批生鲜农产品低温配送和处理中心；大力改善农产品加工环节的温控设施，建设经济适用的农产品预冷设施；配备节能、环保的长短途冷链运输车辆，推广全程温度监控设备；完善与冷链物流相配套的查验与检测基础设施建设，推广应用快速准确的检测设备和试剂。

（六）加快冷链物流装备与技术升级

加快节能环保的各种新型冷链物流技术的自主研发、引进消化和吸收，重点加强各种高性能冷却、冷冻设备，自动化分拣、清洗和加工包装设备，冷链物流监控追溯系统、温控设施以及经济适用的农产品预冷设施、移动式冷却装置、节能环保的冷链运输工具、先进的陈列销售设备等冷链物流装备的研发与推广，完善科技成果转化的有效机制，不断提高冷链物流产业的自主创新能力和技术水平。

（七）推动冷链物流信息化

依托各类生鲜农产品优势产区、重要集散地区和大中城市等集中消费地区，建立区域性各类生鲜农产品冷链物流公共信息平台，实现数据交换和信息共享，优化配置冷链物流资源，为建立冷链物流产品监控和追溯系统奠定基础。鼓励市场信息、客户服务、库存控制和仓储管理、运输管理和交易管理等应用系统软件开发，健全冷链物流作业的信息收集、处理和发布系统，全面提升冷链物流业务管理的信息化水平。推广应用条码、RFID（无线射频识别）、GNSS（全球定位系统）、传感器技术、移动物流信息技术、电子标签等技术，建立全国性和区域性的生鲜农产品质量安全全程监控系统平台。明确冷链物流信息报送和信息交换的责任机制，提高政府监管部门的冷链信息采集和处理能力，提高行业监管和质量保证水平。

四、重点工程

（一）冷库建设工程

鼓励肉类和水产品生产企业、专业冷链物流企业、农业产业化龙头企业、农产品批发市场、大型零售企业等经营主体，在技术改造和充分利用现有低温贮藏设施的基础上，加快建设一批设施先进、节能环保、高效适用的冷库，满足全社会对贮藏设施的急需。

（二）低温配送处理中心建设工程

鼓励冷链物流企业在大中城市周边规划建设一批具有低温条件下中转和分拨功能的配送中心，集中完成肉类和水产品分割、果蔬分拣以及包装、配载等处理流程，形成冷链长短途有效衔接、生产与流通环节紧密联系的物流体系，促进其与上游的屠宰加工企业、批发市场以及下游的超市等零售市场协同推进冷链发展。

（三）冷链运输车辆及制冷设备工程

鼓励大型冷链物流企业购置冷藏运输车辆，到 2015 年，争取全社会新增冷藏运输车 4 万辆，大幅度提升冷链物流企业的冷链运输能力，提高我国生鲜农产品的冷链运输率；鼓励肉类和水产品加工、流通和销售企业购置预冷保鲜、冷藏冷冻、低温分拣加工、冷藏运输工具等冷链设施设备，提高冷链处理能力，逐步减少“断链”现象的发生。

（四）冷链物流企业培育工程

根据我国生鲜农产品生产、流通、消费格局，重点培育一批发展潜力大、经营效益好、辐射带动能力强的农产品冷链物流企业。采用政策倾斜等方式，鼓励其创新物流服务模式，加强资源整合，拓展物流服务网络，强化资产重组与战略合作。

（五）冷链物流全程监控与追溯系统工程

按照规范化、标准化运作的要求，建设全程温控和可追溯系统，充分利用现有的企业管理和市场交易信息平台，建立便捷、高效、低成本的农产品冷链物流信息追溯系统。

（六）肉类和水产品冷链物流工程

加快肉类特别是猪肉，以及水产品的冷链物流体系建设。鼓励大型肉类和水产品企业改造生产流水线及温控设施，加强产品排酸、预冷等低温初加工设施建设，积极推广肉类和水产品冷藏运输和全程监控技术，推动零售环节超市、大卖场冷柜销售方式，形成“无缝化”连接的肉类冷链物流体系。加强中央直属猪肉储备冷库和地方猪肉储备冷库建设，依托企业冷库完善猪肉储备体系，提高政府对猪肉市场的调控能力。

（七）果蔬冷链物流工程

加强果蔬冷链物流体系建设，重点加强分级、包装、预冷等商品化处理和冷藏储存环节建设，推动主要产区果蔬产品冷链物流设施条件的改善；大力发展冷藏运输，逐步提高果蔬产品冷藏运输能力；完善主销区果蔬冷链配送设施建设，发展具有集中采购、跨区域配送能力的现代化果蔬配送中心。鼓励大型果蔬农产品批发市场、连锁超市、果蔬储运营销企业加快冷链物流设施建设，积极培育具有一定规模和竞争力的第三方果蔬冷链物流服务企业。

（八）冷链物流监管与查验体系工程

完善冷链物流生产、加工、储存、运输、中转、进出口等主要环节的监管和查验基础设施建设。在冷链建设重点工程中，同步建设监管和检测设施。依托现有监管和检测资源，进一步提高主要生产基地、加工基地、配送中心、中转中心、进出口口岸的查验和检测能力，提高监管水平，保障产品质量和安全。

五、保障措施

（一）加强协调

农产品冷链物流体系建设环节多、产业链长，是一项跨部门、跨行业、跨区域的系统工程，需要多方面的配合与支持。由国家发展改革委会同有关部门，加强协调配合，形成合力，统一组织规划实施，协调解决冷链物流发展中的突出矛盾和重大问题，确保规划目标的实现。

（二）完善政策

兼顾农产品第三方冷链物流企业的特点，完善企业营业税差额纳税试点办法，扩大政策享受范围。对冷库建设新增用地，要在提高土地集约利用的基础上，合理安排用地。简化冷链物流企业设立时的前置审批手续，放宽对冷链运输车辆的城市交通管制；充分考虑冷链运输车辆因增加保温车厢和制冷机组使自重增加的特殊情况，合理确定运输车辆的载重量；支持冷藏运输车辆跨区域加盟，在车辆审验、车辆管理等方面提供支持。对冷链物流企业的用水、用电、用气价格与工业企业基本实现同价。

（三）整合资源

通过企业兼并重组、参股控股、合资合作等方式，整合现有生鲜农产品生产加工企业、批发市场、冷链物流企业以及港口、码头、航空航运交通枢纽的冷链物流资源，加快升级改造步伐和配套协作，建立全国性和区域性的大型低温物流中心，并采用现代经营理念、管理手段和运作模式，提高冷链物流整体质量与效率。

（四）增加投入

冷链物流设施建设要充分发挥市场机制的作用，鼓励企业加大投入，多渠道筹集建设资金。中央和地方政府可对大型冷藏保鲜设施、冷藏运输工具、产品质量认证及追溯、企业信息化等重要项目给予必要的引导和扶持。要多方面拓宽农产品冷链物流企业的融资渠道。银行业金融机构对符合条件的农产品冷链物流企业要加大融资支持，并做好配套金融服务。

（五）鼓励创新

加强对冷却冷冻、冷藏和信息化管理等冷链物流技术和设备的创新与研发，对农产品冷链物流新工艺新技术、新型高效节能的大容量冷却冷冻机械、移动式冷却装置、大型冷藏运输设备、冷藏运输车辆专用保温厢和质量安全追溯装置等进行集中攻关与研制。

（六）培养人才

引导和推动高等学校设置冷链物流相关学科专业、开设相关课程，发展农产品冷链物流职业教育，并建立交叉研究机构鼓励扶持行业协会、企业及有关高校结合国内外实践开展冷链物流职业技术培训和继续教育，形成多层次的人才教育、培训体系。

建立农产品冷链物流行业的人才激励与柔性机制，推动高素质人才队伍建设。将“农产品冷链物流”作为“农产品营销与储运”专业的专业（技能）方向增加至新修订的《中等职业学校专业目录》。

（七）完善法规与监督

完善冷链物流的法律法规体系，进一步加大强制性国家标准的制定力度；建立以HACCP为基础的全程质量控制体系，制定与国际接轨的冷链物流操作规范和技术标准，充分发挥现有部门和机构的作用，补充完善检测项目和内容，建立全程质量检查与监督机制。

政策二 《药品冷链物流运作流程》(GB/T 28842—2012)

1 范围

本标准规定了冷藏药品物流过程中的收货、验收、贮存、养护、发货、运输、温度监测和控制、设施设备、人员配备等方面的要求。

本标准适用于冷藏药品在生产、经营和使用过程中的物流服务。

2 规范性引用文件

下列文件对于本文件的应用是必不可少的。凡是注日期的引用文件，仅注日期的版本适用于本文件。凡是不注日期的引用文件，其最新版本（包括所有修改单）适用于本文件。

QC/T 450—2000（2005） 保温车、冷藏车技术条件

原国家药品监督管理局令 2000 年第 20 号 药品经营质量管理规范

国务院令 2005 年第 434 号 疫苗流通和预防接种管理条例

3 术语和定义

下列术语和定义适用于本文件。

3.1

药品（Drug）

用于预防、治疗、诊断人的疾病，有目的地调节人的生理机能并规定有适应症或者功能主治、用法和用量的物质，包括中药材、中药饮片、中成药、化学原料药及制剂、抗生素、生化药品、放射性药品、血清、疫苗、血液制品和诊断药品等。

3.2

冷藏药品（Cold storage drug）

对药品贮存、运输有冷处、冷冻等温度要求的药品。

3.3

冷处（Cold condition）

温度符合2℃～10℃的贮存运输条件。

3.4

冷冻（Freezing condition）

温度符合－25℃～－10℃的贮存运输条件。

3.5

药品冷链物流（Drug cold chain logistics）

采用专用设施设备，使冷藏药品从生产企业成品库到使用单位药品库的温度始终控制在规定范围内的物流过程。

4 基本要求

4.1 需冷藏的药品从生产企业成品库到使用单位药品库的温度应始终控制在规定范围内。

4.2 应采用信息技术和设施，提供温度监控记录，确保冷藏药品在物流过程中温度的可跟踪和可追溯。

4.3 应制定确保温度要求的管理制度及温度异常应急处理预案。

4.4 需要委托运输冷藏药品的单位，应对委托方的冷链资质进行严格审核合格后，签订合同，明确药品在贮存运输和配送过程中的温度要求。

5 冷藏药品的收货、验收

5.1 冷藏药品的收货区应根据药品说明书上规定的贮存温度要求而设置在相应的温度条件下，不得置于阳光直射、热源设备附近或其他可能会提升周围环境温度的位置。

5.2 收货时收货方应用温度探测器检测药品及环境温度。

5.3 冷藏药品收货时，收货方应索取运输交接单，做好实时温度记录，并签字确认。有多个交接环节，每个交接环节的收货方都要签收交接单。交接单参见附录A。

5.4 冷藏药品的验收、收货、转移到待检区应根据药品说明书上规定的贮存温度要求在相应的温度条件下进行。

5.5 对退回的药品，接收企业应视同收货，严格按5.1、5.2、5.3、5.4操作，并做好记录，必要时送检验部门检验。退货方应提供药品贮存温度记录证明。疫苗不能退货。

5.6　冷藏药品的收货、验收记录应保存至超过冷藏药品有效期一年以备查，记录至少保留三年。疫苗的收货、验收记录应保存至超过冷藏药品有效期二年以备查，记录至少保留三年。

6　冷藏药品的贮存、养护

6.1　冷藏药品贮存的温度应符合冷藏药品说明书上规定的贮存温度要求，未标识具体温度要求的，按冷处2℃～10℃，冷冻－25℃～－10℃的条件贮存。

6.2　贮存冷藏药品时应按冷藏药品的批号堆码，不同批号的冷藏药品不得混垛。垛间距不小于5厘米，与仓间墙、柱、温湿度调控设备及管道的设备间距不小于30厘米，与地面的间距不小于10厘米。

6.3　在库冷藏药品按质量状态实行色标管理，其统一标准时：待验冷藏药品库（区）、退货冷藏药品库（区）为黄色；合格冷藏药品库（区）、待发冷藏药品库（区）为绿色；不合格冷藏药品库（区）为红色。

6.4　冷藏药品应进行在库养护检查并记录。发现质量异常，应先行隔离，暂停发货，做好记录，及时送检验部门检验，并根据检验结果处理。

6.5　养护记录应保存至超过冷藏药品有效期一年以备查，记录至少保留三年。疫苗的养护记录应保存至超过冷藏药品有效期二年以备查，记录至少保留三年。

6.6　冷藏药品贮存库应根据验证结果配置温度记录设备。

7　冷藏药品的发货

7.1　应指定符合11.1条件的人员负责冷藏药品的发货、拼箱、装车工作，并选择适合的运输方式。

7.2　备货、拆零、拼箱、装箱、装车应使冷藏药品处于规定的贮存温度下。

7.3　冷藏药品的发货、装载区应根据药品说明书上规定的贮存温度要求而设置在相应的温度条件下或在阴凉处，不允许置于阳光直射、热源设备附近或其他可能会提升周围环境温度的位置。

7.4　装载冷藏药品时，冷藏车或冷藏（保温）箱应预冷至符合药品贮存运输温度，应在规定时间内完成装运，与冷藏（保温）箱配套的蓄冷剂/蓄热剂应符合冷藏药品温度的要求。

7.5　发货时应检查冷藏药品、装载环境及运输设备温度并做好记录，双方在运输交接单上签字确认。

7.6　采用冷藏车运输时，应配置至少四个温度记录设备（分别置于验证后的两个药品高温点和两个药品低温点）随货发运；采用冷藏（保温）箱运输时，每种规格的冷藏（保温）箱中应放置一个温度记录设备随货发运。

7.7　放置冷藏药品不得直接接触控温物质，防止对药品质量造成影响。

7.8　采用冷藏车运输冷藏药品时，应根据冷藏车标准装载药品。必须合理码放，药品箱的装载高度应低于冷风机出口位置，避开回风口，与车厢内壁保持适当间距，便于气流循环。

8　冷藏药品的运输

8.1　冷藏药品运输方式选择应确保温度符合要求，应根据药品数量多少、路程、运输时间、贮存条件、外界温度等情况选择合适的运输工具，宜采用冷藏车或冷藏（保温）箱运输。

8.2　应制定符合冷藏药品运输管理的规章制度，配备有确保冷藏药品温度要求的设施、设备和运输工具。

8.3　采用冷藏（保温）箱运输冷藏药品时，冷藏（保温）箱上应注明贮存条件、起运时间、保温时限、特殊注意事项或运输警告。

8.4　应制定冷藏药品发运程序。发运程序内容包括出运前通知、出运方式、线路、联系人、异常处理方案等。

8.5　运输人员出行前应对冷藏车及冷藏车的制冷设备、温度记录显示仪进行检查，要确保所有的设施设备正常并符合温度要求。在运输过程中，要及时查看温度记录显示仪，如出现温度异常情况，应及时报告并处置。

8.6　冷藏车在运输途中要对温度进行实时监测，数据应可导出或上传且不可更改。温度记录应当随药品移交收货方。

8.7　采用冷藏（保温）箱运输时，根据冷藏（保温）箱的性能验证结果，在冷藏（保温）箱支持的，符合药品贮存条件的保温时间内送达。

8.8　冷藏药品运输及配送时，要在规定时限内送达，运输及配送途中不得开启冷藏（保温）箱，确保在规定的温度范围内冷链运输及配送。

9　冷藏药品的温度监测和控制

9.1　冷藏药品在收货、验收、贮存、养护、发货、运输过程中应进行温度监控，可采用温度记录仪、温度电子标签、温湿度监控仪等温度记录设备和温度检测材料。

9.2　手工温度记录的温度监测数据应保留原始单据，自动温度监测数据可读取存档。

9.3　冷库温度记录间隔时间不得超过三十分钟/次，冷藏车、冷藏（保温）箱的温度记录间隔时间不超过十分钟/次。

9.4　温度报警装置应能在临界状态下报警，应有专人及时处置，并做好温度超标报警情况的记录。

9.5 制冷设备的启停温度设置：冷处应在3℃～7℃范围内，冷冻应在－23℃～－12℃范围内。

9.6 应按规定对自动温度记录设备、温度自动监控及报警装置等设备进行校验，保持准确完好。

9.7 冷藏药品的温度记录至少保留三年。

10 冷藏药品贮存、运输的设施设备

10.1 应配置与生产经营品种、规模相适应的冷库、冷藏车、冷藏（保温）箱及其他符合药品贮存温度要求的设施设备。

10.2 冷藏药品的贮存应有自动监测、自动调控、自动记录及报警装置，温度自动监测布点应经过验证，符合药品冷藏要求。

10.3 冷藏（保温）箱应根据不同材质、不同配置方式以及环境温度进行保温性能测试，并在测试结果支持的范围内进行运输。

10.4 冷藏车应符合QC/T 450—2000的规定和要求，并应具有独立制冷/制热系统、自动温度监控记录功能，采用全球卫星定位技术实施实时温度监测及数据上传。

10.5 对于即将投入使用的冷藏车，要进行空载温度分布验证，达到要求后方可投入使用。正式使用后，要进行一次冷藏车配送在途（满载）温度分布验证。根据冷藏车温度分布验证结果，制定冷藏车使用操作细则，明确装车要求、货品摆放位置及注意事项。

10.6 在用的冷藏车辆每年冬、夏两季各进行一次在途温度验证，以保证配送冷藏药品质量安全。

10.7 冷藏设施应配有备用发电机组或安装双路电路。

10.8 冷藏药品贮存、运输设施设备应有校准方案、定期维护方案和紧急处理方案，由专人定期进行检查、校准、清洁、管理和维护，并有记录，记录至少保存三年。

10.9 建立健全冷藏药品贮存运输设施设备档案，并对其运行状况进行记录，记录至少保存三年。

11 人员配备要求

11.1 应配备与药品冷链管理、经营规模相适应的专业技术人员。

11.2 冷藏药品的收货、验收、养护、保管人员应经过相关的质量管理部门和物流管理部门的培训，熟悉冷链基础知识、所经营冷藏药品的温（湿）度敏感性特点、产品分销特点等冷链管理内容。

11.3 从事冷藏药品收货、验收、贮存、养护、发货、运输等工作的人员，应接

受冷藏药品的贮存、运输、突发状况应急处理等业务培训。

11.4　冷藏（保温）箱体的操作、使用、维护等人员必须经过产品温（湿）度敏感性特点、箱体适用条件、蓄冷剂预冷条件等专业知识的培训。

11.5　冷链管理中所涉及的计算机系统、温度记录仪的使用等，应对相关人员进行培训，操作人员应具有相应资质。

11.6　应建立操作人员和管理人员培训计划，并定期进行培训有效性和充分性的评估。

11.7　参与冷链验证的人员应经过有关验证培训。

11.8　直接接触药品的人员应每年进行健康体检。

政策三　《食品冷链物流技术与管理规范》（DB31/T 388—2007）

1　范围

本标准规定了食品冷链流程、冷藏储存、批发交易、配送加工和销售终端等流通环节的温度控制、质量卫生管理要求（不包括生产环节）。集贸市场可参照本标准执行。

本标准适用于冷链物流从生产企业发货到接受地验收全过程（不包括宅配）。

2　规范性引用文件

下列文件中的条款通过本标准的引用而成为本标准的条款。凡是注日期的引用文件，其随后所有的修改单（不包括勘误的内容）或修订版均不适用于本标准，然而鼓励根据本标准达成协议的各方研究是否可使用这些文件的最新版本。凡是不注日期的引用文件，其最新版本适用于本标准。

《中华人民共和国食品卫生法》

GB 1589 道路车辆外廓尺寸、轴荷及质量限值

GB 7718 预包装食品标签通则

GB 14881 食品企业通用卫生规范

GB 50072 冷库设计规范

QC/T 450 保温车、冷藏车技术条件

SB/T 10379 速冻调制食品

沪食药监食〔2006〕367 号 缺陷食品召回管理规定（试行）

3 术语和定义

3.1 冷链

为保持新鲜食品及冷冻食品等的品质，使其从生产到消费的过程中，始终处于低温状态的配有专门设备的物流网络。

3.2 冷冻食品

冷冻食品指食用农产品或加工食品，通过前处理或深度加工，产品在－18℃以下贮藏、运输、批发、配送和销售。

3.3 冷藏食品

冷藏食品指食用农产品或加工食品，通过前处理或深度加工，产品在7℃以下(部分蔬菜、水果10℃以下)、冻结点以上贮藏、运输、批发、配送、销售。

3.4 冷库

用于在低温下保藏货物的建筑群，包括库房、氨压缩机房、变电室、配电室及其附属建（构）筑物。按使用性质可分为生产性冷库、分配性冷库和零售性冷库。按贮藏商品和库温分为冷却物冷藏库、冻结物冷藏库。

3.5 冷藏运输设备

用于运输冷冻、冷藏货物的运输设备，包括冷藏汽车、冷藏火车、冷藏集装箱、冷藏运输船和附带保温箱的其他运输设备及不带有制冷机，厢体用隔热材料制成的保温车等。

3.6 物流

货物从供应地向接受地的实体流通过程。根据实际需要，将运输、储存、装卸、搬运、包装、配送加工，以及信息处理等功能实施有机结合。

3.7 配送

在经济合理区域范围内，根据用户要求，对物品进行拣选、流通加工、包装、组配等作业，并按时送达指定地点的物流活动。

4 冷链流程

本标准所指的食品冷链流程如下图所示。

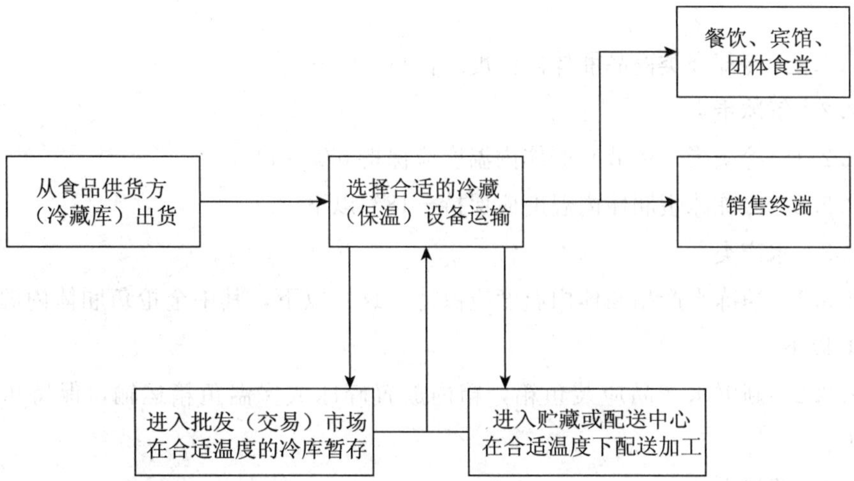

食品冷链流程

5 冷藏运输

5.1 运输设备

5.1.1 应当采用冷藏车、保温车、冷藏集装箱、冷藏船、冷藏火车（专列）和附带保温箱的运输设备。

5.1.2 冷藏车、保温车性能应符合 QC/T 450《保温车、冷藏车技术条件》规定。冷藏车、保温车的外廓尺寸应符合 GB 1589《道路车辆外廓尺寸、轴荷及质量限值》规定。车厢应符合《中华人民共和国食品卫生法》关于食品容器的规定。

5.1.3 冷藏车、保温车车厢外部应设有能直接观察的测温仪或监控运输途中厢体内温度的自动测温仪。测温记录应在货物交接时，提供给接货人员。

冷藏车装载货物前，制冷装置运行正常，厢体整洁，各项设施完好，车厢内温度预冷到一定温度（冷冻食品应在－10℃以下；冷藏食品应在7℃以下（部分蔬菜、水果10℃以下））方可装货，装货后应保持运输温度要求。在运输过程中保持全程均衡制冷。在卸货过程中，尽量保持车门随开随关。

5.1.4 运输冷却片猪肉应用行轨悬挂，胴体之间的距离应保持在3～5厘米。

5.1.5 冷饮、蛋糕等直接入口食品，应在运输前对车厢仓面清洁消毒。

5.1.6 冷藏车、保温车应配备有食品温度监控人员，运输前后检测商品温度，并加以记录，作为准运和验收的依据。

5.2 温度要求

5.2.1 肉禽类

5.2.1.1 冷冻分割畜肉（牛、羊、猪）、禽肉等冻结商品厢体内温度应保持－18℃

以下。

5.2.1.2　冷却肉类商品厢体内温度应保持0℃～4℃。

5.2.2　鲜冰蛋类

5.2.2.1　冷藏蛋（蛋液）厢体内温度应保持0℃～4℃。

5.2.2.2　冷冻冰蛋厢体内温度应保持－18℃以下。

5.2.3　水产类

5.2.3.1　速冻水产品厢体内温度应保持－18℃以下，其中金枪鱼厢体内温度应保持－45℃以下。

5.2.3.2　新鲜水产品应装鱼箱，箱内放置碎冰或保温鱼箱运输，保持鱼体温度0℃～4℃。

5.2.4　蔬果类

5.2.4.1　速冻蔬果厢内温度应保持－18℃以下。

5.2.4.2　冷藏蔬果视品种、运输距离不同而异，厢体内温度在1℃～10℃。

5.2.5　盒饭类

5.2.5.1　集体用餐冷藏配送厢体内温度应保持0℃～4℃。

5.2.5.2　装车前将厢体预冷到10℃以下。

5.2.5.3　每次配送前，应对用餐的容器和车辆进行清洁消毒。

5.2.6　速冻食品类（米面、调制）

速冻米面食品和速冻调制食品厢体内温度应保持－18℃以下，装载前厢体预冷到－10℃或更低温度，运输途中最高允许升温到－15℃，但交货后应尽快降至－18℃以下。

5.2.7　液体奶类（饮料）

5.2.7.1　装车前将厢体内温度预冷到15℃，方可装货。

5.2.7.2　运输途中，产品温度不高于10℃。

5.2.8　冷饮类（冰激凌）

5.2.8.1　装车前将厢体内温度预冷到－10℃，方可装货。

5.2.8.2　冰激凌类冷饮厢体内温度应保持－18℃以下。

5.2.9　豆制品类

5.2.9.1　非发酵豆制品厢体内温度应保持1℃～10℃。

5.2.9.2　发酵豆制品应用密封专用车辆运输。

5.2.10　糕点类

含奶蛋糕、植脂奶油蛋糕、蛋糕胚厢体内温度应保持在冻结点－10℃以上。

5.3　运输管理

5.3.1　提货单位委托冷链配送企业承运时，在承运配送合同中，必须明确商品的温度要求。

5.3.2　冷冻、冷藏食品出库或到达接受方时，冷冻产品应在 15 分钟以内，冷藏产品在 30 分钟以内装卸完毕，严禁将货物长时间暴露在常温下，防止货物温度回升融化。

5.3.3　承运方与接货方在商品交接时，除执行双方常规项目验收规定外，还应确认冷藏产品温度不高于 7℃，冷冻产品温度不高于－12℃，将检验温度做好记录，作为双方交接凭证。

5.3.4　运输设备应专车专用，禁止与任何危险货物通车装运。不得与非食品货物混装。

5.3.5　商品装载时，商品与厢壁周围应留有缝隙，离顶 20 厘米，应用支架、栅栏或其他装置来防止货物移动，保持空气流通。

5.3.6　应定时对冷藏设备进行保养，当发现制冷设备有异常，应停止使用，及时抢修。冷藏车应及时融霜（有自动融霜除外）。

5.3.7　测温仪应按计量器具要求，定期检定。

5.3.8　冷藏运输设备应严格执行规定的装载重量。

6　冷藏储存

6.1　冷库条件

6.1.1　冷库设计应符合 GB 50072《冷库设计规范》规定。

6.1.2　冷库应建有 15℃ 以下的封闭式站台，并设有与运输车辆对接的门套密封装置。

6.1.3　冷库门应配有电动空气幕、塑料门帘等，以防外界热气进入。

6.1.4　冷库内应合理配置库温自动测温记录仪，测温精度达到±1℃，库温记录档案至少保存 2 年，其安装位置应符合冷库面积与设备要求。冷库应安装入库禁闭警铃。

6.2　冷藏温度

6.2.1　冷冻、冷藏商品的贮存温度，应根据不同大类商品分别达到附录 A 表 A.1 规定温度，昼夜温度波动不超过±1℃ 。

6.2.2　冷库应定期除霜、清洁和维修，以确保冷藏、冷冻温度达到附录 A 表 A.1 要求。

6.3　贮期管理

6.3.1 货物应保持离墙 0.3 米、离顶 0.2～0.6 米、离排管 0.3 米、离风道 0.3 米距离，以保证冷库内空气流通畅顺。

6.3.2　堆码应稳固、整齐、适量。货垛应置于托板上，不得直接着地。货物高度应符合底层外箱承受压力，并满足“先进先出”原则，注意保质期。

6.3.3 冷冻、冷藏食品应按照食品性质分区域堆放，不得串味，交叉污染，冷藏蛋应设专库存放。

7 批发交易

7.1 冷藏设施设备

7.1.1 批发、中转站应建有冷库、冷柜；生鲜蔬菜、水果贮藏应配备冷却物冷藏库，库容量应不小于年交易量的 0.5 %；冷冻肉类、水产品、贮藏应配备冻结物冷藏库，库容量应不小于年交易量的 1 %；冷冻食品、冷藏食品交易应分别配备冷冻与冷藏陈列柜。

7.1.2 对入驻批发（交易）市场客户的门店批发，应建有客户自管小冷库。

7.2 商品温度控制

7.2.1 到达后，接受方应检测商品温度：冷藏产品温度不高于 7℃（部分蔬菜、水果不高于 10℃）；冷冻产品温度不高于 −12℃。

7.2.2 批发交易市场各类冷库的温度，应根据不同商品特性，符合附录 A 表 A.1 规定的要求。

8 配送加工

8.1 加工场地、设备设施应符合 GB 1488《食品企业通用卫生规范》有关规定。

8.2 配送分拣的冷藏设施，参照本标准 7.1 和 7.2 执行。

8.3 冷链物流商品应在维持设定温度的理货间中进行包装、分割（拣）、计量、刷标志、拴标签、组装等，并按订单、品种、出货先后顺序进行分门别类堆放。

8.3.1 蔬果类加工区温度一般应控制在 18℃以下。

8.3.2 畜禽肉、水产品加工区温度一般应控制在 12℃～15℃。

8.3.3 经低温杀菌冷却处理的商品，应在室温 10℃以下进行，并尽快分装完毕。

8.4 对尚未进行分类筛选的蔬果，依其品质、大小、色泽进行等级区分，分类包装，并去除在运输途中损坏的商品和去根去叶。

8.5 包装应采用利于保鲜的环保材料包装。

8.6 包装标签应符合 GB 7718 的有关规定。

8.7 商品的配送加工应衔接好接货出货时间，做到及时配送分拣，勤于出货。装车时间：冷冻产品应控制在 15 分钟以内；冷藏产品应控制在 30 分钟以内。

8.8 商品从配送加工后发运时的温度应符合本标准 7.2.1 的规定。

8.9 整理加工好的商品，如不能及时出运，应根据商品特性转存冷藏库。

8.10 应对商品的来源和销售去向做好记录，便于对有害食品的追溯和召回。

9　销售终端

9.1　冷冻与冷藏食品应分别放入冷冻陈列柜和冷藏陈列柜中出售。

9.2　冷冻陈列柜上货后要保持－15℃以下，冷藏陈列柜上货后要保持7℃以下（部分蔬菜、水果10℃以下），柜内均应配有温度计。

9.3　低温陈列柜内商品的温度允许短时间升高，但冷冻陈列柜升温不得高于－12℃，冷藏陈列柜升温不得高于10℃。

9.4　低温陈列柜的敞开放货区应不受日光直射，不受强烈的人工光线照射和不正对加热器。低温陈列柜的敞开部分在非营业时间要上盖，在非营业时间除霜。

9.5　低温陈列柜内堆放的商品不得超过规定的装载限量。

9.6　低温陈列柜内的商品要按“先进先出”的原则销售。

9.7　销售部门应根据表A.1规定温度验收商品，符合要求方能放入冷冻、冷藏柜中出售。

10　质量管理要求

10.1　应按HACCP（危害分析和关键控制点）的原理，建立完善质量安全管理体系和关键控制点，把在冷藏运输、贮存、批发交易、配送加工和销售环节中影响食品质量安全的因素消除在流通过程中。

10.2　应建立质量安全事故报告制度、责任追究制度、“温控”监测记录制度，严密监测冷链物流商品在各环节中的运转情况。

10.3　应建立食品安全卫生冷链物流配送保障体系，实施食品全程追溯和食品安全应急预案，按照《缺陷食品召回管理规定（试行）》（沪食药监食〔2006〕367号）的规定执行。

10.4　应制订规范的配送流程，提升车辆积载率和物流配送率，降低物流成本。

10.5　应建立质量安全管理部门和配备相应的管理人员。

10.6　冷链物流的设备、设施及个人操作应符合《中华人民共和国食品卫生法》和有关产品卫生标准的规定。

10.7　冷藏车、保温车、冷藏库作业人员应持有卫生部门发放的有效健康证。

10.8　冷藏车厢必须清洁卫生，每车装卸完毕，应及时清洁，并按有关规定定期消毒。

10.9　冷藏库应定期进行清洁消毒，保持清洁卫生，并做好消毒记录。清洗消毒必须安全、卫生，防止人体和食品受到污染。

10.10　中转站及配送加工场地应有足够的空间，能满足货物周转的需要。周围不得有有害气体、粉尘、放射性物质和其他扩散性污染源，并有有效的防虫蝇、防鼠、防尘等设施。

10.11　配送加工场地应保持干燥，每天作业结束后，应及时对场地清扫整理，并用紫外光或用符合食品安全的消毒剂进行消毒处理。

附录 A　（规范性附录）　食品冷链物流中的商品温度要求

A.1　本附录规定了食品冷链物流中的商品温度要求。

表 A.1　食品冷链物流中的商品温度要求

大类商品名称	贮藏温度	备注
蔬菜、水果、巴氏杀菌奶、冷藏鸡蛋、蛋液、调制熟肉、冷藏盒饭、含奶蛋糕、蛋糕胚、豆制品	冻结点以上～7℃ （部分蔬菜、水果 10℃以下）	蔬菜、水果中不同品种有不同的贮藏适应温度，如： 大白菜、土豆为 0℃～15℃ 番茄分前、中、后期适应温度 苹果为－1℃～2℃ 发酵豆制品除外
冷却畜禽肉、冰鲜水产品、植脂奶油蛋糕、配餐、果汁、酸奶	冻结点以上～4℃	
冷冻畜禽肉、冷冻水产品、冷冻果汁、冷冻饮品、冰蛋、速冻蔬菜、冷冻调制食品	≤－18℃	
冰激凌	≤－25℃～－23℃	
金枪鱼	≤－50℃	运输箱体温度≤－45℃

A.2　各大类冷冻和冷藏食品在冷链运输、贮存、批发、配送加工和销售等物流环节中，保质期内的贮藏温度范围应符合表 A.1 要求。

A.3　其他有特殊温度要求的商品，即高于表 A.1 规定的，按合同、协议等约定的温度要求执行。

附录 B　（规范性附录）　食品冷链物流中的商品测温方法

B.1　为指导食品冷链物流商品的温度检测，规范测温方法，本附录规定了食品冷链物流商品温度测量方法与测量仪器，适用于食品冷链物流从供应地启运到接收地验收运输环节的温度检测。

B.2　测温点的选定

B. 2. 1 冷藏库测温点的确定

测温点宜按以下方法确定，若货箱紧密地堆在一起时，则应测量最外边货箱内靠外侧的货包和本批货物箱的内部温度值，它们分别被称为本批产品的外部温度和中心温度。两者的差异视为本批货物的温度梯度，要进行多次测量，以记录本批货温度状况的可靠数据。

B. 2. 2 冷藏车测温点的确定

测温点宜按以下方法确定：冷藏车装有货物时，应选择靠近开门处货物的顶部和底部。较长厢体的冷藏车，货物处于制冷环境时，从以下各点选取四个样品：

(a) 在开门处货物的顶部和底部；

(b) 货物的顶角（尽可能远离制冷机组）；

(c) 货物的中心；

(d) 货物前端面的中心（尽可能靠近制冷机组）；

(e) 货物前端面的上角和下角（尽可能靠近回气口）。

B. 3 温度测量表具参数要求

测温范围：－30℃～30℃；

系统精度：0. 5℃；

测温精度：0. 3 ℃；

显示分辨率：0. 1℃；

响应时间：1～3 分钟（达到稳定值的 90%）。

B. 4 食品冷链物流商品温度测量仪器，可按 SB/T 10379 中 6. 4. 1. 3 的有关要求选用。